葡萄酒文化旅游

主　编　张红梅
副主编　曹晶晶
参　编　周浩宇　韩　超　宋　莉　贾耀锋
　　　　李文超　于培培　杜　健　李　洋
　　　　李罕梁　吕雨倩

南京大学出版社

图书在版编目(CIP)数据

葡萄酒文化旅游 / 张红梅主编. -- 南京：南京大学出版社，2021.8
ISBN 978 - 7 - 305 - 24562 - 6

Ⅰ.①葡… Ⅱ.①张… Ⅲ.①葡萄酒－酒文化－旅游资源开发－研究 Ⅳ.①F590.75

中国版本图书馆 CIP 数据核字(2021)第 113855 号

葡萄酒文化旅游拓展资源

出版发行	南京大学出版社
社　　址	南京市汉口路 22 号　　邮　编　210093
出 版 人	金鑫荣
书　　名	**葡萄酒文化旅游**
主　编	张红梅
责任编辑	刁晓静　　　　　编辑热线　025 - 83592123
照　　排	南京南琳图文制作有限公司
印　　刷	南京玉河印刷厂
开　　本	787×1092　1/16　印张 14　字数 420 千
版　　次	2021 年 8 月第 1 版　2021 年 8 月第 1 次印刷
ISBN	978 - 7 - 305 - 24562 - 6
定　　价	42.00 元

网址：http://www.njupco.com
官方微博：http://weibo.com/njupco
微信服务号：njuyuexue
销售咨询热线：(025) 83594756

* 版权所有，侵权必究
* 凡购买南大版图书，如有印装质量问题，请与所购
  图书销售部门联系调换

序言

为响应"全域旅游、乡村振兴、文旅融合、健康中国"等国家战略,在当前我国高等教育旅游管理专业建设一流专业和一流课程的背景下,《葡萄酒文化旅游》教材服务于"葡萄酒文化旅游"一流课程建设。本书编者团队在长期从事葡萄酒文化旅游研究的北方民族大学旅游学科带头人张红梅教授的引领下,联合了葡萄酒行业主管部门、葡萄酒文化旅游文创产业实践者,秉承优良的服务意识、科学素养、创新精神和团队协作精神,在经历了五轮的教学和实践之后,终于在团队的持续努力和合作中撰写生成了目前在行业中尚属首作的这部教材。该教材主要面向旅游管理专业大中专院校学生、文化旅游和葡萄酒行业的学习者及爱好者,要求具有一定的文化旅游和葡萄酒学习基础;旨在依托葡萄酒产区资源,为服务区域经济,培养从事旅游业相关经营管理、创意策划等工作的葡萄酒文化旅游方向复合型的高素质应用人才;引导专业学习者坚定旅游专业认同和文化自信,德智体美劳全面发展,做"中国特色葡萄酒文化"践行者和传播者。

《葡萄酒文化旅游》教材内容主要包含五大模块(葡萄酒文化旅游概述、葡萄酒文化旅游产业背景、葡萄酒文化基础、葡萄酒文化旅游管理实务、葡萄酒旅游发展前瞻)共十四章的内容。涵盖葡萄酒起源与发展、葡萄酒旅游资源、葡萄酒产业及产区背景知识、葡萄酒文化基础知识(种植、酿造、品鉴、侍酒)、葡萄酒文化旅游规划与开发(产品研创及讲解词开发)、葡萄酒文化旅游运营管理(服务质量、人力资源、营销)、葡萄酒文化旅游融合创新等方面的内容。

《葡萄酒文化旅游》教材瞄准国内外先进的教学体系,反映学科最新发展成果和教改教研成果,使得相应的教学改革具有较强的科学性、先进性、融合性、前沿性和适用性。教材内容资源丰富,可以满足高校教学和社会学习者自主学习的需求。能够为学习者提供厚实、系统、有效的学习资源及服务。该教材主要特点有:① 紧扣学科前沿发展和社会需求,实现旅游知识与葡萄酒文化的跨学科融合。该教材不同于以往的葡萄酒专业或旅游专业的单一教材,在教材知识的重塑、资源的整合和应用场景的多元设置方面进行了一定的改革和创新。② 注重对学生实践能力及创新精神的培养。通过对产区、产业、酒庄、活动、线路、商品等多元化实践场景的内容设置,便于在教学中指导学生深入调研、设计、研发葡萄酒产区和酒庄的各类葡萄酒文旅产品。③ 强调产教融合理念、理论指导与实践案例的有机结合。立足产业、产区,选择丰富而生动的实践案例,如国际化代表性旅游目的地的经典案例(法国波尔多、美国纳帕、澳洲猎人谷等);具有融合创新特征的市场分析、旅游规划实案、营销策略;具有多元应用场景的文旅产品研创案例及讲解词开发;同时还配置了相应的案例导读、案例讨论及拓展阅读。其中以贺兰山东麓为代表性案例,作为闽宁合作、脱贫攻坚的典范,探寻中国特色葡萄酒文化,从而启发学习者的家国情怀,紧跟国家战略及新时代的步伐。

"岁月缱绻,葳蕤生香;栉风沐雨,春华秋实。"该教材立足葡萄酒文化旅游产业、产区及产品基础理论知识,挖掘葡萄酒文化,力求服务社会,助力区域经济,具有较强的可操作性、良好的实践应用价值、创新效果及深远意义,以期为葡萄酒及文化旅游产业融合及高质量发展做出应有贡献。

浙江大学管理学院教授、博导
中国宁夏贺兰山东麓葡萄酒
旅游智库主任

目录

第一模块

葡萄酒文化旅游概述

第一章　葡萄酒起源与发展 ········ 3
　　第一节　中国葡萄酒起源与发展 ········ 3
　　第二节　其他国家和地区葡萄酒起源与发展 ········ 6

第二章　葡萄酒文化旅游的概念及内涵 ········ 8
　　第一节　葡萄酒文化旅游的概念和特征 ········ 9
　　第二节　葡萄酒文化旅游的分类 ········ 12
　　◆ 案例讨论与拓展练习：葡萄酒文化旅游的外延 ········ 14

第三章　葡萄酒文化旅游资源概况 ········ 17
　　第一节　葡萄酒文化旅游自然资源 ········ 18
　　第二节　葡萄酒文化旅游人文资源 ········ 21

第二模块

葡萄酒文化旅游产业背景

第四章　国内外葡萄酒产业 ········ 29
　　第一节　国内外葡萄与葡萄酒产业概况 ········ 30
　　第二节　葡萄与葡萄酒产业的特征 ········ 33
　　第三节　中国葡萄酒产业概况 ········ 34

第四节　贺兰山东麓葡萄酒产业概况 ……………………………………… 42

第五章　葡萄酒文化旅游产业 …………………………………………………… 45
　　第一节　葡萄酒文化旅游产业的发展 …………………………………… 46
　　第二节　中国葡萄酒文化旅游产业发展战略 …………………………… 48
　　第三节　中国葡萄酒文化旅游产业的现状与发展 ……………………… 50

第六章　国内外葡萄酒旅游目的地 ……………………………………………… 56
　　第一节　旅游目的地相关理念 …………………………………………… 56
　　第二节　国内外知名葡萄酒旅游目的地 ………………………………… 60
　　第三节　贺兰山东麓葡萄酒旅游目的地 ………………………………… 67
　　◆　拓展阅读：中国葡萄酒文旅市场 ……………………………………… 70

第三模块

葡萄酒文化基础

第七章　葡萄种植与葡萄酒酿造文化 …………………………………………… 75
　　第一节　葡萄栽培 ………………………………………………………… 76
　　第二节　鲜食葡萄与酿酒葡萄 …………………………………………… 78
　　第三节　酿酒葡萄品种 …………………………………………………… 78
　　第四节　葡萄酒酿造工艺 ………………………………………………… 82
　　第五节　葡萄酒的储存 …………………………………………………… 84

第八章　葡萄酒种类与品鉴文化 ………………………………………………… 87
　　第一节　葡萄酒的种类 …………………………………………………… 88
　　第二节　葡萄酒的品鉴 …………………………………………………… 89

第九章　葡萄酒礼仪与侍酒文化 ………………………………………………… 93
　　第一节　酒标和酒塞 ……………………………………………………… 93

	第二节	开瓶	95
第三节	酒容酒器	97
第四节	餐酒搭配	102
第五节	侍酒礼仪	104

第四模块

葡萄酒文化旅游管理实务

第十章　葡萄酒文化旅游的规划管理 ⋯⋯ 111
　　第一节　葡萄酒文化旅游规划概述 ⋯⋯ 112
　　第二节　葡萄酒文化旅游规划实务 ⋯⋯ 123
　　❖　案例研讨:贺兰山漫葡小镇文化旅游提升规划 ⋯⋯ 128

第十一章　葡萄酒文化旅游的开发与设计 ⋯⋯ 132
　　第一节　葡萄酒文化旅游的开发模式与机制 ⋯⋯ 132
　　第二节　葡萄酒文化旅游产品设计 ⋯⋯ 135
　　第三节　葡萄酒文化旅游讲解词设计与研发 ⋯⋯ 152

第十二章　葡萄酒文化旅游的运营管理 ⋯⋯ 161
　　第一节　旅游酒庄服务质量管理 ⋯⋯ 162
　　第二节　人力资源管理 ⋯⋯ 172
　　第三节　葡萄酒文化旅游营销 ⋯⋯ 178

第五模块

葡萄酒文化旅游发展前瞻

第十三章　葡萄酒文化旅游的融合创新发展 ⋯⋯ 187
　　第一节　旅游目的地品牌营销的融合创新 ⋯⋯ 188
　　❖　案例讨论:基于文化IP的贺兰山东麓葡萄酒旅游目的地品牌形象构建 ⋯⋯ 193

第二节 目标客群的融合创新 …………………………………………… 198
第三节 体验形式的融合创新 …………………………………………… 199

第十四章 葡萄酒文化旅游的数字化发展 ……………………………… 203
第一节 基础数据数字化发展 …………………………………………… 204
第二节 基础设施数字化发展 …………………………………………… 208
第三节 体验场景数字化发展 …………………………………………… 208

参考文献 ………………………………………………………………………… 211

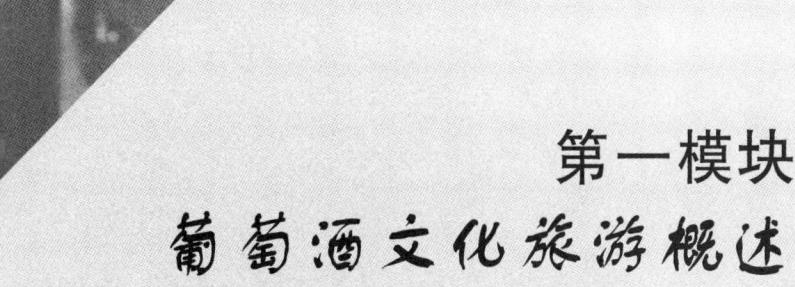

第一模块
葡萄酒文化旅游概述

"风土,以音律省风土,风气和则土气养也。"
——《国语·周语上》(韦昭注)

我们常听说由水变成酒是个奇迹。这个由上帝恩典造成的奇迹每日都发生:天堂将下雨水到葡萄园,由树根进入葡萄,变成酒。这是上帝爱我们,并乐见我们快乐的明证。
——富兰克林

第一章 葡萄酒起源与发展

学习目标

◆ 知识目标:阐释国内外葡萄酒历史起源与发展。
◆ 能力目标:对比国内外葡萄酒文化内涵差异。
◆ 价值目标:培养旅游专业葡萄酒初学者的基本素养,提升其对葡萄酒文化旅游的认同感。

案例导读

贾湖遗址

河南省舞阳县的贾湖遗址距今约9000年至7500年,是淮河流域迄今所知年代最早的新石器早期文化遗存,被评为20世纪中国100项考古大发现之一。中国科技大学和美国宾夕法尼亚大学的专家从发掘的大量陶器残留物中分析研究发现,当时贾湖人可能已经掌握了目前世界上最古老的酿酒方法,其酒中含有稻米、山楂、蜂蜡等成分,在含有酒石酸的陶器中还发现有野生葡萄籽粒。考古学家在对贾湖遗址的考古发掘中,发现了贾湖遗址可能是世界上最早的酒的证据,但是关于葡萄酒的起源,众说纷纭,至今难以定论。有的说,葡萄酒起源于古埃及,或古希腊,抑或希腊克里特岛。还有根据古代时期的陶器和农作物遗存,探知中国葡萄酒可能在河姆渡文化时期(公元前5000—4000年)出现。

因此,要研究葡萄酒的起源,首先要确定葡萄酒的原料——葡萄的起源。

第一节 中国葡萄酒起源与发展

一、古代中国葡萄及葡萄酒

中国是葡萄属植物的起源中心之一。公元前8000年前的湖南道县玉蟾岩文化遗址中出土了40余种植物遗存,其中就包括野葡萄种子。公元前7000年前的中国河南舞阳贾湖遗址首次发现了葡萄的踪迹,在对出土的16件陶器内壁上的附着物分析检测发现其主要成分为大量的酒石酸和酒石酸盐,并在贾湖遗址发现了野生葡萄种子。此外,公元前3000年左右的浙江省庄桥坟遗址、下家山遗址、尖山湾遗址、钱山漾遗址四处新石器时代晚期遗址也都发掘出了野生葡萄的种子,这说明我国自远古时期就有原产的野葡萄,并且野葡萄一直都是当时先民采集的食材之一。同样地,公元前2500年—公元前2200年,龙山文化两城镇遗址也挖掘出葡萄籽的遗存。

2003年,考古工作者在鄯善县洋海墓地二号墓发现一根长116 cm的葡萄藤,现收藏于吐鲁番博物馆。经鉴定,该葡萄藤距今有2300年,这是目前中国发现的年代最早的葡萄藤。经蒋洪恩等人对葡萄藤做了详细的解剖,并进行了严谨的鉴定,证明被发现的葡萄藤遗存应系西域传至吐鲁番地区的欧洲种葡萄,且已有6年的树龄。说明葡萄藤伴随欧洲葡萄传入吐鲁番地区,且已在本地栽培,该考古研究结果证明中国境内葡萄栽培最早应始于吐鲁番地区。

(贾湖遗址陶罐)

1980年,考古工作者在我国河南罗山天湖的商代(距今3000多年)古墓里出土了一个密闭的铜卣,里面盛满液体,后经北京大学化学系检测,该液体是保藏了3000多年的葡萄酒。这代表了自新石器时代形成的酿造技术的延续。

我国最早对葡萄的文字记载见于《诗经》。《诗·周南·蓼木》:"南有蓼木,葛藟之;乐只君子,福履绥之。"《诗·王风·葛》:"绵绵葛,在河之。终远兄弟,谓他人父。为他人父,亦莫我顾。"《诗·风·七月》"六月食郁及薁,七月亨葵及菽。八月剥枣,十月获稻,为此春酒,以介眉寿。"从以上三首诗,可以了解到在《诗经》所反映的殷商时代(公元前17世纪初——约公元前11世纪初),人们就已经知道采集并食用各种野葡萄了。《周礼·地官司徒》记载:"场人,掌国之场圃,而树之果、珍异之物,以时敛而藏之。"郑玄注:"珍异,蒲桃枇杷之属。"这说明,在约3000年前的周朝,我国已有了家葡萄和葡萄园,并且已知道怎样贮藏葡萄。

汉武帝建元年间,张骞出使西域从大宛将欧亚种葡萄引入中原,并且招来了酿酒艺人,从事葡萄酒的生产。张骞是有明确文献记载的官方出使西域第一人,《史记·大宛列传》称:"宛左右以蒲陶为酒,富人藏酒至万余石,久者数十岁不败。俗嗜酒,马嗜苜蓿。汉使取其实来,于是天子始种苜蓿、蒲陶肥饶地。"

东汉时期,葡萄酒还是极具奢华的贵族享用品,显得比较珍贵。《古今图书集成·食货典》卷273《酒部》是中国最早阐述酒史的典籍,其载东汉灵帝时"佗又以蒲桃酒一斛遗让,即拜凉州刺史。"以致后来苏轼也感叹地说:"将军百战竟不侯,伯良一斛得凉州。"

到了三国时期,从西域传入的葡萄在我国得到了广泛种植,并且被用作酿酒原料。魏文帝曹丕尤其喜欢喝葡萄酒。他在《诏群医》中写道:"中国珍果甚多,且复为说蒲萄(葡萄)。当夏末涉秋,尚有余暑,醉酒宿醒,掩露而食。甘而不腻,酸而不脆,冷而不寒,味长汁多,除烦解渴。又酿以为酒,甘于鞠蘖,善醉而易醒。道之固已流涎咽唾,况亲食之邪。他方之果,宁有匹之者。"

魏晋时期的名士陆机在《饮酒乐》中写道:"蒲萄四时芳醇,琉璃千钟旧宾。夜饮舞迟销烛,朝醒弦促催人。春风秋月桓好,欢醉日月言新。"可以看出,葡萄酒在当时已经是一种比较普遍的东西,成为贵族们宴请宾客的一种常见饮品。

公元640年,唐太宗攻破高昌国,唐太宗学高昌国酿酒法,用马乳蒲桃(一种白葡萄)亲自酿造出高度葡萄酒,赐予群臣,众官员才有幸第一次品尝葡萄酒的味道。传世典籍中关于高昌最早种植葡萄的记载见于《北史·西域传》:"地多石碛,气候温暖,厥土良沃,谷麦一岁再熟。宜蚕桑,多五果,又饶漆。有草名羊刺,其上生蜜,而味甚佳。引水溉田。出赤盐,其味甚美。复有白盐,其形如玉,高昌人取以为枕,贡之中国。多蒲萄酒。"这些记载反映了高昌国及唐西州时期的葡萄栽培的大致状况。此后唐朝的葡萄种植和葡萄酒酿造开始在中原地区传播并形成生产规模。

唐代创造了灿烂辉煌的葡萄酒文化,唐代人们对于葡萄酒的热爱也远远超过前朝,葡萄酒文化已经融入唐代人们日常生活的方方面面,包括脍炙人口的诗词佳作、葡萄酒的酒具、葡萄纹织锦以及葡萄镜等。

元代的蒙古族贵族阶层与西域文化联系得更为紧密,当时葡萄种植面积广阔,酿酒数量大增,葡萄栽培与葡萄酒酿造技术都有着巨大发展。元朝初年司农司编纂的综合性农书《农桑辑要》中记载了有地方官员指导百姓发展葡萄生产的事件,其中对葡萄的性质、特点以及栽培技术都有精确的记述。这一时期也涌现了大量与葡萄酒有关的诗词,葡萄酒文化逐渐融入文化艺术的各个领域。

明代是中国酿酒业大发展的时期,酒类的品种、产量都大大超过了前世。徐光启主持修撰的官方农书《农政全书》中详细记载了当时我国各地栽培的葡萄品种。

清代,葡萄种植和葡萄酒酿造业得到了进一步发展。清末民初,是我国葡萄酒文化发展的又一个重要阶段。由于海禁的开放,进口葡萄酒开始涌入中国市场,市场上的葡萄酒品类明显增多,这为现代葡萄酒产业发展提供了先决条件。

二、近现代中国葡萄酒的发展史

中华民族曾经历了那样灿烂的葡萄酒文化,在明清以后出现了断层。到了1892年,华侨实业家张弼士投资300万两白银在烟台建立了葡萄园和葡萄酒厂,即张裕葡萄酿酒公司,并且从外国引进了一百多个优良的酿酒葡萄品种,成为唯一由中国人自己经营的葡萄酒厂,这也是中国第一家民营的工业化生产葡萄酒的企业,开启了我国近代葡萄酒生产的序幕。

清末民初时期,来华传教士在我国兴建教堂和葡萄园,利用我国本土葡萄或是从国外带来的酿酒葡萄品种酿酒。自1910年以来,来华传教士陆续在中国兴建葡萄酒厂。

1972年,美国总统尼克松访华之时,因国内尚无干型葡萄酒,尼克松自带了美国的世酿伯格起泡酒在国宴上饮用。很快,酿造出属于中国自己的干型葡萄酒被提上日程。

 葡萄酒文化旅游

1978年,由原轻工业部牵头,五部委联合考察,最终选定在拥有800多年葡萄种植历史的沙城怀涿盆地内的75公顷土地作为中国葡萄酒的第一块试验田,由此开启了我国自产葡萄酒的发展之路,这就是长城的缘起。伴随着中国第一瓶干白、干红的诞生,中国葡萄酒与长城由此开始蜕变。

中华人民共和国成立以后,中国的葡萄与葡萄酒产业得到了迅速的发展,并且多次从国外引进优质的葡萄种质资源。20世纪50年代,中国从苏联、匈牙利、保加利亚、罗马尼亚、捷克、爱尔巴尼亚等东欧国家引种约33批次,引入白羽、白雅、红玫瑰等一千多个品种(包括重复引进)。到了20世纪60年代—70年代,葡萄引种工作进入第二个阶段,主要是从西欧引种,先后引种34批次,约共引入品种一百多个(包括重复引进)。改革开放后出现引种高潮,这一时期葡萄引种指导思想趋于成熟,注重良种引进,先后引种约100多批次,约引入品种800份。2000年以来,主要以引进世界名种为主,集中引进优质红葡萄品种,以赤霞珠、美乐为主,少量西拉、黑皮诺、霞多丽和白玉霓等。天津、宁夏、陕西、河北等地都进行大规模酿酒葡萄引种。贺兰山东麓的许多葡萄品种就是在这段时期引进的。

优良的葡萄品种是葡萄产业发展的基础,国家除了引进国外的葡萄品种外,还成立了专门的科研机构有目的地进行葡萄育种。20世纪50年代—60年代,国家利用欧亚种和野生山葡萄杂交,先后培育出中国第一代抗寒山欧葡萄品种"北醇""北玫""北红""公酿一号""公酿二号"等;1966年,烟台张裕葡萄酿酒公司用紫北塞和玫瑰香杂交育成"烟73",用紫北塞和汉堡麝香杂交育成"烟74"。"烟73"和"烟74"两个染色品种得到大面积栽培,解决当时很多葡萄酒产区的葡萄酒颜色浅的问题;20世纪70年代—90年代,酿酒葡萄选育以抗病抗寒为主,选育出了"双红""媚丽""北冰红"等系列品种;2000年以后,葡萄育种变得多样化,除以中国野生葡萄资源作为亲本进行育种外,也使用优质酿酒葡萄品种进行种间杂交,选育综合性状、酿酒特性表现更优良的新品种。

第二节 其他国家和地区葡萄酒起源与发展

据考古资料,栽培葡萄的发源地是小亚细亚里海和黑海之间及其南岸地区。大约在7000年以前,葡萄就开始在(苏联)南高加索、中亚西亚、叙利亚、伊拉克等地栽培。葡萄栽培随着移民传入其他地区。这些地区的葡萄栽培初传埃及,后传至希腊。

在埃及古墓中发现的大量珍贵文物(特别是浮雕)清楚地描绘了当时古埃及人栽培葡萄、采收和酿造葡萄的情景。其中最著名的是Phtah—hotep墓址,距今已有6000年的历史。西方学者认为,这是葡萄酒业的开始。

公元前6世纪,希腊人把小亚细亚原产的葡萄通过马赛港传入高卢(即现在的法国),并将葡萄栽培和葡萄酒酿造技术传给了高卢人。但是,在当时,高卢的葡萄和葡萄酒生产并不很重要。罗马人从希腊人那里学会葡萄栽培和葡萄酒酿造技术后,很快在意大利半岛全面推广。

随着罗马帝国的扩张,葡萄栽培和葡萄酒酿造技术迅速传遍法国、西班牙、北非以及德国莱茵河流域地区,并形成很大的规模。自17世纪以后至今,这些地区仍是重要的葡萄和葡萄酒产区。

15—16世纪,葡萄栽培和葡萄酒酿造传入南非、澳大利亚、新西兰、日本、朝鲜和美洲等地。

葡萄酒在中世纪的发展得益于基督教。《圣经》中至少有521次提及"面包是我的肉,葡萄酒是我的血",葡萄酒跟随传教人士的足迹传遍世界。

17、18世纪前后,法国便开始雄霸整个葡萄酒王国,波尔多和勃艮第两大产区的葡萄酒始终是两大顶梁柱,代表了两种主要不同类型的高级葡萄酒:波尔多的厚实和勃艮第的优雅,并成为酿制葡萄酒的基本准绳。然而这两大产区产量有限,并不能满足全世界所需。于是在第二次世界大战后的六七十年代开始,一些酒厂和酿酒师便开始在全世界找寻适合的土壤、相似的气候来种植优质的葡萄品种,研发及改进酿造技术,使整个世界的葡萄酒事业兴旺起来。

根据葡萄酒产业发展的先后,我们把国外葡萄酒产业分为传统葡萄酒产业国和新兴葡萄酒产业国。

传统葡萄产业国主要以法国、意大利为代表,还包括西班牙、葡萄牙、德国、奥地利、匈牙利等,主要是欧洲国家。其生产的葡萄酒被称为旧世界葡萄酒,特点体现为注重个性、等级和严格的监管制度,通常种植为数众多,各种各异的葡萄,在葡萄园管理方面主要依赖人工,并严格限制葡萄产量来保证葡萄酒的质量。

新兴葡萄产业国主要有澳大利亚、美国、智利、新西兰和阿根廷等国家。其生产的葡萄酒被称为新世界葡萄酒,特点体现为更崇尚技术,多倾向于工业化生产,实行统一化、现代化、规模化的营销模式,在企业规模、资本、技术和市场上都有很大的优势。同时还大规模地把休闲旅游引入酒庄,更利于向葡萄酒爱好者推广葡萄酒文化。

本章小结

本章通过从古代中国和近现代中国两个阶段介绍了中国葡萄酒的起源与发展;按照时间顺序介绍其他国家和地区葡萄酒起源与发展,并对比了新世界酒和旧世界酒,从整体上把握国内外葡萄酒的历史起源与发展。展现出葡萄酒文化已经可以作为一种无声的国际社交语言与共通语言,成为全球化的一种桥梁。

思考与讨论

1. 我国很早之前就有葡萄的种植栽培,为何葡萄酒却没有在我国流行起来?
2. 随着全球化的开展,为什么葡萄酒可以作为一种无声的国际社交语言?

第二章 葡萄酒文化旅游的概念及内涵

学习目标

◆ 知识目标:阐释葡萄酒文化旅游的概念及内涵。
◆ 能力目标:辨析葡萄酒文化旅游的分类及特征。
◆ 价值目标:通过学习葡萄酒文化旅游的相关知识和外延,坚定文化自信,探索中国特色的葡萄酒文化旅游。

案例导读

波尔多葡萄酒文化城

波尔多(Bordeaux)是世界上最著名的葡萄酒产区之一,出产了无数顶级佳酿,是广大葡萄酒爱好者心中的圣地,拥有坐立于波尔多市区加龙河畔的葡萄酒文化城 La Cité du Vin。葡萄酒文化城于2016年6月正式对公众开放,这座以葡萄酒为主题的大型展览馆运用影音及综合感官互动的方式为参观者生动讲述了波尔多以及全世界葡萄酒的专业知识和历史文化,仿若一本3D立体的葡萄酒百科全书。La Cité du Vin 耗资9100万美元历经七年多筹划,除了常设展区、临时展区和贯穿全年的各类主题活动、讲座,还有360度观景品鉴楼、大礼堂、阅览

室、工作坊、花园等区域,是当之无愧的梦幻乐园。常设展览区面积超过 3000 ㎡,覆盖 19 个主题模块,提供 8 种语言的导览器。

参观葡萄酒文化城是葡萄酒文化旅游的一种形式,随着全域旅游的发展,从观光休闲到多元化体验游涌现出了更多的形式。而为了更好地发展葡萄酒文化旅游,首先需要理解葡萄酒文化旅游概念的内涵及外延。

第一节 葡萄酒文化旅游的概念和特征

一、葡萄酒文化

冯天瑜在《中华文化史》一书中关于对"文化"内涵中的四个层面(物态文化、制度文化、行为文化、心态文化)进行了定义:① 物态文化——人的物质生产活动方式和产品的总和,包括物质文化和生态文化。② 制度文化——人类在社会实践中组建的各种社会规范。③ 行为文化——一种以礼俗、民俗、风俗形态出现的见之于动作的行为模式。④ 心态文化——又称"社会意识",是人类在社会实践和意识活动中长期孕育出来的价值观念、审美情趣、思维方式等。

陈习刚在《中国葡萄文化史绪论》中由此引申得出"葡萄酒文化",即以葡萄酒为主体的文化,其涵盖了物态文化、制度文化、行为文化和心态文化四大层面,涉及政治、经济、社会、科技、文化、生态等领域。具体地说,主要包括葡萄园的种植和葡萄酒的生产酿造及技术、葡萄酒庄的制度及规范、葡萄与葡萄酒经济贸易、葡萄与葡萄酒相关的精神文明层面的文化(如民俗、形象、观念、艺术、工艺品)等。

国内著名葡萄酒专家郭松泉老师给葡萄酒文化做出了如下的定义:人类在葡萄酒实践过程中所创造的精神财富和物质财富的总和,特指与葡萄酒相关的各种事物,如葡萄酒古董(文物)、葡萄酒著作(小说类、散文类和技术类)、葡萄酒研究和科学、葡萄酒培训和教育、葡萄酒艺术等。他进一步指出,葡萄酒文化是一种历史现象,每个产酒国和饮酒国都有与其相适应的葡萄酒文化,并随着社会文明的发展而发展,进而显示出明显的多元和差异。综合来看,葡萄酒文化应该包括与葡萄酒相关的一切"人、事、物"。此外,由于世界各国在历史、文化、宗教信仰、饮食以及生活习惯等方面各不相同,因此,围绕与葡萄酒相关的"人、事、物"虽然在某种程度上也遵循一定的共性,但同时,葡萄酒文化在各个国家呈现出了自己独有的特征。

二、文化旅游

在国外,自 1977 年夏西肯·特格波特和罗伯特·麦金托什提出文化旅游概念后有代表性的定义如下:一是在 1985 年,世界旅游组织(UNWTO)从广义和狭义两个层面对文化旅游的概念进行界定。广义上,文化旅游是"为了满足个体的各种需求而参与的增长见识、拓宽视野、改进所处环境(文化旅游之目的)的一切活动";狭义地讲,文化旅游则是"人们为了满足基本的文化需求而开展的活动,包括民俗旅游、古迹旅游、节庆旅游、朝圣旅游、演艺旅游等"。后者狭义的定义中所出现的"文化需求",是主要基于精神性的文化领域。二是在1999年,《国际文化旅游宪章》对文化旅游的含义做出阐述,其将文化自身和文化所处环境都看作文化旅游的核心。而文化环境不仅包括历史文化景观资源,也包括当地居民的风俗习惯、生活方式乃至旅游目的地自然景观资源。三是在1991年,欧洲旅游与休闲教育协会(AT-LAS)又从所谓的抽象层面和具体可操作技术性层面,界说文化旅游含义。概念性定义体现为,文化旅游是人们出于获得或满足文化需求而离开自己长住之地,去往文化资源所在目的地的非营利活动;技术性定义则被表述为,人们为了获取或满足自身文化方面的需求,到古代遗迹、艺术文化表演、艺术演义等文化资源所在地的全部非营利活动。与概念性定义相比,这里关于文化旅游的所谓的技术性定义,主要在于指明文化资源目的地具体包括哪些种类。该分类的科学性尚显不足。四是,除了上述国际旅游机构对文化旅游概念作界定外,一些国外专家也对此进行了相关阐述。如Reisinger认为文化旅游是一些对文化体验有兴趣的人们在前往旅游目的地后所发生的一切活动。Grabum则认为,文化旅游就是对"异质"事物的消费。Urry,Smith从旅游人类学理论出发,认为文化旅游指人类记忆中一种正在消失的生活方式的图景或地方特色,是这种生活方式的残余。

关于国内对于文化旅游概念的界定,魏代俊、方润生专门回溯并总结国内关于文化旅游含义的四种界定模式,即文化旅游是一种活动、一种产品、一种意识和所有的旅游都是文化旅游。从旅游要素出发分类解读文化旅游的含义,已得到一些研究者重视。如肖宏等在研究文化旅游概念与模式时提出,从旅游者角度出发,泛指以欣赏异国异地传统文化、追寻文化名人遗迹或参加当地举办的各种文化活动为目的而进行的旅游活动。而从产业的角度考虑,主要是指为了满足旅游者的文化需求而提供的具有针对性的侧重于文化要素的旅游产品服务。

文化旅游简称为文旅,定义是指通过旅游实现感知、了解、体察人类文化具体内容之目的的行为过程。泛指以鉴赏异国异地传统文化、追寻文化名人遗踪或参加当地举办的各种文化活动为目的的旅游。

文化旅游定义1:是以旅游文化的地域差异性为诱因,以文化的碰撞与互动为过程,以文化的相互融洽为结果,它具有民族性、艺术性、神秘性、多样性、互动性等特征。文化旅游的过程就是旅游者对旅游资源文化内涵进行体验的过程,这也是文化旅游的主要功能之一,它给人一种超然的文化感受。这种文化感受以饱含文化内涵的旅游景点为载体,体现了审美情趣激发功能、教育启示功能和民族、宗教情感寄托功能。

文化旅游定义2:泛指以鉴赏异国异地传统文化、追寻文化名人遗迹或参加当地举办的各种文化活动为目的的旅游。寻求文化享受成为当前旅游业出现的新时尚。文化旅游产业是一种特殊的综合性产业,因其关联性高、涉及面广、辐射性强、带动性强而成

第二章 葡萄酒文化旅游的概念及内涵

为新世纪经济社会发展中最具有活力的新兴产业。文化旅游包括历史遗迹、建筑、民族艺术、宗教等内容,其涵盖性强,几乎可以囊括所有相关的产业。

文化旅游定义3:文化旅游是近年才出现并流行的一个名词,它的出现与游客需求的转变密切相关。之前,有些说法认为文化旅游属于专项旅游的一种,是集政治、经济、教育、科技等于一体的大旅游活动。而目前较为流行的定义是"以人文资源为主要内容的旅游活动,包括历史遗迹、建筑、民族艺术和民俗、宗教等方面"。

综上所述,文化旅游就是以旅游经营者创造的观赏对象和休闲娱乐方式为消费内容,使旅游者获得富有文化内涵和深度参与旅游体验的旅游活动的集合。

三、葡萄酒文化旅游

迄今为止,对于"葡萄酒旅游"的定义仍未达成一致。Hall 和 Macionis 将"葡萄酒旅游业"定义为:"对葡萄园、酿酒厂、葡萄酒节及葡萄酒展览会的访问,这种访问是把品尝葡萄酒和对葡萄酒产地特征的体验作为主要访问目的。"

南澳旅游委员会认为:"葡萄酒旅游是指游客访问葡萄酒厂及有关活动,其包括游客在访问主要旅游目的地途中对单一酒窖的短期访问,也可以包括将重点放在葡萄酒产地居住几天以亲身体验葡萄酒生产过程。"

Getz 指出葡萄酒旅游是:"游客对葡萄酒厂及葡萄酒产地访问和体验,它是一种新型的旅游目的地开发和营销方式,也是葡萄酒业直销的最佳机遇。"

国内学者在以上定义的基础上认为:"葡萄酒旅游是一种与葡萄酒及葡萄酒相关产品为主的一种旅游方式,葡萄酒、美食以及艺术是其核心产品。"

在文旅融合的今天,葡萄酒文化旅游的概念及内涵可以总结为:集一、二、三产业为一体的特色旅游,蕴藏深厚的历史内涵和高雅的现代文化,追求社会效益、经济效益与生态效益的统一。葡萄酒文化旅游是建立在葡萄产业及其自然生态环境、人文环境的基础上,以葡萄园生态种植文化、酒庄建筑文化、酒庄制度文化、酿酒文化、侍酒文化(酒容酒器、酒俗酒礼等)、康养文化、节庆文化、葡萄酒会展、葡萄酒艺术文化等文化资源为依托,通过观察、品尝、鉴赏、交流、体验等手段满足游客多重需求和多元体验的具有葡萄酒产业特色的旅游业态。在全域旅游、文旅融合时代,葡萄酒文化旅游也作为一种目的地营销策略,倡导着美好的生活方式。

四、葡萄酒文化旅游的特征

与一般农业产业相比,葡萄与葡萄酒产业是朝阳产业,其具有生态约束性(也可称为地域不可复制性)、地域聚集性、产业关联性(农业、轻工业等)、文化属性及可持续性等特征属性。而"葡萄酒文化旅游"作为以"葡萄酒与葡萄酒产业"为基础的高度融合产业,其融合了以葡萄种植为依托的第一产业,以葡萄酒加工为依托的第二产业,及以旅游度假为主的第三服务产业。结合"葡萄与葡萄酒产业"的特性与上述关于"葡萄酒文化旅游"概念内涵的讨论,可以得出葡萄酒文化旅游表现出:融合性、体验性、教育性、高品位性、文化性、猎奇性的六点特征。

融合性：从资源禀赋来看，葡萄酒旅游资源中既有工业观光旅游中的工业设备及工业产品制作等资源，又有生态农业旅游资源中农业旅游资源的农作物（葡萄）、风景、气候等，同时兼具休闲旅游的特性。

体验性：葡萄酒旅游是把品尝葡萄酒和对葡萄酒产地特征的体验作为主要访问目的。葡萄酒旅游者的动机就是一种由低至高融入葡萄酒体验的过程，体现出高度的参与性和体验性。

教育性：葡萄酒旅游含有教育因素。葡萄酒旅游目的地不仅是娱乐、休闲的场所，更是一个普及生物及农作物知识的野外大课堂，游客在这里可以了解葡萄树生长的条件和特点，了解新技术下农业生产情况，亦可让游客亲自动手参与，同时借助于电视或电脑系统向游客展示葡萄种植园的情况、生物的生长过程，并配备完善的解说系统，达到很好的教育作用。

高品位性：国外研究中，对葡萄酒旅游者的人口统计学特征的研究结果显示，葡萄酒旅游者具有明显的高学历和高收入特征。这类人群对葡萄酒旅游的文化特征、旅游体验、产品品质有着更高的需求。

文化性：葡萄酒旅游是一种葡萄酒文化之旅，在发展葡萄酒旅游过程中将葡萄酒文化、地域文化以及企业文化都充分地融入进去，增加了葡萄酒旅游的文化内涵。

猎奇性：从葡萄园到博物馆（酒窖）再到工厂，旅游者可以看到一流的节水灌溉设施和机械化葡萄采摘设备；领略各个时代的酿酒工具和酿酒技术及酒窖；欣赏到现代化的酿酒设备、生产流水线、科学的操作、先进的管理及琳琅满目的产品。

第二节　葡萄酒文化旅游的分类

葡萄酒文化旅游资源是指在自然界和人类社会中，凡是存在葡萄种植和酿造，且对游客产生吸引力，能够激发旅游者旅游动机，为旅游业所利用，并能产生经济效益、社会效益和生态效益的自然和人文的各种事物和因素的集合。

一、葡萄酒生态旅游

葡萄酒生态旅游可供开发的旅游资源主要包括两部分，一部分是自然资源，即葡萄园本身所具有的葡萄园景观和葡萄资源；另一部分是依托于自然生态衍生的人文生态资源，例如不同葡萄园、产区及周边所具有的独特民俗文化、不同种植历史、不同的参观或采摘方式都将造就不同的人文生态资源，乃至不同人员的参与（包括葡萄园工作者及游客）方式与倡导可持续发展的价值观念也会进而影响葡萄园的生态文明建设与整体生态文化旅游状况。

二、葡萄酒工业旅游

葡萄酒工业旅游是指酒庄或酒厂在生产葡萄酒产品并满足生产需要的同时,以生产场景、生产设施、厂区环境,即葡萄酒在酿造车间的加工制造、酿造工艺,酒窖的发酵、储藏工艺等为资源,被开发、利用并满足葡萄酒游客旅游、观光、休闲、求知需求等目的。与传统的工业旅游有所区别的是,葡萄酒文化旅游更注重从工业及工艺体验中探知出葡萄酒的酿酒文化,彰显葡萄酒的文化价值。

酒窖

三、葡萄酒乡村文化旅游

乡村文化是与城市工业文化相对立的一种文化,葡萄酒乡村文化旅游则是以旅游度假为宗旨,以野外葡萄园为空间,以人文无干扰、生态无破坏、以游居和野行为特色的旅游形式。利用葡萄种植农业景观和乡村空间吸引游客前来进行观光、采摘,体验民俗建筑、乡村生活模式的旅游活动,饱含趣味性与体验性。

四、葡萄酒文化节庆旅游

旅游节庆也称旅游节日盛事活动,是指规模不等、有特定主题、在特定的时间和同一区域内,定期或不定期地举办既能吸引区域内外大量的游客,又不同于人们常规的生活、活动和节目的各种节日庆典、集会、交易会、博览会、运动会、文化生活等。利用葡萄酒所具有的丰富文化内涵和独特资源优势举办主题鲜明的葡萄酒节,是葡萄酒文化旅游开发的重要内容。节会期间还可举办一系列的丰富多彩的与葡萄酒有关的文化活动,如品酒、品尝美食、购物等活动。

红酒马拉松

葡萄采摘

五、葡萄酒艺术文化旅游

葡萄酒艺术文化旅游是以设立在葡萄酒庄里与都市中的葡萄酒博物馆及葡萄酒文化艺术交流中心为载体,为前来参观的游客展示葡萄酒的历史文化、世界葡萄酒名品(如:葡萄酒酒器、葡萄酒名人名作、葡萄酒名画、葡萄酒音乐、葡萄酒摄影、葡萄酒工艺品、酒标等艺术展示),以及通过新技术体验、现场品酒等活动让游客置身其中,收获其中,品味其中,难以忘怀。

六、葡萄酒教育研学游

葡萄酒教育研学游是以葡萄酒知识的研究性学习和旅游体验相结合的,以学员集体参加的有组织、有目的的参观体验实践活动。以葡萄酒为主体的教育研学游通过结合葡萄酒产区的发展现状,从课堂到园间,向游客讲解葡萄酒文化、产区风土、产业发展等,带领游客到葡萄种植园学习葡萄种植、田间管理技术,在酒庄参观葡萄发酵、灌装、流水线包装全过程,并从色泽、香气、口感等方面进行品酒体验。

葡萄酒研学游

案例讨论与拓展练习:葡萄酒文化旅游的外延

阅读材料1:葡萄酒相关诗词文赋

在我国古代葡萄也称为"蒲桃、蒲萄、葡桃、蒲陶",所以许多文人诗词中所提到的"蒲桃,蒲萄"等其实指的就是我们现在所说的葡萄。陆机在《饮酒乐》中写道:"蒲萄四时芳醇,琉璃千钟旧宾。夜饮舞迟销烛,朝醒弦促催人。春风秋月桓好,欢醉日月言新。"从文章的"蒲萄,琉璃"以及全文的意思,可以看出葡萄酒在当时已经是一种比较普遍的东西,成为贵族们宴请宾客的一种常见饮品。

在魏晋以后一百多年的南北朝时期,也有不少文人写了有关葡萄酒的诗词歌赋。庾信就在他的七言诗《燕歌行》中写道:"蒲桃一杯千日醉,无事九转学神仙。定取金丹作几服,能令华表生千年。"庾信在诗中表达了自己的想法:不如去饮一杯葡萄酒换来千日醉,或者为了长生去学炼丹的神仙。若能取得金丹作几次服食,顶能像千年矗立的华表永享天年。诗中将饮用葡萄酒与服用长生不老的金丹相提并论,可见当时已认识到葡萄酒是一种健康饮品。

葡萄酒有着极浓的中国情味,只唐代一朝,关于葡萄酒的诗篇,就留下了许多篇章,且都脍炙人口,风流千古。那个时候,曾有许多诗人喜欢喝葡萄酒。葡萄酒是视死如归的酒,让守边将士们热血沸腾,豪情万丈。边塞诗人王翰在《凉州词二首》其中一首里诗云:"葡萄美酒夜光杯,欲饮琵琶马上催。醉卧沙场君莫笑,古来征战几人回!"诗仙李白在《襄阳歌》中写道:"落日欲没岘山西,倒著接䍦花下迷。襄阳小儿齐拍手,拦街争唱《白铜鞮》。旁人借问笑何事,笑杀山公醉似泥。鸬鹚杓,鹦鹉杯。百年三万六千日,一日须倾三百杯。遥看汉水鸭头绿,恰似葡萄初酦醅。此江若变作春酒,垒曲便筑糟丘台。"

陈习刚从唐诗角度,对唐诗反映的葡萄种植、葡萄酒酿造及葡萄文化作一考察。据统计,涉及葡萄、葡萄酒的唐诗约63首(重收的5首),作者达37位。

拓展阅读(材料2、3、4)

❖ **案例思考**

问题一:从葡萄酒相关的诗词文赋中,思考和探究中国式葡萄酒文化的发展脉络。

问题二:从以上阅读材料中,探知了葡萄酒文化的外延,请你说一说在葡萄酒文化旅游中如何利用好这些方面?

问题三:根据阅读材料,请总结出中西方酒文化的差异。

❖ **拓展练习**

从以上阅读资料中,选择一项进行评析及宣讲体验练习,为将来的导游讲解技能训练做好准备。

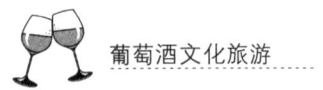

本章小结

本章内容从理论基础出发阐述并辨析葡萄酒文化旅游。首先从"葡萄酒文化旅游"的概念及内涵展开,介绍西方及中国对于"葡萄酒旅游"的不同定义,得出目前普遍认同的葡萄酒文化旅游的概念内涵;然后从葡萄及葡萄产业的特性延伸得出葡萄酒文化旅游的特征。

思考与讨论

以国内某产区为例,具体分析葡萄酒文化旅游具有哪些类型与特点?

第三章 葡萄酒文化旅游资源概况

◆ 知识目标:阐述葡萄酒文化旅游的自然资源和人文资源。
◆ 能力目标:辨析并结合运用葡萄酒文化旅游的自然资源和人文资源。

案例导读

红酒马拉松(波尔多酒庄马拉松)

法国波尔多红酒马拉松始于1984年,至今已有30多年的历史。此赛事以健康、运动、欢乐和趣味作为四大原则,每一年都有不同的主题。比赛时间往往安排在气候宜人的9月,一直被冠以"世界上最浪漫的马拉松"之称。虽然它也遵循着国际马拉松的基本赛制,但却更像是一场与众不同的饕餮盛宴。甚至连官网上都明确说明:追求打破纪录者,不在邀请之列。全程共42公里,规定完成时间为7小时。沿途会经过59家波尔多顶级酒庄,设置有20多个美酒美食补给站,参赛者可以一边跑,一边享受各式奶酪、鲑鱼、鹅肝酱等美食,坚持到最后5公里的参赛者还能享受到生蚝、烤牛肉等美味。参赛者要根据不同的主题,穿上奇装异服,一边完成赛事,陶醉于一路上美丽的田园风光和空气中弥漫的阵阵葡萄果香,一边到各个酒庄免费品尝葡萄酒,包括拉菲酒庄(Lafite-Rothschild)、

拉图酒庄(Chateau Latour)等。据说每年都有不少参赛者因为半途喝醉,而不得不放弃全程,真正的是"醉翁之意不在跑"。红酒马拉松之所以吸引了这么多的马拉松爱好者及游客,除了风光旖旎的田园风光,更重要的就是因为其中独特的人文气息。

第一节　葡萄酒文化旅游自然资源

自然旅游资源是指自然界凡能对旅游者产生吸引力,可以为旅游业开发利用,并可产生经济效益、社会效益和环境效益的各种事物和因素(见表1-1)。它是人文旅游资源形成以及葡萄酒文化旅游产生和发展的基础。

表1-1　自然旅游资源分类表

主类	亚类	基本类型
地文景观	自然景观综合体	山丘型景观;台地型景观;沟谷型景观;滩地型景观
	地质与构造形迹	断层景观;褶曲景观;地层剖面;生物化石点
	地表形态	台丘状地景;峰柱状地景;垄岗状地景;沟壑与洞穴;奇特与象形山石;岩土圈灾变遗迹
	自然标记与自然现象	奇异自然现象;自然标志地;垂直自然地带
水域景观	河系	游憩河段;瀑布;古河道段落
	湖沼	游憩湖区;潭池;湿地
	地下水	泉;埋藏水体
	冰雪地	积雪地;现代冰川
	海面	游憩海域;涌潮与击浪现象;小型岛礁
生物景观	植被景观	林地;独树与丛树;草地;花卉地
	野生动物栖息地	水生动物栖息地;陆地动物栖息地;蝶类栖息地
天象与气候景观	天象景观	太空景象观赏地;地表光现象
	天气与气候现象	云雾多发区;极端与特殊气候显示地;物候景象

一、地文景观

地文景观是地球在漫长的地质年代,经过复杂的地质作用而形成的基于岩石或土壤的自然旅游资源,它是影响其他自然旅游资源形成的重要因素,主要包括自然景观综合体、地质与构造形迹、地表形态、自然标记与自然现象四种亚类。其中自然景观综合体包括山丘型景观、台地型景观、沟谷型景观、滩地型景观四种基本类型;地质与构造形迹包括断层景观、褶曲景观、地层剖面、生物化石点;地表形态包括台丘状地景、峰柱状地景、垄岗状地景、沟壑与洞穴、奇特与象形山石、岩土圈灾变遗迹;自然标记与自然现象包括奇异自然现象、自然标志地、垂直自然地带等。

由于不同的地质作用造就了全球各葡萄产区的地表呈现着千姿百态的地文景观。就地形地貌方面,葡萄产区以中山、低山、丘陵、谷地、平川地、滩地等为主的地形,由此而蕴含着复杂多样的自然景观综合体、地质与构造形迹、地表形态、自然标记与自然现象等地文景观。这些地文景观为开发诸如研学、科考、探险、户外运动等提供了很好的条件,是拓展和丰富葡萄酒文化旅游产品类型的重要自然旅游资源。如具有山岳旅游资源的葡萄产区,可结合峰峦起伏、自然风光、宜人气候等自然条件,开发登山健身、休闲观光等旅游产品。法国勃艮第(Burgundy)葡萄产区,在其葡萄园山坡地形后面的石灰岩悬崖峭壁是攀岩爱好者的理想场所,因而攀岩活动成为该地区最迷人的户外活动之一。而具有岩溶、风沙、海岸、花岗岩、砂岩峰林、熔岩、黄土、土林、冰川等特色地貌旅游资源的葡萄产区,可开发地貌观光探险、研学教育等旅游产品。位于阿根廷西北部的门多萨(Mendoza)葡萄产区,周边有安第斯山脉高大的雪山和南美最高的阿空加瓜山(Aconcagua),这里成为众多登山者的中途站和大本营,其他诸如徒步旅行、骑马旅行、漂流、滑雪等的户外运动爱好者也都汇聚在这里。中国新疆吐鲁番葡萄沟葡萄产区,其西侧的火焰山主要由中生代的侏罗纪、白垩纪和第三纪的赤红色砂、砾岩和泥岩组成,而葡萄沟系火焰山西侧的一个峡谷,沟谷狭长平缓,沟谷西岸悬崖对峙、崖壁陡峭,沟内溪流环绕、水质纯净,是观光游览、户外运动的绝佳场所。

二、水域景观

水域景观的各类水体是受气候、地形地貌等自然因素控制而形成的自然旅游资源,也是塑造地表各类地貌类型的重要因素,主要包括河系、湖沼、地下水、冰雪地和海面五个亚类。其中河系包括游憩河段、瀑布和古河道段落三种类型;湖沼包括游憩湖区、潭池、湿地;地下水包括泉和埋藏水体;冰雪地包括积雪地和现代冰川;海面包括游憩海域、涌潮与击浪现象和小型岛礁等。

全球葡萄产区主要位于温带湿润、半湿润半干旱和干旱的内陆和沿海地区,具有如上所述的丰富多样化的水域景观,各葡萄产区可以利用不同水体的水形、水态、水声、水色、水味、水温等水体要素,开发观光游览、康养健身、休闲度假及研学旅行等旅游产品,丰富和优化葡萄酒文化旅游产品的类型。地处波河南岸丘陵区的皮埃蒙特(Piedmont)是意大利最负盛名的葡萄酒产区,波河及其北部的马焦雷湖与奥尔塔湖优美的自然风光是该区葡萄酒文化旅游发展的重要自然旅游资源。德国西南部的摩泽尔(Moselle)葡萄产区,位于蜿蜒曲折的摩泽尔河的两岸,摩泽尔河的自然风光与葡萄园、酒庄等和谐互融,构成一幅美丽的画卷。位于澳大利亚西部的玛格丽特(Margaret)葡萄产区风景如画,这里三面环海,有超过60座大大小小的葡萄园,这里还以冲浪海滩、附近的石灰岩洞穴、游泳、钓鱼著称。宁夏贺兰山东麓葡萄产区虽然地处干旱和半干旱地区,但该产区由于地处特殊的贺兰山前地质构造及洪积扇上,形成了较为丰富的埋藏于地下的温度适宜、具有矿物元素的地下热水资源,这为葡萄酒文化旅游目的地的休闲度假等高端旅游产品的开发提供了很好的资源条件。再如胶东半岛葡萄产区的烟台、蓬莱、青岛等东靠渤海湾,依托其优质海域资源开发的休闲娱乐旅游产品最受游客青睐。

三、生物景观

生物景观是受气候、地形和水文等自然因素影响而形成的自然旅游资源,主要包括植被景观、野生动物栖息地两个亚类。其中植被景观包括林地、独树与丛树、草地、花卉地四种类型;野生动物栖息地包括水生动物栖息地、陆地野生哺乳动物、两栖动物、爬行动物常年或季节性的动物栖息地、鸟类栖息地、蝶类栖息地等类型。生物景观是自然旅游资源总体系中最富有特色、最具有生机的类型,并且由于拥有部分人文造景因素,因此比其他自然旅游资源具有更多的旅游功能。

全球葡萄产区由于气候、地形及水文等自然因素的区域差异,本身具有多样化不同的葡萄园景观,同时其他植被景观、野生动物栖息地等也存在多样性的差异。由于生物资源的多样性、季节性、观赏性和冶情性等特点,从而可以通过挖掘和利用其观赏价值、文化科研价值、美化净化环境价值等,结合葡萄园及葡萄酒庄景观可开发观光游览、研学旅行、康养度假和科学研究等多种旅游产品,因此,生物景观是丰富葡萄酒文化旅游产品类型及其内涵的重要自然旅游资源。位于亚平宁山脉西部的意大利托斯卡纳(Tuscany)葡萄产区,在山地、平原、丘陵等不同地貌上,葡萄园与山坡上的草地、森林镶嵌分布,交相辉映,是一处葡萄园观光旅游的绝佳目的地。西班牙西北部的加利西亚(Galicia)葡萄产区邻近大海,这里不仅可以品尝到世界上最好的阿尔巴利诺(Albarino)葡萄酒和各类海鲜,而且也是沙丁鱼爱好者的圣地。澳大利亚猎人谷(Hunter Valley)葡萄产区的中心,在 25 公顷的土地上有 12 种景观壮丽的主题花园,园内万紫千红、争奇斗艳,四周有美不胜收的葡萄园和壮丽群山环绕,是澳大利亚主要的人气观光景点。新西兰马尔堡(Marlborough)葡萄产区,地处南岛最著名的海湾,这里栖息着许多美丽的鸟类和海洋生物,包括燕鸥、鹭鸶、小蓝企鹅、海豚和海豹,以及灌木林和海滩,景色壮阔雄伟。

四、天象与气候景观

天象和气候景观包括和天象景观和天气与气候现象两个亚类,天象景观是发生在太空、天体等的各类天文景象,气候景观是发生在地球大气层中的冷热、干湿、风云、雨雪、霜雾、雷电等气象现象与气候过程,这些气象和气候过程是水域景观、生物景观形成的决定性因素,也是塑造地文景观的重要因素,是自然界中最为活跃、最具变化性的因素。其中天象景观包括观察各种日月星辰、极光等太空现象的太空景象观赏地、地面上的天然或人工的地表光现象两种类型;天气与气候现象包括云雾及雾凇、雨凇的云雾多发区,以及风区、雨区、热区、寒区、旱区等极端与特殊气候显示地和各种植物的发芽、展叶、开花、结实、落叶等物候景象等类型。

全球各葡萄产区由于纬度位置、海陆位置及海拔高度的不同,形成了丰富多彩的天象景观以及气象和气候景观,是发展葡萄酒文化旅游重要的自然旅游资源。新疆吐鲁番葡萄产区属于典型的大陆性暖温带荒漠气候,日照充足,热量丰富但又极端干燥,降雨稀少且大风频繁,故有"火洲""风库"之称,当地素有"沙窝里烤熟鸡蛋""石头上烤熟面饼"之说,结合葡萄酒美食可开发一些文化体验性的旅游活动。新西兰由于地广人稀,光污染较少,除有"国际暗夜星空保护区"的特卡波湖(Lake Tekapo)及麦肯锡(Mackenzie)盆地地区,在马尔堡(Marlborough)等著名葡萄产区也很容易找到受光污染较少的地方来观赏星空。宁夏贺兰山东麓葡萄产区由于地处高海拔的干旱半干旱地区,不仅具有云层稀薄、空气质量优良和晴天率高的气象气候特点,同时成就了这里也是观测日月星辰等太空现象理想的区域。这一气象气候特点和天象景观既为葡萄园和葡萄酒庄等葡萄酒文化旅游的直接景观烘托了背景,增强了葡萄酒文化旅游景观的层次性;同时,它也是开发研学旅行、休闲度假、康养健身等旅游产品很好的自然旅游资源,进而丰富了葡萄酒文化旅游的产品类型和文化内涵。

第二节 葡萄酒文化旅游人文资源

人文旅游资源一般是指古代人类社会活动的遗迹、现代人类社会活动的产物,如古建筑、历史名城、园林、革命历史遗迹、民族风情等(见表1-2)。旅游资源具有多样性、垄断性、易损性、可创新性、吸引力的定向性等特点。

表1-2 人文旅游资源类型表

主类	亚类	基本类型
建筑与设施	人文景观综合体	社会与商贸活动场所;军事遗址与古战场;教学科研实验场所;建设工程与生产地
		文化活动场所;康体游乐休闲度假地;宗教与祭祀活动场所
		交通运输场站;纪念地与纪念活动场所
	实用建筑与核心设施	特色街区;特性屋舍;特色市场;特色店铺
		独立厅、室、馆;独立场、所
		桥梁、渠道、运河段落;堤坝段落;港口、渡口与码头
		洞窟;陵墓
		景观农田;景观牧场;景观林场;景观养殖场
	景观与小品建筑	形象标志物;观景点;塔形建筑
		亭、台、楼、阁;牌坊、牌楼;影壁
		书画作;雕塑;碑碣、碑林;经幢
		门廊、廊道;景观步道;甬路;花草坪;水井;喷泉;堆石

(续表)

主类	亚类	基本类型
历史遗迹	物质类文化遗存	建筑遗迹；可移动文物
	非物质类文化遗存	民间文学艺术；地方习俗；传统服饰装饰；传统演艺；传统医药；传统体育赛事
旅游购品	农业产品	种植业产品及制品；林业产品与制品；畜牧业产品与制品；水产品及制品；养殖产品与制品
	工业产品	日用工业品
		旅游装备产品
	手工工艺品	文房用品；织品、染织；家具
		陶瓷；金石雕刻、雕塑制品；金石器
		纸艺与灯艺；画作
人文活动	人事活动记录	地方人物；地方事件
	岁时节令	宗教活动与庙会
		农时节日、现代节庆

一、建筑与设施

建筑与设施是融入旅游的某些基础设施或专门为旅游开发而建设的建筑物和场所，主要包括人文景观综合体、实用建筑与核心设施、景观与小品建筑三种亚类。其中人文景观综合体包括社会与商贸活动场所、军事遗址与古战场、文化活动场所、宗教与祭祀活动场所、纪念地与纪念活动场所等；实用建筑与核心设施包括特色街区、特色店铺、桥梁、渠道及运河段落、洞窟、陵墓、景观农田、景观牧场等；景观与小品建筑包括亭台楼阁、观景点、雕塑、牌坊、碑林、廊道、景观步道、花草坪等。葡萄酒文化中的建筑与设施主要有葡萄酒庄及酒窖、葡萄酒庄园内的亭台楼阁及雕塑、葡萄酒博物馆等。各个葡萄园的发展历史不同，因此造就了不同的葡萄庄园文化。

葡萄酒庄起源于中世纪的贵族庄园，随着社会的进步，酒庄建筑所扮演的角色也在发生变化，最初是葡萄酒的酿造和储藏场所，后来增加了葡萄酒的旅游功能，成为品尝葡萄酒和传播葡萄酒文化的场所，现在酒庄建筑和葡萄酒一样是酒庄的标志，是酒庄文化的最好诠释。一方面，葡萄酒庄旅游满足了国内外诸多葡萄酒爱好者的旅游需求，另一方面酒庄旅游展示出了千百年积淀下来的酒庄文化，让越来越多的人了解酒庄，起到品牌宣传的作用。近年来，我国建造的酒庄绝大多数采用欧式建筑风格，虽然迎合了市场的需求，但是却丧失了民族的风格和特色。我国是世界葡萄的起源地之一，已经有两千多年的葡萄酒酿酒史，我国的葡萄酒文化源远流长、博大精深，具有丰富的内涵。所以中国在建造葡萄酒庄时，应该结合中国的地域传统、自然气候条件和传统文化，建造有中国特色的葡萄酒庄，更好地弘扬中国的葡萄酒文化，彰显中国的传统建筑风格和民族特色，诠释中国特色葡萄酒庄的文化品位。

葡萄酒博物馆是葡萄酒文化的浓缩和精髓,是重要的葡萄酒文化旅游资源。从葡萄酒产生到现在,已有6000多年的历史。围绕葡萄酒所产生的葡萄酒文化内涵丰富厚重。数千年来不断改进和提高的葡萄栽培管理技术、葡萄酒酿造技术,葡萄酒的法律法规制度、酒俗酒礼、饮酒器皿以及文人墨客所创作的与葡萄酒相关的书画、诗文词句和葡萄酒品饮的礼节、风俗、逸闻等都是葡萄酒博物馆可供开发的文化旅游资源。葡萄酒在我国的发展已有2000多年的历史,从张骞出使西域引进葡萄品种及葡萄酒的酿造技术,到1892年张裕开启中国近代葡萄酒工业,葡萄酒文化中也融入了更多的中华文明的元素。独具特色的中国葡萄酒发展历史和葡萄酒文化是我国开发葡萄酒博物馆旅游资源的优势。张裕葡萄酒博物馆是目前我国建成的比较成功的葡萄酒博物馆,馆内展示了葡萄酒的发展历史、百年张裕的发展历程、世界葡萄酒行业介绍和世界名品展示,以及葡萄酒酿造流程的沙堆演示、微型灌装线现场取酒、现场品酒等活动,将诸如如何手持葡萄酒杯,如何品尝葡萄酒,葡萄酒的产地、年份、酿酒品种和橡木桶储藏等葡萄酒文化的方方面面通过娱乐性、专业化的形式表现出来,使得游客在旅游过程中增强了对于葡萄酒文化的体验。

二、历史遗迹

历史古迹是指人类社会经历漫长的生产生活等社会实践活动创造而遗存至今的遗址、遗迹、遗物及遗风等,主要包括物质类文化遗存和非物质类文化遗存两个亚类。其中物质类文化遗存包括建筑遗迹和可移动文物;非物质类文化遗存包括民间文学艺术、地方习俗、传统服饰装饰、传统演艺、传统医药和传统体育赛事。葡萄酒文化中的历史遗迹比较典型的是我国古代文人诗词中关于葡萄种植、葡萄酒酿造及其他方面葡萄文化内容。千百年来,多少文人墨客与酒结下了浓浓的酒情,酒的佳话、趣事更是层出不穷,他们都是源于生活又飘游酒香的精彩的酒文化。魏晋南北朝时期我国葡萄酒开始生产并发展起来,从以陆机为代表的文人名士的诗词歌赋中能够看出葡萄酒在当时盛行的境况,唐宋两朝是我国古代酿造葡萄酒的高峰时期,文人墨客吟诵葡萄酒的诗句不胜枚举,葡萄文化可以说发挥到了极致。

三、旅游购品

旅游购品是旅游者在旅游活动中所购买的富有民族、地方和游览地特色的,对旅游者具有强烈吸引力以及具有纪念性、针对性、艺术性和礼品性的物质产品,也就是旅游者所购买的商品,主要包括农业产品、工业产品和手工工艺品三个亚类。其中农业产品包括种植业产品及制品、林业产品与制品、畜牧业产品与制品、水产品与制品、养殖产品与制品等;工业产品包括日用工业品和旅游装备产品;手工工艺品包括文房用品、织品、染织、家具、陶瓷、金石雕刻、雕塑制品、金器、纸艺与灯艺、画作等。葡萄酒文化中的旅游购品主要有葡萄酒酒器及文化艺术收藏品等。

葡萄酒历来讲究美酒美器,酒器作为葡萄酒文化的一部分,历史悠久,千姿百态。酒器文化也是葡萄酒文化旅游资源类型中重要的一类。从葡萄酒酒器的功能上来分,可以分为储酒酒器、盛酒酒器、饮酒酒器三大类。储酒酒器,主要是指在葡萄酒陈酿过程中所使用的器皿,比较常用的是橡木桶。由于橡木桶储藏过的葡萄酒的优雅品性日益得到消费者的认可和喜爱,橡木桶便越来越受到世界各地的酿酒师的青睐。如今,橡木桶不仅仅作为藏酒器具而被人们使用,在很多人看来,它已超越了其本身的意义,被视为一种艺术,一种文化,更是身份和品位的象征。橡木储酒桶和与其配套的木制工艺使其产品更具有极高的实用性和收藏价值,人们早已把它作为一种艺术品。葡萄酒杯的种类繁多,用途各异。讲究葡萄酒与杯的搭配,不仅在于外在的观感,更有科学的道理。不同造型、弧度的酒杯对于酒液的香气与口感所造成的差异与影响很大。酒杯虽然不会改变酒的本质,然而,酒杯的形状,却可以决定酒的流向、气味、品质以及强度,进而影响酒的香度、味道、平衡性及余韵。奥地利的 Riedel 酒杯被誉为葡萄酒杯中的名牌,其研究人员一直致力于酒杯形状与尺寸对葡萄酒的香气与味道影响的研究。喝不同的葡萄酒要选用不同的酒杯,例如香槟的杯子是细长的,有利于欣赏气泡的上升;白葡萄酒杯的杯肚和杯口都显得偏小,这样会更容易聚集酒的香气,同时不至于让香气扩散太快;红葡萄酒酒杯则肚子大一些,原因在于红葡萄酒通常需要氧气让酒里面的香气释放出来。同时,酒杯的材质也是评判酒杯与酒品是否匹配的标准,玻璃或水晶材质的酒杯,以便品酒者更好地欣赏葡萄酒的色泽。葡萄酒酒器的选择,无论是从橡木桶到酒瓶,还是到酒杯,处处体现着葡萄酒悠远的历史文化韵味。所以,在葡萄酒文化旅游资源类型中,酒器的开发都是不可忽视的一个重要环节。具有特色的酒器文化是葡萄酒文化的重要组成部分,因此酒器旅游资源的开发是葡萄酒文化旅游开发不可缺少的一项重要内容。

四、人文活动

人文活动是不同地域的人们在长期适应自然环境的过程中发生的重要事件或特定行为,具有鲜明的时代性、地域性和差异性,主要包括人事活动记录和岁时节令两个亚类。其中人事活动记录包括地方人物和地方事件;岁时节令包括宗教活动与庙会、农时节日和现代节庆。葡萄酒文化中的人文活动主要是与葡萄酒相关的重要人物和事件、葡萄酒节庆活动等。

旅游节庆也称旅游节日盛事活动,是指规模不等、有特定主题、在特定的时间和同一区域内,定期或不定期地举办既能吸引区域内外大量的游客,又不同于人们常规的生活、活动和节目的各种节日庆典、集会、交易会、博览会、运动会、文化生活等。利用葡萄酒所具有的丰富的文化内涵和独特的资源优势举办主题鲜明的葡萄酒节,是葡萄酒文化旅游开发的重要内容。通过节日氛围吸引游客游览葡萄种植园及购买葡萄酒,是创办葡萄酒文化节的目的。例如,法国红酒节以及葡萄酒节上,开设当地特色食物、美酒以及文化演出等活动,为游客供应视觉及味觉的美好体验。烟台每年都会举办一些展会活动,比如国际葡萄酒博览会。节会期间还可以举办一系列的丰富多彩的与葡萄酒有关的文化活动,例如开展葡萄酒知识与文化的讲座、品酒、品尝美食、购物等活动。在一些新兴的葡萄酒产地，葡萄酒节庆旅游作为一项重要的旅游活动被开发出来，如品尝当地小吃、住宿餐饮、音乐戏剧、各种艺术工艺品、养生保健以及婚礼等。葡萄酒节庆会展游，树立葡萄酒文化节庆会展旅游的品牌特色。比如每年的葡萄酒博览会期间，举办"红酒味道"活动，让游客可以对比品尝到各个酒庄的葡萄酒，了解了不同品种的差异后，再去体验葡萄酒与当地特色食物的搭配，对接对游客开放的葡萄酒庄，去参观葡萄园，体验采摘的乐趣。通过创办葡萄酒文化节，一方面，能刻画当地旅游形象，推动葡萄酒旅游发展。另一方面，可带动地区经济的快速发展，进而落实政府及酒庄经营者创办葡萄酒文化节的目标。

本章小结

本章通过对葡萄酒文化旅游的地文景观、水域景观、生物景观和天象与气候景观等自然资源；建筑设施、历史遗迹、旅游购品和人文活动等人文资源的总结归纳，说明我国葡萄酒文化旅游资源非常丰富，在国家及各地区政府的大力支持下，葡萄酒文化旅游资源的开发必将带动地区经济与文化的发展，推动乡村振兴，巩固脱贫攻坚。

思考与讨论

如何将葡萄酒文化旅游的自然资源和人文资源转化成文化旅游产品？

第二模块
葡萄酒文化旅游产业背景

> 尽管我不知道为何,但我热爱酿酒这个有些艰难并且具有悠久历史的工程。我热衷于从古时的酿酒传统寻找方法并继承。葡萄酒不仅仅是一种饮料,更是一种文化。我总试图找到每一个葡萄酒产地与众不同的地方。
>
> ——斯蒂芬·德勒
>
> 无论是在音乐、艺术还是葡萄酒的领域,古往今来,不断有人付出和创造,打破固有疆界。人们在尝试的过程中,发现的根本上好的东西保留下来并加以推广,从而推动行业进步。
>
> ——伦恩·罗滕贝格

第四章 国内外葡萄酒产业

学习目标

◆ 知识目标:阐释国内外葡萄酒产业的发展现状与特征。

◆ 能力目标:能通过对比国内外葡萄酒产业,分析中国葡萄酒发展的优势与劣势,并提出发展策略。

案例导读

西班牙葡萄酒产业

放眼国内的葡萄酒爱好人士基本都对法国葡萄酒较为偏爱,相较之下其他产区的优质葡萄酒便在国内显得较为冷门。作为全球第三大葡萄酒生产国以及葡萄种植面积世界第一的西班牙,也仿佛因为法国葡萄酒的影响而失去了一定的存在感。好在近十年来,西班牙葡萄酒产业状况正在逐步攀升。据统计,西班牙葡萄酒产业在过去十年来,吸引了来自外国超过 8 亿元的直接投资。尽管比起法国和意大利等在全球葡萄酒市场中占据庞大份额的国家还存在一定的差距,但在这十年中,西班牙葡萄酒也算在全球市场中走出了属于自己的康庄大道。

2017 年西班牙作为全球第三大葡萄酒生产国,产量达到了 33.5 亿公升,还有着傲视全球的 9.8 亿公顷的葡萄种植面积。从这些数据上可以看出西班牙在全球葡萄酒市场中的地位,但其领先全球的葡萄种植面积却只有全球第三的葡萄酒产量,这也间接反映出了一些问题。从国家地形上来看,西班牙整个国家的国土基本都处于伊比利亚半岛的山地上,导致整个国家都面临高海拔的问题,间接削弱了温度对于葡萄生长的影响。除去高海拔之外,西班牙部分地区还极度干旱,让葡萄失去了生长所必需的水源保障,而灌溉系统直到今日在西班牙只普及到了 34% 的酒庄。这便一定程度上解释了西班牙葡萄酒产量与葡萄种植面积无法匹配的问题。

此外,西班牙《国家报》曾统计出 2017 年部分国家葡萄酒的出口价格,其中西班牙葡萄酒每公斤仅 1.25 欧元,而法国需要 6 欧元,意大利需要 2.78 欧元。

比较之下，西班牙葡萄酒的价格更占优势，出口量也在2017年跃升到全球第一，总共为22.8亿升。截止到2019年，西班牙葡萄酒的出口价格低至每升0.47欧元，而全球平均水平则为0.76欧元。

通过西班牙葡萄酒产业现状简要分析，我们可以在下文对比国内外葡萄酒产业的现状与不同。

第一节　国内外葡萄与葡萄酒产业概况

根据国际葡萄酒组织OIV官方报告，2018年全球葡萄园种植总面积约为740万公顷。2018年葡萄酒生产量达到了创纪录的293.2亿升。2018年，中国已经成为全球葡萄种植面积第二大的国家，且呈现持续上升的趋势。

2020年的新冠疫情，给葡萄酒行业一个沉重的打击。与此同时，也催生不少新的商业机会。疫情的到来只是在葡萄酒行业的预期发展趋势下催生了新变化，但对市场发展节奏及市场发展规律，并没有造成实际性的改变；葡萄种植面积趋于稳定，优质葡萄酒产量缓慢上升，葡萄酒消费量稳步持续；葡萄酒消费和生产逐渐趋于优质化、高端化方向；新兴经济体葡萄酒生产和消费量增长强劲，对世界葡萄酒销售的拉动作用明显；另外，亚洲将成为葡萄酒消费增长最快的地区，其中中国的种植面积在快速增长。

根据OIV发布的《2019年葡萄酒贸易报告》，如图2-1和图2-2所示，自2003年以来，全球葡萄种植面积持续下降，降至740万公顷。目前，西班牙是葡萄种植面积最大的国家（96.9万公顷），其次是中国（87.5万公顷）。

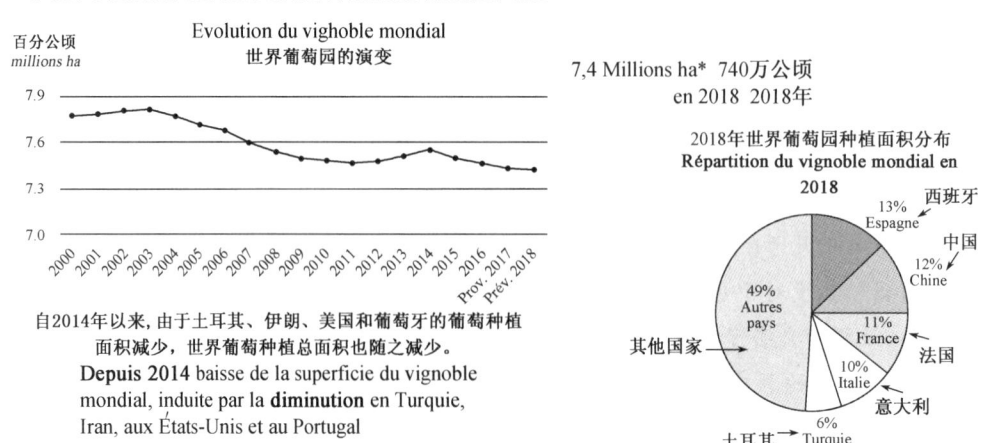

图2-1　2000—2018年世界葡萄园的演变

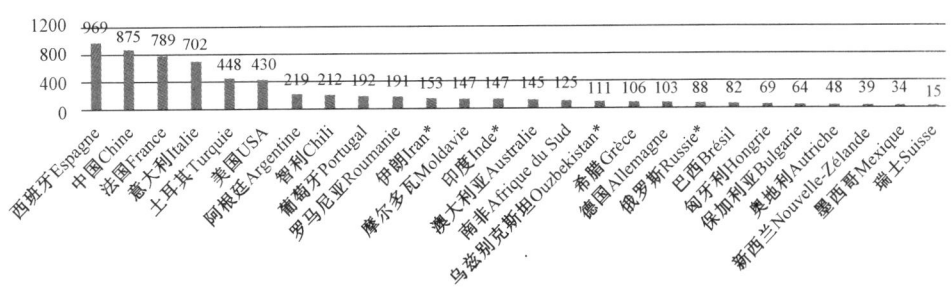

图 2-2　2018 年各国葡萄园种植面积

2018 年是葡萄酒的好年景。如图 2-3 所示,全球葡萄酒产量达到创纪录的 292.3 亿升。欧洲产量仍占主导地位,占总生产量的近 70%。三大葡萄酒生产国(意大利、法国和西班牙)都获得了大丰收,分别增长 22%～26%。从更长远的角度来看,全球葡萄酒产量稳定在 270 亿升左右。

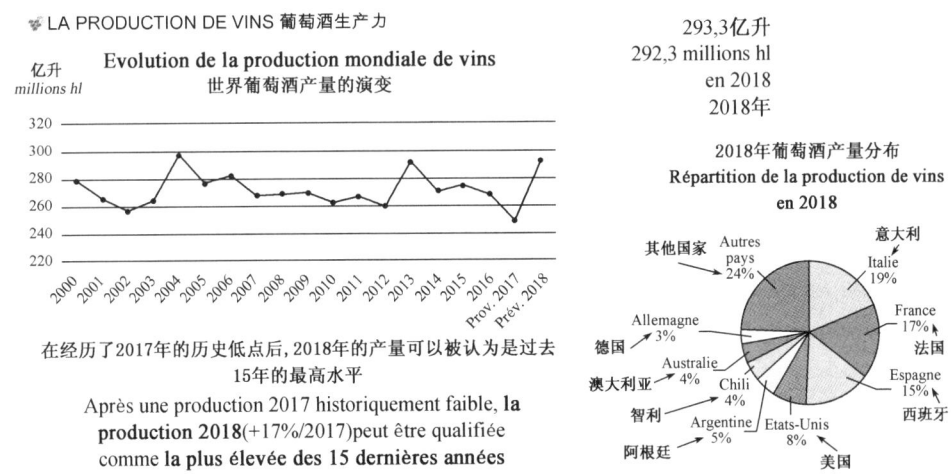

图 2-3　2000—2018 年世界葡萄酒产量变化及 2018 年各国葡萄酒产量分布

由图 2-4 和图 2-5 可知,全球葡萄酒销量保持稳定,约 246 亿升。21 世纪初,全球葡萄酒消费量显著增长。美国是最大的葡萄酒市场,其次是法国(26 亿升)和意大利(22.4 亿升)、德国(20 亿升)。中国是世界第五大葡萄酒消费国,2018 年销售葡萄酒 18 亿升,同比下降 6.6%。美国、法国、意大利、德国和中国这五个最大的消费国加起来约占世界葡萄酒消费量的一半(49%)。虽然葡萄牙的总消费量仅为全球第 11,但是人均消费量为世界第一(62.1 升/人)。

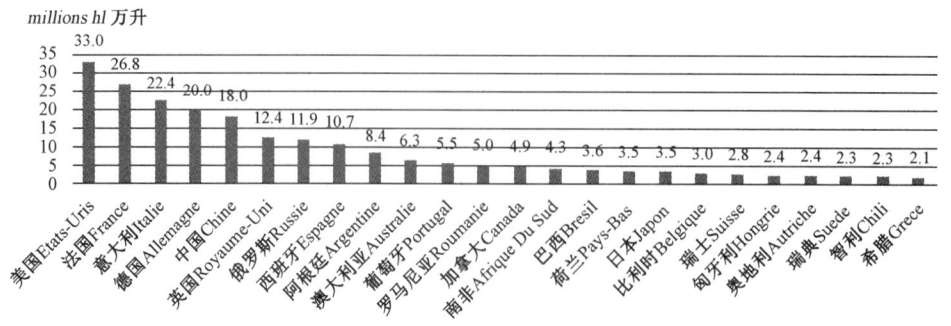

图 2-4　2018 年各国葡萄酒消费量

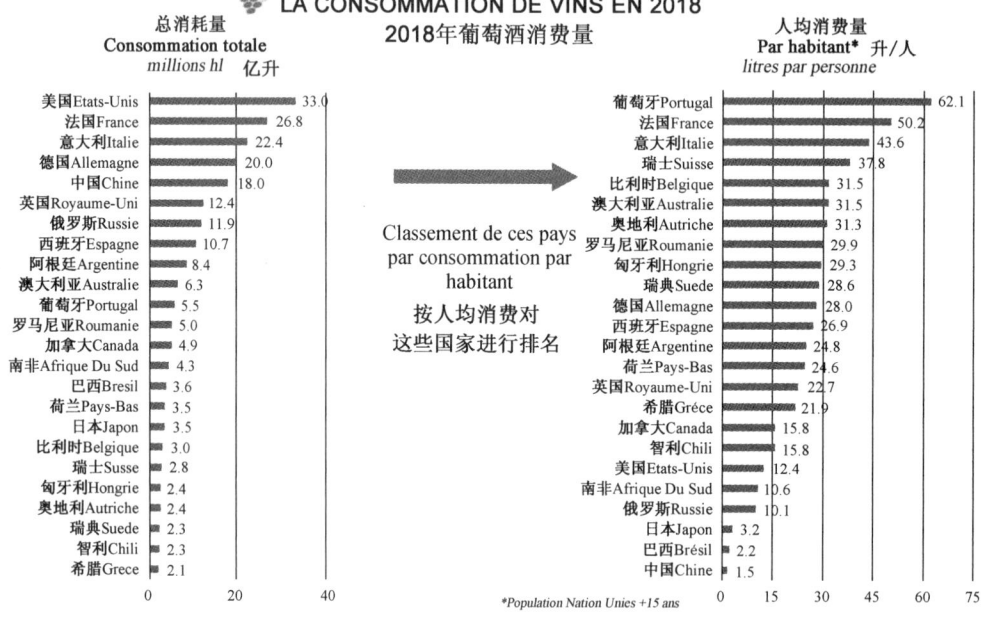

图 2-5　2018 年葡萄酒总消费量及人均消费量

在葡萄酒出口方面,如图 2-6 所示,传统的旧世界国家依旧占有主要地位,前三位分别是西班牙、意大利和法国。而在葡萄酒进口方面,如图 2-7 所示,德国、英国和美国则分居前三。

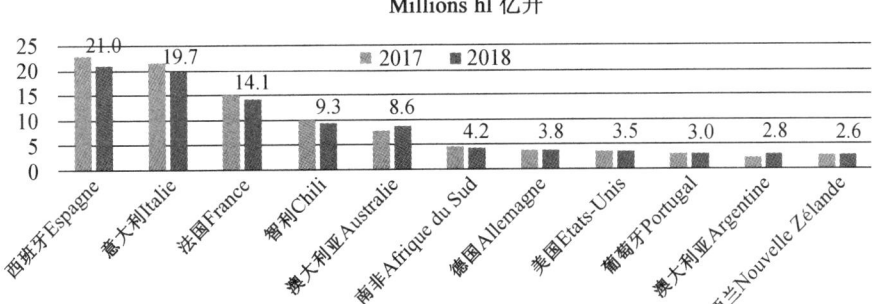

图 2-6 葡萄酒主要出口国出口量

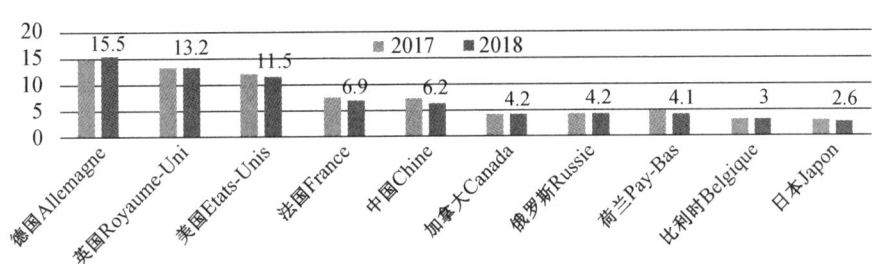

图 2-7 葡萄酒主要进口国进口量

第二节 葡萄与葡萄酒产业的特征

与一般农业产业相比，葡萄与葡萄酒产业是朝阳产业，具有生态约束性、地域聚集性、产业关联性、文化属性和可持续性。

一、生态约束性

生态约束性也可被称为地域不可复制性。葡萄与葡萄酒属于特殊农产品，对原料品质的要求使优质产区往往被限定在一个较小的范围之内。局部的土壤、光照、温度、降雨等生态条件的优势集成是某个产区甚至地块具有独特性和能够生产高品质葡萄酒的基础条件，并决定着最适合栽培的葡萄品种、最适合的葡萄酒风格等。

二、地域聚集性

酿酒葡萄的生态约束性决定了葡萄酒产业的生态关联性产业。优势产区的生态效应会使大量葡萄酒企业集中在一个特定的区域而逐步表现出地域特性和聚集特性。如法国的香槟酒有几千个品牌,就是法国"香槟"省独特的生态条件聚集的结果,表现出明显的地域性与集聚性。

三、产业关联性

葡萄酒产业将农业、轻工业等产业以产品深加工的方式链接起来。在葡萄的种植、葡萄酒酿造、葡萄酒的加工、出品、包装、葡萄酒休闲旅游的开发等环节中涉及了一、二、三产业,带动了葡萄酒原材料、机械设备、制瓶业、印刷业、包装业、运输业、旅游业等相关产业的发展。如在中国的葡萄酒产区,这些环节之前通常归属于林业系统、轻纺系统、旅游系统进行管理。2018年国务院机构改革后,归属于农业农村厅和自然资源局系统管理。宁夏的葡萄及葡萄酒产业则归口于贺兰山东麓葡萄产业园区管委会统筹管理。

四、文化属性

葡萄酒是一种历史悠久、具有文化特色的产品。葡萄酒文化包含了生态文化、酿酒文化、品酒文化、侍酒文化、艺术文化、节庆文化等葡萄酒文化资源。葡萄与葡萄酒的文化属性是其他任何农产品都无法比拟的,一个出产优质葡萄与葡萄酒的地区,无论其葡萄与葡萄酒产业对实体经济贡献大小,都可能成为这个地区最靓丽的文化特征和形象名片。

五、可持续性

葡萄是适应性强的一种果树,对土壤要求不严格,可以在我国广阔的贫瘠土地上种植,尤其是在我国西北部,使荒芜的土地得以充分利用,盘活贫瘠土地资源,防止沙化,恢复和扩大了自然资源的存量,推动了生态系统的恢复和良性循环。葡萄酒又被誉为"液体黄金",具有资本运作和投资增值的可预期性和可持续性。

第三节 中国葡萄酒产业概况

一、中国葡萄酒产业发展现状

(一)种植面积

20世纪80年代以来,中国葡萄的种植面积呈现波动增长趋势。1980—1990年,我国葡萄栽培面积在45万亩的基础上缓慢发展;1991—2003年,葡萄产业规模逐渐发展壮大,2003年种植面积达631.5万亩,之后略有回落;2007—2015年快速增长,2015年达到峰值,为1198.5万亩;2016—2018年趋于平稳,种植面积稳定在1050万亩左右。

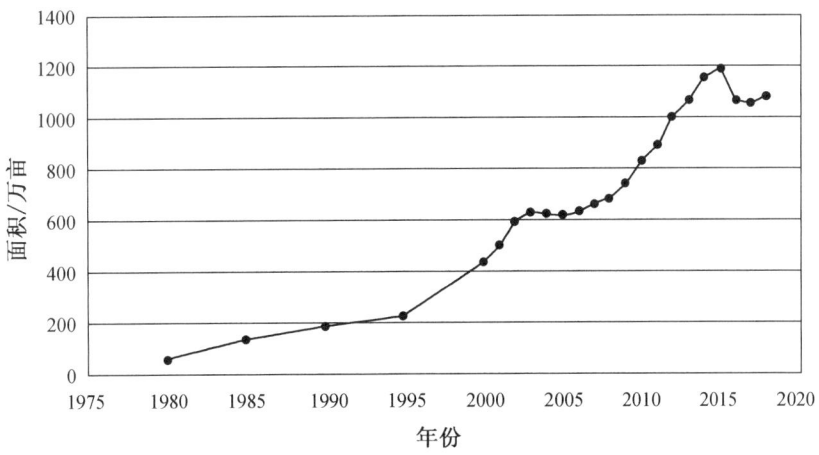

图 2-8　1980—2018 年全国葡萄种植面积

(二) 产量状况

2020 年,中国葡萄酒受疫情影响,葡萄酒产量为 41.33 万千升,葡萄酒产量和最高峰时相比不到 1/3,仅为 41.33 万千升,同比下降 6%。

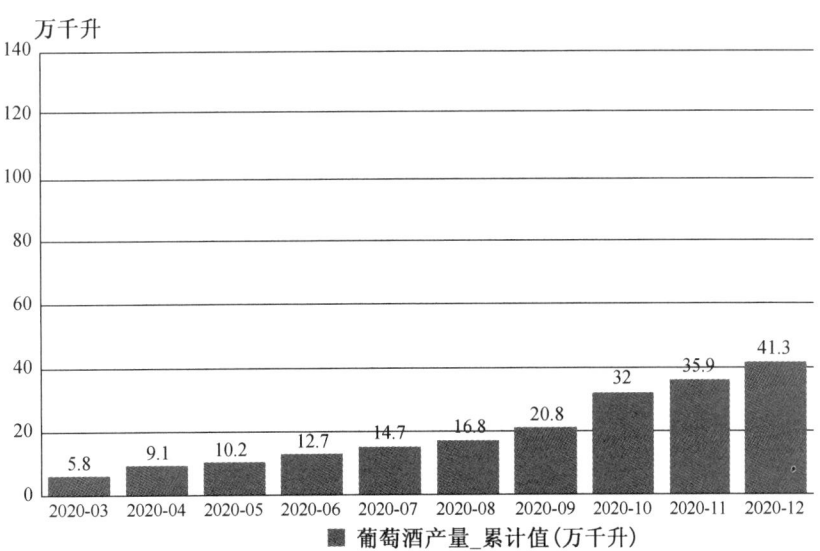

图 2-9　2020 年中国葡萄酒累计产量

(三) 消费状况

随着人们生活水平的提高,对红酒的需求逐年提升,我国人均红酒消费呈现缓慢上升的态势。2018 年中国红酒消费量 193.77 万千升,较上年增加 11.42 万千升,同比增长 6.26%;2019 年中国红酒消费量 206.62 万千升,较上年增加 12.85 万千升,同比增长 6.63%。

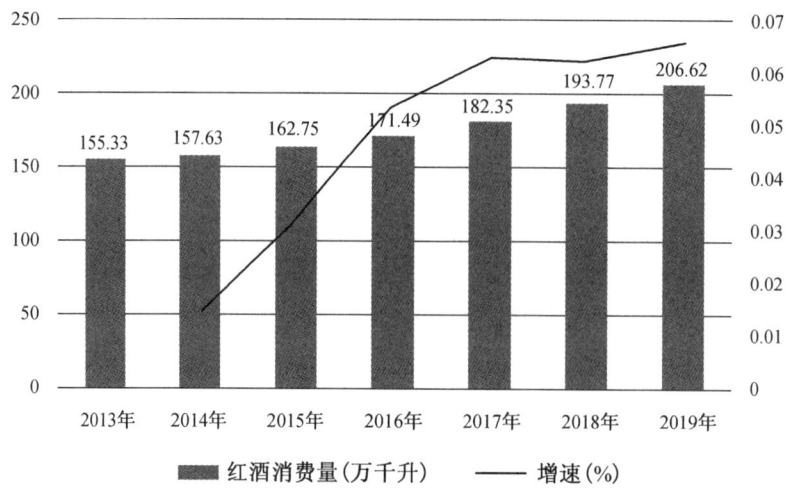

图 2-10 2013—2019 中国葡萄酒消费量　资料来源：智研咨询整理

二、中国葡萄酒产业发展趋势

（一）投资趋势

总体来看，未来几年内，中国葡萄酒产业将迎来的是挑战和机遇并存的时代，而毋庸置疑的是发展、投资潜力巨大。中国葡萄酒行业产销方面持续探底，考虑到外有进口酒涌入，内有厉行节约等政策，葡萄酒行业的调整阵痛仍在持续。由于其他行业企业转型和分散风险的需要，使得进入葡萄酒行业的资本还将持续一段时期。中国葡萄酒市场将从政务消费转向大众及家庭消费，中低价酒款将成为消费主流，中低端的进口葡萄酒相比国产葡萄酒性价比更高，竞争优势明显。

（二）与文化旅游产业的对接趋势

近年来很多国内比较著名的葡萄酒产区逐步开始打造葡萄酒文化旅游，譬如秦皇岛大力发展葡萄酒休闲旅游产业；山东烟台、河北昌黎、新疆、甘肃、宁夏等产区相继开发了葡萄酒旅游产品及节庆活动，如河北秦皇岛昌黎华夏庄园、甘肃紫轩葡萄酒庄、张裕爱斐堡国际酒庄、张裕摩塞尔十五世酒庄等均开发成为国家 4A 级以上的旅游景区；北京龙徽酿酒有限公司工业园、宁夏玉泉营葡萄酿酒基地、秦皇岛朗格斯酒庄等成为全国工业旅游示范点；吐鲁番葡萄沟、山东枣庄抱犊崮—熊耳山洪门葡萄村等主要以全国农业示范点来开发葡萄酒旅游。

三、中国葡萄酒产区自然地理概况

（一）中国葡萄产区自然地理概况

全球主要的葡萄酒产区基本位于南北纬 30°～50°之间的温带地区。在中国主要位于暖温带、中温带地区，另外亚热带也有分布，为半湿润、半干旱、干旱及湿润气候，多数地区雨量适中(或有灌溉水源)、光照充足。土壤以干旱土、漠土、钙层土、淋溶土、半淋溶土为主,地带性土壤包括半湿润地区的棕壤、褐土,半干旱地区的黑钙土、栗钙土,干旱地区的灰钙土等,还有灌淤土、盐碱土、白浆土等非地带性土壤,这些土壤基本具有良好的排水性和透气性,具有一定的肥力。地形以中山、低山、丘陵、谷地、平川地、滩地等为主。由于地理环境和经济发展水平的差异,中国葡萄产区分布着各具特色的葡萄种植和葡萄酒产地。

(二)主要产区自然地理概况

中国幅员辽阔,自然、地理种类多样,但条块分割下的跨行政区域的生态条件难以在现实中联合,因此中国的葡萄酒产区一直缺少统一的划分标准。几年前一直比较流行九大产区的说法,近年又以行政区划区别产区的较多。本章选取行政区划为标准介绍中国葡萄酒产区。

1. 宁夏

宁夏贺兰山东麓葡萄酒产区位于宁夏黄河冲积平原和贺兰山冲积扇之间,西靠贺兰山脉,东临黄河,北接石嘴山,南至红寺堡,共涉及石嘴山市、银川市、青铜峡市、红寺堡区四个产业市县(区)及农垦系统,区域总面积20多万公顷。

宁夏贺兰山东麓属于大陆性干旱半干旱气候,平均海拔1000 m以上,产区的全生育期积温(≥10 ℃)在3400~3800 ℃,气温日均差在12~15 ℃,降水量在150~240 mm,日照时数在1700~2000 h,无霜期为160~180天。贺兰山东麓葡萄酒产区土壤成土母质以冲击物为主,土壤含有砾石、砂粒,土质透气性佳,土壤以淡灰钙土为主,含有风沙土和灌淤土,土层厚度为40~100 mm,pH值在7.5~8.7之间。有机质含量相对低,土壤表面为沙面多孔,下层土质松软,保水保墒,适合酿酒葡萄生长。

截至2019年底,全区葡萄种植面积达到49.6万亩,占全国的1/4,是全国最大的酿酒葡萄集中连片产区,现有酒庄211家,年产葡萄酒1.3亿瓶。目前主要栽培品种有赤霞珠、美乐、蛇龙珠、黑皮诺、马瑟兰、品丽珠、西拉、霞多丽、贵人香等。宁夏贺兰山东麓葡萄酒已成为宁夏耀眼的"新兴地标"和"紫色名片"。

2. 山东

山东省位于中国东部沿海、黄河下游。境域包括半岛和内陆两部分,东部葡萄种植区缓丘起伏,形成以山地丘陵为骨架、平原盆地交错环列其间的地形大势。产区属于暖温带季风气候类型,降水集中,雨热同季,春秋短暂,冬夏较长。

产区年平均气温11 ℃~14 ℃,全年无霜期由东北沿海向西南递增,鲁北和胶东一般为180天,鲁西南地区可达220天。光照资源充足,光照时数年均2290~2890小时,年平均降水量一般在550~950毫米之间,由东南向西北递减。土壤类型多样,主要有潮土、棕壤、褐土等,降水量丰富,比较适合种植酿酒葡萄。

截至2015年底,山东省酿酒葡萄栽培面积为25.13万亩,主要集中在胶东半岛地区,是集农业种植、酿造加工、休闲旅游和文化推广于一体的"新六产"朝阳产业。目前,产区主栽品种为赤霞珠、蛇龙珠、美乐、品丽珠、西拉、烟73、烟74、紫大夫、小味儿多、马瑟兰、桑娇维赛、宝石、维欧尼、公酿1号、北醇等。白色酿酒葡萄品种约占25%,主栽白色品种为贵人香、霞多丽,还有威代尔、雷司令、小芒森等。

3. 新疆

新疆产区种植葡萄的历史已经超过7000年,有明确文字的记载超过2000年。这里光热条件优越,土地资源丰富。近年来,酿酒葡萄种植面积增加迅速,形成了天山北坡的玛纳斯盆地产区,以及南坡的焉耆盆地产区,另外在东部的吐鲁番以及西部边境的伊犁也有集中的酿酒葡萄园。

新疆产区远离海洋,深居内陆,以温带大陆性气候为主,而天山成功阻隔北方吹来的寒冷空气,由此以天山为界,北疆属于中温带,南疆属于暖温带。新疆地区昼夜温差大,尤其是吐鲁番盆地最高温度可达50度,日照时间长,降水量少,全年平均降雨量在150毫米左右,属于干旱性地区。

近年随着大量投资的引入,新疆产区的酒款也在国内外屡获荣誉。新疆产区种植有大量鲜食葡萄,但近几十年开始大量引入酿酒葡萄,目前主栽品种有赤霞珠、美乐、蛇龙珠、佳美、霞多丽、雷司令等。

4. 甘肃

甘肃产区位于河西走廊东部,是我国优质酿酒葡萄生产区域,重要葡萄产地包括武威、张掖、古浪、民勤等地。该地区可供开发种植的沙荒地和戈壁滩很多,为发展葡萄产业提供了充足的土地资源。

河西走廊的葡萄产区都处在沙漠沿线的戈壁荒漠区,土壤为灰钙土、荒漠土、灰棕土和棕漠土,矿质元素(包括微量元素)非常丰富,且土壤结构疏松,空隙度大,有利于葡萄根系生长。河西走廊日照时数在3000小时以上,葡萄穗大粒大,着色非常好,葡萄酒香气浓郁。有效积温高(1500小时以上),昼夜温差大(15℃以上),有利于糖分结晶和积累,糖酸比处于优良状态。气候非常干燥,可抑制葡萄病虫害的发生频率,同时,依靠无污染的祁连山雪水和地下井水灌溉,进一步保证了葡萄品质。

经过几十年的发展,甘肃产区已经形成了以武威为龙头,张掖、嘉峪关、敦煌为链接的产业基地。酿酒葡萄种植面积一度超过30万亩,占全国15.2%,增幅达161.04%,葡萄酒产能13万吨,葡萄酒生产企业销售收入达到13亿元,河西地区引种栽培的酿酒葡萄多以欧亚产中早熟、中晚熟品种为主,如霞多丽、法国兰、黑皮诺、美乐、贵人香、品丽珠、赤霞珠等。

5. 河北

河北省酿酒历史悠久,地处中纬度沿海与内陆交接地带,地势西北高、东南低。从西北向东南呈半环状逐级下降。高原、山地、丘陵、盆地、平原类型齐全。河北省主要的葡萄种植基地主要集中在出产了中国第一瓶干型白葡萄酒的沙城产区,和出产中国第一瓶干型红葡萄酒的昌黎产区。

河北的碣石山产区(昌黎)地处河北省东北部,东临渤海,北依燕山,西南挟滦河。地势由西北向东南倾斜。地貌有山地丘陵、山麓平原、滨海平原。碣石山产区境内的土壤呈多样性。北部山区的低山、丘陵地带为褐土,粗沙含量大,夹有石砾、疏松,含钾多。山前平原及铁路沿线为褐土,土层深厚,轻壤质,通透性好。碣石山产区属于我国东部季风区、暖温带、半湿润大陆性气候。日照充足,四季分明,秋季延续时间长,无霜期长,水热系数小。年总日照时数2809.3小时。年平均气温11 ℃,无霜期186天。年平均降水538.33毫米。

怀来县(沙城产区)最早的现代化葡萄酒生产始于1976年,是由沙城酒厂生产。同时怀来县也是1979年创立的长城桑干酒庄所在地,1979年独自研制了第一瓶干型葡萄酒,1986年完成了"香槟法起泡葡萄酒生产技术开发"项目,1997年研制成功 V.S.O.P 白兰地。

产区主栽品种赤霞珠、马瑟兰、西拉、品丽珠、蛇龙珠、美乐、佳美、霞多丽、白玉霓、雷司令、长相思、琼瑶浆等。鲜食及酿酒品种兼用的还有玫瑰香和龙眼等。产区现有葡萄基地10万亩,葡萄总加工能力14万吨。

6. 北京

北京酿酒葡萄种植区位于北京西南,总面积2100多平方公里,平原、丘陵、山区各占三分之一。北京酿造葡萄酒的历史可以追溯到100年前,目前主要子产区为房山区、延庆区、密云区。该地区由于土地资源紧张,酒庄规模往往很小,但却是开展葡萄酒旅游的理想产区。

北京年平均气温12.7 ℃,平均无霜期202天,大于10 ℃的积温4781.1 ℃,年降雨量562.7 mm,年日照时数2284小时。拥有北京最大的山前暖区资源,具有昼夜温差大、升温快、阳光照射充足、成土母质多样、土壤有机质、矿物质含量丰富、透气性良好等特点,适宜酿酒葡萄栽植的区域多但分散。

北京产区酒庄是开展葡萄酒旅游的理想产区。其旅游资源丰富,境内有横跨北京、河北两地的中国房山世界地质公园,有中国华北地区最古老的原始次生林上方山国家森林公园;房山是"北京城之源",琉璃河西周燕都遗址被誉为是城市文明的发源地,是世界各国首都建设最早的城市。目前北京产区主栽品种为赤霞珠、美乐、霞多丽、雷司令等国际品种。

7. 天津

天津产区位于我国华北平原东北部,东临渤海,北靠燕山。天津栽培地区有北辰区、武清区、滨海新区、宁河区、蓟州区等地。

气候方面,产区主要受季风环流的支配,是东亚季风盛行的地区,属暖温带半湿润大陆季风型气候。四季分明,春季多风,干旱少雨;夏季炎热,雨水集中;秋季气爽,冷暖适中;冬季寒冷,干燥少雪,光、热、水、气资源丰富。土壤质地方面,该地土壤质地变化较大,由滨海的盐碱黏土、中部的沙土、沙壤土到蓟州区山区富含石砾的淋溶褐土、朝褐土等构成。年平均气温11.5 ℃,年活动积温(≥10 ℃)3700~4200 ℃,年日照时数2600小时左右,无霜期约195天,年平均降雨量在500~678 mm。

天津有栽培葡萄传统,该地区的茶淀出产的玫瑰香闻名全国。中国改革开放之初建成的第一个中外合资企业——中法合营天津王朝葡萄酒公司,就是利用这里的玫瑰香开始酿造葡萄酒。产区目前主要栽植赤霞珠、美乐、品丽珠、贵人香、霞多丽、白玉霓、玫瑰香

等葡萄品种。

8. 山西

山西省因居太行山之西而得名,位于黄河中游,华北平原西面的黄土高原上。省境四周山环水绕,东依太行山,西、南依吕梁山、黄河,北依古长城。山西产区主要包括太原南部的清徐、太谷两县和临汾西部的乡宁县。

山西产区位于大陆东岸的内陆,属于温带季风气候,外缘有山脉环绕,难于受海风的影响,使得气候表现出较强的大陆性。年平均气温4～11 ℃,年活动积温(≥10 ℃)3000～3500 ℃,年日照时数2500～2600小时,年平均降水量500毫米左右。主要土壤类型为壤土、沙壤土、含砾石。同时,由于内蒙古冬季冷气团的侵袭,北部比较寒冷,冬季长而寒冷干燥;夏季短而炎热多雨;春季日温差大,风沙多;秋季短暂,气候温和。日照时间长,昼夜温差大,相对无霜期短,需要埋土过冬。

山西产区主要种植的葡萄品种为国际葡萄品种,如赤霞珠、美乐、品丽珠、霞多丽、白诗南、贵人香、长相思等。

9. 陕西

陕西省位于中国西北地区东部的黄河中游,陕西地貌总的特点是南北高,中间底,西北高,东南低,以北山、秦岭为界,形成陕北黄土高原、关中平原和陕南秦巴山地三个各具特点的自然区。目前陕西省葡萄的主要种植区集中在渭北高原、关中及延安、榆林地区。

陕北黄土高原沟壑纵横,塬、梁、峁交错。秦岭呈东西走向,为我国南北方的分界线。巴山位于陕西最南部,呈西北—东南走向。秦岭、巴山之间形成了汉中和安康盆地。陕西的河流以秦岭为分水岭,分属黄河、长江两大水系。陕西属大陆季风性气候,各地的年平均气温在7～16 ℃,年活动积温(≥10 ℃)3000～3800 ℃,年降水量300～700毫米,南部偏多,北部偏少。由于受季风的影响,冬冷夏热、四季分明。

陕西种植葡萄和酿制葡萄酒的历史悠久。唐朝时期,陕西的葡萄种植和葡萄酒的酿造就很繁盛。据考证,今天的渭北旱原产区就是唐代李世民的皇家葡萄园林所在地。种植品种多为国际品种,主要为赤霞珠、美乐、品丽珠、霞多丽、雷司令等。截至2018年,陕西省已注册运营的葡萄酒企业达42家。

10. 东北

东北产区作为中国位置最偏北的产区,主要位于吉林省、辽宁省,主要集中在吉林通化地区、辽宁桓仁地区。产区三面环山,中部为广阔的平原地区,属于温带湿润、半湿润大陆性季风气候。冬季严寒,最低气温达零下30到40度,降雨量650毫米,土壤肥沃,主要为黑钙土,土质松软,结构均衡,利于水分渗透,促进葡萄根部对水分吸收,同时便于葡萄根部的保温和透气。

东北产区地理位置与世界冰酒之国加拿大纬度相同,具备冰葡萄生长所需的"冰雪、湖泊、阳光"三大理想要素,是公认的冰酒生产绝佳地带。桓仁与通化属中温带大陆性季风气候、四季分明。平均无霜期150天,平均温度6.3 ℃,最高气温34.9 ℃,最低气温负27.3 ℃。平均活动积温3187 ℃,年平均相对湿度66%,平均日照时数2197.1小时,平均降水量870毫米。土壤主要为棕壤土,平均pH值为5.8～6.5,土壤有机质平均含量为3%左右。

桓仁、通化葡萄酒产业始于2001年,目前冰葡萄种植基地1万余亩,冰葡萄酒占世界总产量的一半以上,年产冰酒约1500吨。东北产区最具特色的就是山葡萄,同时长白山野生山葡萄也是这里的主要种植品种。除此之外还有赤霞珠、霞多丽、威代尔、雷司令、品丽珠等。

11. 内蒙古

内蒙古产区酿酒葡萄栽培集中于西部乌海地区、中东部包头地区。内蒙古葡萄种植历史已有200多年,中华人民共和国成立前多为零星栽培,中华人民共和国成立后,特别是近年伴随着内蒙古防沙治沙工程,葡萄栽培产业得到了飞速发展,形成了一定规模的葡萄生产基地。

内蒙古产区属半湿润的中温带季风气候,东部为半湿润地带,西部为半干旱地带,昼夜温差大。常年受极地气团和海洋气团的交替影响,属温带大陆性气候。冬季干冷,降雪少;春季干旱,风沙大;夏季炎热,雨水较多;秋季天晴气爽。日照时间长,昼夜温差大,平均积温高,无霜期长。年平均气温9.2度,全年日平均气温稳定通过10度以上的有效积温为3666.6度。年平均降水量为162毫米,年蒸发量在3291～3761毫米之间。无霜期平均156～165天。年平均日照3000～3200小时,水土光热资源丰富,适合葡萄种植,有"葡萄之乡"的美称。

内蒙古产区主要种植的酿酒葡萄品种有赤霞珠、品丽珠、蛇龙珠、美乐、西拉、霞多丽、雷司令、贵人香等。

12. 云南

云南的葡萄种植历史悠久。1848年,就有欧洲传教士种植葡萄,近代又陆续从法国引进多个酿酒葡萄品种在蒙自、弥勒、永仁、东川等地试种。云南酿酒葡萄及葡萄酒产业主要集中于弥勒、丘北产区和香格里拉迪庆高原产区。

弥勒、丘北产区地貌属岩溶山原地貌,特征是山地高原为主,丘陵平台镶嵌其中,形成了面积较大的山中盆地。东风农场场区的土壤由砾岩和白云岩风化而成,土壤中有机质含量高,肥力中上等,非常适合葡萄的生长。香格里拉迪庆高原产区属于干旱河谷,大香格里拉地区。葡萄生长在三江并流的坡地河谷,土壤多为砂岩类棕褐土,富含有机质和石子,极有利于葡萄生长发育和根系扩展。多数海拔1700～3000米,为世界上海拔最高的葡萄酒产区之一。葡萄园非集中连片,多为梯田分散分布,天然屏蔽病虫害的传播。

云南产区日照时间长,年日照时长2000～2600 h,年均温度1 ℃～20 ℃;气温年差较小,昼夜温差大;果实成熟期气温相对冷凉,有利于果实中芳香物质和酚类物质的积累。干旱少雨,全年有7个月为旱季,降水量较少,年降水量300～900 mm(包括降雪)。冬季极端低温约为−10 ℃～−12 ℃,冬季无须埋土防寒。产区主栽品种有玫瑰蜜、水晶、云中舞、赤霞珠、霞多丽、西拉、美乐、威代尔等。

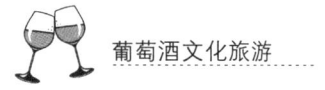

13. 四川

四川酿酒葡萄的种植区域位于四川西部高山地区,纬度低(最低纬度为北纬26度、最高纬度为北纬33度),海拔高(1200~3300米),落差大,主要集中在1500~3200米之间,是世界上海拔最高的葡萄酒产区之一,也是中国目前发现的主要的高山不埋土防寒葡萄酒产区。产区由四个子产区组成:以阿坝州茂县、理县为代表的岷江上游子产区;以阿坝州小金、金川和甘孜州丹巴为代表的大渡河流域子产区;以甘孜州得荣、乡城为代表的金沙江上游子产区;以凉山州西昌和攀枝花为代表的安宁河谷子产区。

四川产区属于典型的高原温带干旱半干旱季风气候区,复杂多样,冬暖夏凉,无霜期长,冬季不需要埋土防寒。土壤类型丰富且多为砾质沙壤,透气性好,矿质元素含量较高;由于海拔高,距离太阳最近,强烈的紫外线照射,年平均日照时数超过2000小时,日照充足,昼夜温差大,有利于葡萄生长和果实成熟。葡萄多种植在山谷坡地、山腰,依山势种植,沟壑纵横,具有"一山不同季十里不同天"的特点,不同海拔地域垂直气候差异显著,干热、干温、干凉河谷并存,不同的生长表现使葡萄酒产生多样化风格。同时,葡萄园非集中连片,多为梯田分散分布,通风透光,天然屏蔽了病虫害的传播。

截至2019年底,根据17家四川省主要葡萄酒生产企业上报的统计数据汇总,2019年四川省酿酒葡萄种植面积约3.83万亩,葡萄酒年产能0.69万吨,葡萄酒产值4.13亿元,葡萄酒年销售额3.25亿元。

14. 其他产区

另外在中国黄河故道(河南、安徽、山东与江苏交界地),也曾经是中国的一个葡萄酒产区,但是由于这里气候偏热,年活动积温4000~4590度,年降水800毫米以上,本不多的酿酒葡萄面积逐渐减少;湖南、广西甚至江西地区,也利用当地野生的刺葡萄、毛葡萄进行酿酒并新建酒庄。

第四节　贺兰山东麓葡萄酒产业概况

一、产区历史

1983年,农垦玉泉营农场引进酿酒葡萄苗木,大规模种植,两年后玉泉葡萄酒厂成立,标志宁夏现代葡萄产业的开启。1997年,宁夏回族自治区葡萄酒产业规划出台。农业部批准引进法国30万株葡萄苗木,自治区农垦局引进80万株纯种繁育种苗,为酿酒葡萄基地建设打下了坚实基础。2003年,中国质检总局正式批准对该区葡萄酒实施原产地域产品保护。贺兰山东麓成为中国第一批三个获得"原产地与产品保护"的产区之一。2011年,贺兰晴雪酒庄"加贝兰2009"获得品醇客(Decanter)世界葡萄酒大赛金奖,开启宁夏葡萄酒走向世界的征程。随后,《中国(宁夏)贺兰山东麓葡萄文化长廊发展总体规划》审议通过,规划出贺兰山东麓发展百万亩葡萄文化长廊的蓝图,制定了"一廊、一心、三城、五群、十镇、百庄"的发展规划。2012年,宁夏被国际葡萄与葡萄酒组织(OIV)吸收为中国第一个省级政府观察员。中国第一个葡萄产区地方性法规《宁夏贺兰山东麓葡萄酒产区保护条例》颁布。2013年5月10日,宁夏大学葡萄酒学院挂牌成立,成为中国第一所建在产区的葡萄酒学院。2015年,宁夏贺兰山东麓葡萄产业园区管理委员会、宁夏贺兰山东麓葡萄产业园区管理委员会办公室(宁夏回族自治区葡萄产业发展局)正式成立。2016年7月18日—20日,习近平总书记来宁夏视察时指出:"中国葡萄酒市场潜力很大。贺兰山东麓葡萄酒品质优良,发展葡萄酒产业,路子是对的,要坚持走下去。"2020年6月,习近平总书记再次视察宁夏时指出:"随着人民生活水平不断提高,葡萄酒产业大有前景。宁夏要把发展葡萄酒产业同加强黄河滩区治理、加强生态恢复结合起来,提高技术水平、增加文化内涵、加强宣传推介、打造自己的品牌,提高附加值和综合效益",强调"宁夏葡萄酒产业是我国葡萄酒产业发展的一个缩影,了解了宁夏的葡萄酒产业也就了解了中国的葡萄酒产业。假以时日,经过十年、二十年,中国葡萄酒当今世界殊"。

二、产区布局

产区规划以贺兰山东麓葡萄酒地理标志产品保护区范围为核心,分别向北辐射至石嘴山市惠农区,向西南辐射至中卫市沙坡头区,向东南辐射至吴忠市同心县。规划范围共涉及4市12县(市、区)以及农垦集团9个国有农(林)场,产区规划范围总面积约4820平方公里。

宁夏葡萄酒产业发展空间布局是"一体两翼,一心一园区八镇":

"一体":以贺兰山东麓贺兰县、西夏区、永宁县和青铜峡市等核心区为主体。

"两翼":以石嘴山市的惠农区、大武口区、平罗县为北翼;以吴忠市的红寺堡区、同心县和中卫市的中宁县、沙坡头区为南翼。

"一心":在闽宁镇建设贺兰山东麓葡萄酒全产业链聚集展示中心。

"一园区":贺兰山东麓葡萄酒产业园区。

"八镇":西夏镇北堡葡萄酒旅游小镇、大武口贺东庄园葡萄酒诗酒田园小镇、贺兰金山葡萄酒康养小镇、永宁贺兰神酒庄博物馆特色小镇、玉泉营葡萄酒历史风情小镇、青铜峡鸽子山葡萄酒文化小镇、红寺堡肖家窑葡萄酒生态小镇、同心韦州葡萄文化创意小镇。

三、产业发展概况

宁夏贺兰山东麓是业界公认的世界上最适合种植酿酒葡萄和生产高端葡萄酒的黄金地带之一。2003年被确定为国家地理标志产品保护区(总面积20万公顷,共涉及12个市、县〔区〕)。

近年来,按照习近平总书记2016年、2020年2次视察宁夏时对酿酒葡萄产业发展的重要指示精神,自治区党委、政府以推进酿酒葡萄产业布局区域化、经营规模化、生产标准化、发展产业化为目标,以市场为导向,坚持走高品质、高价值、高效益、绿色发展之路,充分发挥产区独有的资源禀赋,不断调优产业结构、调大经营规模、调强加工能力、调长产业

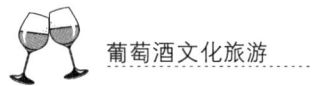

链条,推进产业融合、产网融合、跨界融合,走出了一条具有宁夏特色的酿酒葡萄产业、文化旅游融合发展之路,产区影响力、产业带动力、市场竞争力不断提升,得到了业界和消费者的广泛认可。目前,全区酿酒葡萄种植面积达到49万亩,是全国最大的酿酒葡萄集中连片产区;现有酒庄211家,年产葡萄酒1.3亿瓶,综合产值达到261亿元。

本章小结

本章通过葡萄种植面积、产量等数据,介绍了国内外葡萄酒产业现状,归纳了葡萄与葡萄酒产业的特征。最后通过概述贺兰山东麓葡萄酒产业的发展状况,了解到我国的葡萄酒产业目前正处于快速发展的阶段,具有良好的发展前景。

思考与讨论

通过对比中国与世界其他葡萄酒产业大国的各项数据,探讨我国与其他葡萄酒产业大国的差距,并思考其原因。

第五章　葡萄酒文化旅游产业

学习目标

◆ 知识目标:阐释葡萄酒文化旅游产业的发展现状。
◆ 能力目标:分析葡萄酒文化旅游在不同发展战略下的结合点及发展方向。

案例导读

打造世界顶级葡萄酒小镇,美国纳帕谷崛起的奥秘

加州纳帕谷位于美国加州旧金山以北80公里,是美国第一个跻身于世界级的葡萄酒产地。它由8个小镇组成,大约有30英里长,占地45 000英亩的狭长区域,风景优美,气候宜人。它以葡萄酒文化、庄园文化闻名,包含品酒、餐饮、养生、运动、婚礼、会议、购物及各类娱乐设施的综合性乡村休闲文旅小镇集群。它每年接待世界各地的游客达500万人次,旅游经济收益超过6亿美元,为当地直接创造2万多个工作机会。

纳帕县总面积2042平方公里,大约有1.82万公顷葡萄种植地,谷内大约聚集了近300家酒庄。葡萄酒产业是当地的经济支柱,平均每年为该地区带来95亿美元的经济收入。纳帕谷的葡萄酒产量仅占整个加州葡萄酒产量的4%,产值却占据了1/3,是高档葡萄酒的代名词。

纳帕谷旅游的各项活动及主题价值均承载在葡萄酒之上,充分发挥了其世界葡萄酒优质产地的核心优势,并利用人们对其葡萄酒的高度认可推动葡萄园及相关地区的旅游产业发展。纳帕谷的价值不仅在于其是全美第一的葡萄酒产地,对于更多的加州人来说,纳帕谷之旅更象征着一种生活方式,一种拥抱自然、回归田园、抚慰心灵的生活方式。纳帕谷云集了整个美国绝大多数的顶级酒庄,是新世界拥有名庄最多的产区,譬如作品一号、哈兰这样的超级名庄。还有,纳帕谷也算得上是膜拜酒最多的产区了,著名的膜拜酒庄啸鹰、赛奎农、沙德酒窖等都聚集在此地。美国好莱坞是电影界的权威。而好莱坞也着手打造过不少葡萄酒电影,极大地推动了纳帕谷的发展。如2008年上映的《酒业风云》,即以"巴黎评判"这一历史事件改编,虽然略有虚构,但极尽可能地还原了当年的历史事

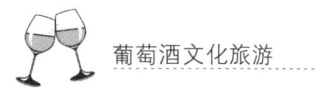

件。这部电影影响力非常巨大,更是一部能让你爱上纳帕谷的电影。

纳帕谷葡萄酒文化为我国提供了一些启示和借鉴,对于如何发展我国的葡萄酒文化旅游产业,以及实施什么样的产业发展战略提供了一些思路。

第一节 葡萄酒文化旅游产业的发展

早在1930年,为了促进旅游业,德国便率先建立了德国葡萄酒之路,这是最早的葡萄酒旅游。1950年,法国建立了阿尔萨斯葡萄酒之路,这是最早开展酒庄旅游的葡萄酒大国,旨在将品尝美食与美酒的乐趣与参观附近美丽如画的城镇,历史悠久的城堡,博物馆相结合。到了20世纪90年代,葡萄酒旅游在欧美、南太平洋和非洲等地区的葡萄酒产区快速发展,产生了许多知名的葡萄酒旅游目的地。至1998年,澳大利亚召开了第一次葡萄酒旅游会议,这也是世界上第一个公布其"葡萄酒旅游业发展战略"的国家。在国内,提出葡萄酒旅游的创想已经有十几年的时间,但是葡萄酒主题旅游是在2005年以后才得到了长足发展。

关于葡萄酒旅游产业的研究,近年来在其开发模式、发展路径、开发策略等方面呈热点趋势。葡萄酒旅游产业是一种集一、二、三产业为一体,具有高度融合性和高附加值的特色旅游产业。国外葡萄酒旅游产业的开发模式以酒庄线路模式和葡萄酒旅游中心模式为主;我国主要以产业园模式和酒庄模式为主。葡萄酒旅游产业创新发展的路径主要包括深化体制机制改革,盘活葡萄酒旅游资源;促进产业融合,拓宽葡萄酒旅游产品体系;优化空间布局,提升品牌价值等方面。葡萄酒旅游产业多维融合的发展路径和体验式葡萄酒旅游产业带形成的有效途径,有利于葡萄酒旅游产业发展从规范化入手到融合发展再到特色打造的过程。针对葡萄酒旅游产业的发展现状,要建立以完善的葡萄酒旅游产品体系为目标的开发战略,基于游客创意体验的开发战略,和以城市为依托的品牌塑造战略,并且根据区域特征与需求,在产品知名度、企业合作、人才培养、地方文化等方面提出相对应的策略。总体而言,目前国内相关葡萄酒旅游产业融合的研究呈初级状态,但近年来伴随国内葡萄酒消费市场的升温及国内葡萄酒产区如宁夏贺兰山东麓、山东、河北等地产业的飞速发展,国内学者对"葡萄酒+旅游"的产业融合研究逐年增多,有关葡萄酒旅游产业发展模式及策略的研究为今后的创新发展研究奠定了基础。在文旅融合、全域旅游、智慧旅游、健康中国等时代背景下,有关葡萄酒旅游与文化产业、新一代信息技术产业、健康产业的外部融合逐步成为研究热点。

表 2-1　十大世界葡萄酒知名产区

名称	简介	优劣
1. 法国勃艮第产区 Burgundy, France	位于法国中部，是名扬全球的法国葡萄酒产区之一，出产一些品质无与伦比的红葡萄酒和白葡萄酒。	有绝美的自然风光，充满中世纪烙印与风情的古堡和宫殿；其酒高贵优雅、性感迷人，且保有少见的强劲与细腻变化。
2. 法国波尔多产区 Bordeaux, France	位于法国西南部，是世界上出产最多优质葡萄酒的产区。	先进的酿酒工艺；得天独厚的地理位置；园区覆盖范围广阔，温带海洋性气候，稳定温和；土壤多样化。
3. 意大利托斯卡纳产区 Tuscany, Italy	位于意大利中部，一个集美酒、美食、美景于一体的天堂。	酿酒历史悠久；地理位置优越，地形狭长，环境优美；地中海型气候；优质土壤（泥灰质黏土 galestro）；品种多。
4. 西班牙里奥哈产区 Rioja, Spain	位于西班牙东北方，是西班牙最著名的葡萄酒产区之一。	地理环境佳；出产橡木桶；价格合理，性价比高；葡萄品种多，种植面积居世界第一、产酒量排第三，但因管理粗放，产量少于意大利法国。
5. 德国摩泽尔产区 Mosel, Germany	位于德国北部，是一个拥有上千年历史的文化景观和德国最古老的葡萄种植区。	气候佳；最好的葡萄生长在坡度很陡的斜坡和页岩状的土地上，因为那里有着葡萄生长所需的独特的优质矿物质。
6. 葡萄牙杜罗河谷产区 Douro Valley, Portugal	坐落在葡萄牙杜罗河的两岸，号称是全世界最美丽的葡萄酒地区。	有 2500 年的酿酒历史；典型海洋性气候，适宜葡萄生长；地域宽广。
7. 阿根廷门多萨产区 Mendoza, Argentina	位于阿根廷西部，是世界上少有的种植海拔如此之高的葡萄酒产区。	土壤丰富多样，含有极为丰富的类黄酮；日照时间长，水分低，日夜温差大。
8. 澳大利亚巴罗萨谷产区 Barossa Valley, Australia	离阿德莱德市不到 2 小时的车程，走进巴罗萨谷，就相当于走进一个集美酒、美食、美景于一体的天堂。	由于位处南半球，所以大约 5 月左右便可以喝到新酒，可以说是全世界最早上市的新酒。且没有葡萄根瘤虫病的困扰。
9. 智利中央山谷产区 Central Valley, Chile	别名"迈坡谷"，毗邻智利首府圣地亚哥。是智利历史最悠久、最著名的葡萄种植区，是世界上最大的佳美娜产区。	号称酿酒师的天堂。智利的葡萄酒从 20 世纪 90 年代才逐渐走向世界，智利特殊的土壤使佳美娜得以生存。
10. 美国加州纳帕谷产区 Napa Valley, California, USA	位于旧金山以北，是世界顶级的旅游胜地之一，也是著名的酒谷。	适宜的风土条件；精妙的酿酒技术；葡萄酒品种等级多样化。

表 2-2 十大葡萄酒博物馆

名称	名称
1. 法国波尔多(Bordeaux):葡萄酒文化城(La Cite du Vin)	6. 西班牙雷乌斯(Reus):维姆葡萄酒博物馆(Museu del Vermut)
2. 希腊圣托里尼(Santorini):希腊葡萄酒博物馆(Koutsoyannopoulos Wine Museum)	7. 意大利:巴罗洛葡萄酒博物馆(The Barolo Wine Museum)
3. 葡萄牙波尔图(Porto):波特酒博物馆(Port Wine Museum)	8. 西班牙里奥哈(Rioja):魏凡高葡萄酒文化博物馆(Vivanco Museum of Wine Culture)
4. 德国摩泽尔葡萄酒博物馆(Mosel Wein Museum)	9. 美国:加州葡萄酒博物馆(California Wine Museum)
5. 新西兰:马尔堡博物馆葡萄酒展厅(The Wine Exhibition in Marlborough Museum)	10. 澳门葡萄酒博物馆(Macau Wine Museum)

第二节 中国葡萄酒文化旅游产业发展战略

新时代的背景下,结合"一带一路"、乡村振兴、文旅融合、全域旅游、"健康中国 2030"等战略,为中国发展葡萄酒文化旅游提供新思路、新途径和新方法,同时也为国际化葡萄酒特色旅游目的地的建设提供了借鉴。具体战略意义有以下几点。

一、一带一路

"一带一路"(The Belt and Road,缩写 B&R)是"丝绸之路经济带"和"21 世纪海上丝绸之路"的简称,2013 年 9 月和 10 月由中国国家主席习近平分别提出建设"新丝绸之路经济带"和"21 世纪海上丝绸之路"的合作倡议。依靠中国与有关国家既有的双多边机制,借助既有的、行之有效的区域合作平台,"一带一路"旨在借用古代丝绸之路的历史符号,高举和平发展的旗帜,积极发展与沿线国家的经济合作伙伴关系,共同打造政治互信、经济融合、文化包容的利益共同体、命运共同体和责任共同体。

"一带一路"的国际化倡议为葡萄酒文化旅游的发展带来了市场对外开放、交流与合作的契机。中国的葡萄酒知名产区及旅游目的地如山东、宁夏、河北、新疆、甘肃,均位于"一带一路"经济带上,通过葡萄酒文化旅游的品牌化建设,打造面向"丝绸之路经济带"沿线国家和地区的外向型文化旅游产业集群,这是调整区域经济倚能倚重的突破口。

二、乡村振兴

乡村振兴背景下葡萄酒文化旅游是乡村旅游可持续发展中的一种品质体现和特色体现形式。党的十九大报告明确提出了"产业兴旺、生态宜居、乡风文明、治理有效、生活富裕"的总要求。大力发展乡村旅游是乡村振兴的重要突破口,也是助力精准脱贫、实现乡村振兴的有效抓手。

三、全域旅游

全域旅游是指在一定区域内，以旅游业为优势产业，通过对区域内经济社会资源尤其是旅游资源、相关产业、生态环境、公共服务、体制机制、政策法规、文明素质等进行全方位、系统化的优化提升，实现区域资源有机整合、产业融合发展、社会共建共享，以旅游业带动和促进经济社会协调发展的一种新的区域协调发展理念和模式。全域旅游作为"全景、全时、全业、全民"的"四全"旅游模式，着力推动旅游业从单一景点景区建设到综合目的地统筹发展等九大转变。全域旅游发展有利于旅游业在人民创造美好生活的伟大征程中发挥更大作用。2018年国务院办公厅印发《关于促进全域旅游发展的指导意见》的发布标志着全域旅游正式上升为国家战略，是大众旅游时代我国旅游业发展战略的一次新提升。全域旅游发展过程可看作是一个旅游目的地系统通过产业融合促进转型升级的演化过程。因此全域旅游是旅游目的地发展的终极要求或形态，也是旅游目的地建设的抓手及路径。

全域旅游背景下发展葡萄酒文化旅游是特色旅游品牌化建设的需求。随着景点旅游向区域、城市和小城镇全域旅游转变，"全域＋特色"的格局也必将形成：既要确保全域旅游的全功能、全要素、全资源，又要确保特色文化和精品品牌的塑造。此外，全域旅游引导文旅融合发展进入新阶段，大力推进实施"文化＋""旅游＋""互联网＋"战略，促进产业融合，构建主题鲜明、文化要素完善、特色品牌化的旅游目的地，必将全面增强旅游发展新功能，构建全域旅游共建共享新格局。

四、文旅融合

文化旅游融合是伴随着一系列的文化事件出现的，如美国迪斯尼文化旅游产品的象征"米老鼠"的出现(1928)与"欧洲文化之城"活动(1985)。文旅融合现象的发生及文化旅游产业的出现，本质上是基于文化、旅游产业的互补性及产业经济的"外溢效应"，通过融合能够互为支撑、相互促进、共同发展。从我国文化产业的兴起到繁荣，文化产业与旅游产业之间一直存在着产业的交叉和重叠。2009年8月，文化部与国家旅游局颁布的《关于促进文化与旅游结合发展的指导意见》提出："文化和旅游的深度结合，有助于加快文化产业发展，促进旅游产业转型升级，满足人民群众的消费需求。"文旅深度融合则是一个"新课题"，2018年国家决定组建文化和旅游部，由此"文旅融合"从过去多年来的学理性探索开始迈入实践性操作。近年来伴随着我国文化与旅游产业的深度融合，学者们关于文旅融合的研究呈递增趋势，主要集中在文旅融合的概念与内涵、融合根源、融合目的及开发模式等方面。文旅融合是通过对文化价值的挖掘，与旅游要素的内外部融合，形成文化与旅游的相互交叉、相互渗透，实现向新业态、新功能、新产品转型升级的融合过程。就其本质来说，文旅融合是在技术进步、市场需求等因素的驱动下，文化与旅游产业相互促进、协同共生、向高附加值提升的动态过程；就其融合根源而言，旅游个体或者民族与国家集体寻找文化身份认同是文化与旅游关系的起源；就其融合目的而言，文旅融合可以推动文化和旅游的转型升级，为全民、全域旅游增加福祉，满足人民美好生活需要，提升人民旅游的幸福感。文旅融合作为推动乡村振兴战略落地生根的重要抓手，能够从经济、环境、人文等各方面有力地推进乡村重振。在文旅融合发展进程中，内涵与载体融合，价值与体验融合，可以全面提升文化吸引力和旅游竞争力，为培育中华民族共同体认同、传播中华文化价值与魅力创造了前所未有的契机；在文旅融合模式方面，主要有开发型、体验型、活化型、保护型、创意型、重组型、延伸型等融合模式；从价值增值的角度，文旅融合又可分为替代性、互补性、结构性融合三种类型。文旅融合背景下，"文化$^+$"和"旅游$^+$"所呈现出的旅游产业新业态已逐步渗透、延伸到各个产业领域。文旅融合是产业融合结合文化旅游领域的研究热点，文旅融合强调"形"在"融""意"在"合"的关键性，并不断完善、提升其功能。

文旅融合时代背景下葡萄酒文化旅游作为旅游新业态，逐步成为区域产业经济的增长点和文化新名片，呈现出可持续发展的能量和活力。全域旅游引导葡萄酒旅游产业文旅融合进入新阶段，文化旅游体验达到新高度。文旅融合是诗和远方的组合，是助推我国文旅资源开发、文旅产业发展、文化自信建立的重要举措，是提高国家文化旅游软实力和创新发展的有效方式，是时代的选择和要求。

五、健康中国2030

"健康中国2030"战略背景下以葡萄酒文化旅游为特色的大众健康休闲旅游必将融合发展成为推动地方经济的新引擎。随着大众旅游时代的推进，现代社会群体的生活方式、旅游形态、饮食结构、社交方式较以往发生了重大变化，以预防为主的养生观念已深入人心，健康产品逐步成为居民的刚性需要。

第三节 中国葡萄酒文化旅游产业的现状与发展

一、中国葡萄酒旅游的发展现状

目前，中国的葡萄酒企业（酒庄、酒厂或作坊）的数量及其与旅游业的融合发展虽比不上法国、西班牙、意大利等葡萄酒国，但中国各个葡萄酒产区不管是从气候"风土"上还是从生态环境上都极具多样性和差异性。经过数十年的发展，中国不少葡萄酒产区以其独特的地理区位、良好的气候条件、丰富的品种资源和旅游资源等成为优良的葡萄酒产区和具有代表性的葡萄酒旅游目的地。如位于胶东半岛的山东烟台、蓬莱、大泽山等产区；位于环渤海湾的河北昌黎和卢龙产区、沙城产区、天津汉沽产区；位于甘肃河西走廊的武威、张掖产区；新疆吐鲁番、和硕、石河子、焉耆产区；位于宁夏的贺兰山东麓产区等。这些产区又拥有较为丰富的旅游资源，逐步打造葡萄酒休闲旅游产业，相继开发了葡萄酒旅游产品及节庆活动,并与传统旅游景点及旅游项目进行整合规划,建设了一批国家 3A、4A 级旅游景点。如山东烟台的卡斯特酒庄(4A)、河北昌黎的华夏长城葡萄酒庄(4A)、新疆的吐鲁番葡萄沟风景区(5A)、甘肃的嘉峪关紫轩葡萄酒庄园(4A)、宁夏的志辉源石酒庄(4A)、张裕摩赛尔十五世酒庄(4A)、西鸽酒庄(3A)、玉泉营酿酒工业旅游基地(3A)等。另外,北京产区的酒庄数量虽不多,但葡萄酒旅游成熟度高、体验性强、规范性好,拥有张裕爱斐堡、邑仕庄园、圣露海利根花园、玛莱特红酒庄园等个性不同的葡萄酒旅游庄园,开发出葡萄酒科普观光、美酒美食、亲子研学、会议婚宴等特色旅游体验方式,成为酒庄休闲活动领军者,在葡萄酒旅游跨界融合创新方面走在了产业前列。

图 2-11 北京圣露海利根花园

作为一个区域整体的贺兰山东麓产区,是中国第一个同时也是唯一一个实行列级酒庄制度的产区,也是宁夏旅游资源品质好、集中度高、对外吸引力强、发展较为成熟的旅游区域,其葡萄酒旅游近年来的发展甚为迅速。可依托的 A 级旅游景区有 96 家,如沙湖、沙坡头、水洞沟、镇北堡西部影城、黄河大峡谷、贺兰山岩画、西夏王陵等。目前贺兰山东麓拥有规划建设酒庄 200 多座,其中已建成酒庄 92 家,酒庄接待游客 60 万人次,47 家列级酒庄中,有 36 家旅游酒庄均具备一定的旅游接待功能,有 8 家酒庄已被评为了 A 级景区。2015 年贺兰山东麓被世界葡萄酒大师丽兹·塔驰编入《全球葡萄酒旅游最佳应用》中。贺兰山东麓葡萄酒长廊作为贺兰山国家级风景道的重要组成部分,已成为宁夏全域旅游发展的核心区域。2019 年,贺兰山东麓葡萄酒旅游嘉年华活动揭晓,宁夏贺兰山东麓产区当选中国最佳葡萄酒旅游产区。2020 年,在第九届宁夏贺兰山东麓国际葡萄酒博览会期间,宁夏贺兰山东麓入选"世界十大最具潜力葡萄酒旅游产区"。中国(宁夏)贺兰山东麓葡萄酒旅游智库发布的《中国葡萄酒旅游市场网络评论研究报告》中表明,宁夏产区的网络热度指数全国排名第一。相比北京、山东、河北等发展葡萄酒旅游较早的产区,宁夏产区起步晚、发展快、关注度高,非常有潜力成为具有葡萄酒主题特色的网红目的地。从宁夏产区的酒庄分布来看,贺兰山东麓葡萄酒长廊已经基本成形,从葡萄酒旅游的角度,可以说是蓄势待发、未来可期。

图 2-12 张裕摩塞尔十五世酒庄

总体而言,随着中国经济水平与文化实力的不断提高,国家综合国力与国际影响力越来越强,中国的葡萄酒产品质量、获奖指数及品牌影响力不断提升。而且,相比于国外葡萄酒供大于求的现状,伴随着消费观念和生活方式的改变,中国葡萄酒消费市场不断升级,潜能无限,这必将带动中国葡萄酒旅游的发展。

二、中国葡萄酒旅游的发展策略

(一)科学编制葡萄酒旅游产业融合发展的专项规划,合理布局,完善基础设施,提升公共服务能力

当前,中国葡萄酒旅游产业融合发展尚处于初级探索阶段,迫切需要科学完善的产业融合创新规划和体系作为规范标准和指导。应将全域旅游的思维植入葡萄酒旅游建设中,选择资源禀赋优良,交通区位便利的区域,按照国家高级别旅游景区的标准要求,构建统一运营、分散经营的旅游综合管理体系,打造高品质的葡萄酒旅游休闲度假区。

各个葡萄酒旅游目的地需要科学编制葡萄酒旅游发展规划,避免同质化、单一化和盲目投资,形成"一区一品""一镇一品""一庄一品"的合理布局。首先,应将旅游酒庄的建设与旅游规划统筹并行,酒庄的空间布局、功能分区、产品设计、营销规划应与旅游相融合,酒庄不能只作为游客中转站和接待站,而应成为差异化、主题化的旅游吸引物。其次,有关葡萄酒旅游线路产品的规划需要将酒庄归入景区,并与周边景点协调发展,形成各区域联动、各具特色的长短组合与纵深组合的葡萄酒特色旅游线路产品;有关葡萄酒旅游商品的开发规划需要将葡萄酒视为旅游产品并注重衍生开发,打造具有实用性、便携性、纪念性、艺术性的葡萄酒系列旅游商品;有关葡萄酒旅游节庆会展产品规划应充分融合农业、工业、文化、健康、金融服务、新兴信息技术等产业。最后,需进一步完善葡萄酒旅游公共服务设施(葡萄酒旅游集散中心、文化展示中心、葡萄酒博物馆等)、酒庄基础设施、旅游厕所、道路标识、交通专线的规划和建设。指导各旅游酒庄进一步编制葡萄酒旅游详细规划及专项规划,如有关"食、住、行、游、购、娱"基础设施的建设规划需要和自身的建筑风格、地域特色文化、接待容量相匹配。

（二）以葡萄酒旅游统筹城乡发展，打造全域旅游目的地

葡萄酒旅游根植于乡村，服务于来自城市的旅游者，可以极大地促进城乡的良性互动和城乡产业资源的优势互补。应选择旅游资源集中度较高的地区，以全域旅游为统领，按照全域生态、全景旅游、全要素开发、全产业融合、全时空体验、全目的地发展的总体思路，通过整合资源，实现旅游体验向度假生活转型，旅游行为向深度体验升级，产业布局向空间相对集中的全域统筹发展模式转变。

优化酒庄周边旅游环境，持续渗透休闲业态，完善旅游设施和公共服务配套，形成特色鲜明、功能完善、服务优质、氛围浓郁的旅游主题板块。构建连通主题板块之间的网络化交通，形成无缝对接的板块联动，逐步由各主题板块向四周延伸、渗透、扩展，通过打造全域旅游目的地带动城乡统筹的发展，从而破解城乡二元结构，缩小农村与城市的发展差距，从根本上改善农村生活环境和农民发展状况，实现二者的共同发展。

（三）整合产业优势资源，挖掘文化内涵，促进文旅融合，形成葡萄酒旅游产品优势和品牌优势

一个地区丰富多样的自然资源、底蕴深厚的历史文化资源以及完善齐全的基础设施、智能先进的公共服务平台等有形、无形的资源无疑是该地区进行产业融合创新的优势资源。文旅融合视域下，文化作为葡萄酒旅游的灵魂和精髓，对其融合发展起到关键性作用。首先，可依托丰富的地域文化资源，如当地的世界遗产以及民俗风情、历史文化等多元特色，进一步挖掘和丰富葡萄酒文化内涵。其次，可结合葡萄酒的生产与消费的动态过程，将地域文化与葡萄酒产业的自然景观（风土、生态）、人文景观（葡萄小镇、酒庄建筑、园林）、社会文化（品鉴、侍酒、饮食、服饰、民俗、节庆）、精神文化（艺术、文教、语言）等有机结合并深度挖掘，形成旅游吸引力、活态化和主题性，打造独具特色和文化底蕴深厚的紫色名片。

（四）通过"四态融合"激活业态创新，打造情境度假新标杆

通过建设景观化的形态、休闲化的业态、主题化的文态、立体化的生态，激活客栈、民宿、主题餐饮、购物、娱乐等新业态的发展，提升文化内涵，丰富旅游活动。

引进文化名人、收藏家、艺术家等入驻，引领小众、高端市场。以现代服务业为基础，以休闲度假游为主导，促进三大产业融合发展，构建种植观光区、工业观光区、体验采摘区、产品售卖区、度假区、养生养老区、休闲游憩区等多区融合、无缝对接的发展格局，形成"宜居、宜业、宜商、宜游、宜创"相映衬的"生活、工作、生意、旅游、生产"等多功能相互耦合的空间形态。最终，通过游人之"情"（生活方式、审美情趣）＋天然而成的"景"＝更高审美情趣的体验之"境"的模式，打造情境度假新标杆。

（五）倡导社会共建共享，整合营销策略，撬动大众市场，树立葡萄酒旅游新形象

相对于大众旅游市场，葡萄酒旅游属于利基市场。但在文旅融合和全域旅游背景下的葡萄酒旅游必将趋于大众化和生活化，通过旅游业的大众市场带动和渗透葡萄酒利基市场，提升其发展水平和综合价值，从而引领大众奔向健康美好的生活新范式。首先，要积极倡导地方参与，推动政府、企业、社区、居民、农民、游客等利益相关主体的多元互动，

在政府引导、市场主体、社会互动和社区参与等主要方面,引导社会共建共享。当地政府应从葡萄酒要素配置向葡萄酒旅游服务体系构建转变,做好围绕产业发展的行业服务系统的构建。通过创新社会治理,倡导文明旅游,树立"人人都是旅游形象,处处都是旅游环境"的理念,营造主客共享的全域旅游社会环境;通过引导全民参与旅游供给、全民分享惠民成果、旅游节庆、旅游购物、线上消费等措施促进全民参与葡萄酒旅游消费和发展。

其次,可通过打造适合的葡萄酒旅游 IP 形象来彰显其"核心吸引力"和"文化竞争力",打造以游客参与体验为特色的 IP 鲜明的葡萄酒主题小镇或主题公园。通过吉祥物、微电影、游戏、音乐、文学、艺术、动漫等创意整合,实施葡萄酒旅游智慧整合营销,从而推动区域葡萄酒旅游产业融合和转型升级,最终打造文化主题特色鲜明的葡萄酒文化旅游品牌形象。

(六) 培养高素质的专业人才,做好葡萄酒旅游的组织、接待工作

构建葡萄酒旅游"专家学者+经营管理人员+专业技术骨干人才+导服人才"的人才团队和培养体系。建立一批具有国际水准的高水平葡萄酒种植师、酿酒师和品酒师队伍,以及专业规范化的管理团队和服务团队。通过加强联合办学、校企合作,推动产教融合,形成多层次的人才培养需求和全方位实用人才机制。开展面向从生产者到消费者的全产业链葡萄酒教育培训,依托产业打造中国葡萄酒旅游社会化教育体系和葡萄酒旅游教育品牌,从而使产业具有永续发展的创新动能及企业文化。

拓展阅读

中国在线旅游市场发展态势

2018 年,中国旅游业市场规模与互联网用户规模增速双双放缓,在线旅游市场进入中速增长期。其中,在线交通市场交易规模出现增速回落,机票市场波动、提直降代和监管加强对市场影响重大;在线住宿和度假市场占比均有提升,非标住宿的迅速发展使其已经成为住宿市场重要新业态;厂商方面,市场集中度仍然高位运行,服务优化、赋能 B 端、下沉市场、加速出海等多重布局成为在线厂商保证用户留存、增强用户黏性的有力抓手。基于此,易观发布了《中国在线旅游市场年度综合分析 2019》,对在线旅游市场进行了详细盘点,并且对在线旅游用户、在线旅游厂商进行了深度分析和趋势预测,让你从"变"当中一窥行业"换挡"后的新方向。

《中国在线旅游市场年度综合分析 2019》

本章小结

本章介绍了葡萄酒文化旅游产业的历史,归纳总结出葡萄酒文化旅游产业的定义。阐述了葡萄酒文化旅游产业的发展历程,及中国葡萄酒文化旅游产业的发展现状,并提出了发展葡萄酒文化旅游产业的战略及策略。

思考与讨论

通过对葡萄酒文化旅游产业现状的分析,并结合中国葡萄酒文化旅游产业发展战略,思考在文旅融合的背景下,如何将葡萄酒文化旅游与国内的发展战略相结合,以及未来的发展方向是什么?

第六章 国内外葡萄酒旅游目的地

学习目标

◆ 知识目标:阐释旅游目的地相关概念;概述中外知名葡萄酒旅游目的地。
◆ 能力目标:分析贺兰山东麓葡萄酒旅游目的地的发展存在的问题并提出解决措施。

案例导读

澳洲的猎人谷没有猎人,只有直击心头的美酒

纵观新南威尔士州甚至整个澳大利亚,猎人谷无疑是最负盛名的葡萄酒产区之一,具有非常重要的意义。这里不仅是"澳洲葡萄酒之父"詹姆士·布斯比的曾居地,还是风景秀丽的旅行目的地,有着独特的魅力。猎人谷(Hunter Valley)这个美丽的名字听起来像是个绿树繁茂的幽深峡谷,但其实,猎人谷根本算不上是一座真正的山谷。放眼望去,简直就是一马平川,只有依稀可见的几个小山区和湖泊点缀其中。猎人谷是澳大利亚最著名的旅游胜地之一,有无数游客来到这里品酒、游玩。与游访法国、德国和意大利等国的酒庄不同,在猎人谷,旅行者骑着马儿行走,途经一座酒庄,便可以牵马入内品尝一下美酒。除了骑马,还可以骑骆驼沿着海岸线漫步,或是驾船到深海钓鱼,体验渔获。总之在猎人谷,不用担心下一个目的地是哪,因为无论走到哪,都是风景。虽然猎人谷并没有猎物,但依旧可以算得上是一个小型动物世界。随处可见活蹦乱跳的袋鼠和睡眼惺忪的考拉,让人忘记心中所有焦虑和烦恼,沉浸于探索这片充满活力与浪漫的土地。

第一节 旅游目的地相关理念

关于旅游目的地的研究,最初美国学者 Gunn R. G. 等提出"目的地地带"的概念,后来逐步从地理空间概念向知觉性概念过渡。2004年,世界旅游组织确切地将旅游目的地定义为包括旅游产品和服务的物理空间,这个空间是具有地理区域和行政界线的。国内外学者对旅游目的地的定义方式和关注重点各有不同。保继刚、崔凤军等强调了旅游目的地是地理空间集合的关系,是拥有整体形象的旅游吸引物的开放系统。从空间范围的视角,旅游目的地不仅可指旅游胜地,也可指景区、城镇、村落等旅游区域或旅游城市,甚至可广泛指到整个国家甚至跨越国家界线。从旅游效应的视角,旅游目的地与游客的旅游动机和行为有关。Baggio R.等认为旅游目的地可以被描述为一个复杂的网络系统,包含资源和服务,旅游产品的组成部分以及其之间的关系。此外,旅游目的地的核心要素包括:地理空间、旅游吸引物、基础设施、旅游服务、市场规模、居民认同等。综上,旅游目的地是指以旅游吸引物为基础,设施和服务等各项旅游要素协调发展,能满足一定规模旅游者消费需求的宏观或微观的旅游区域。

总体来说,特色旅游目的地不仅具有大众旅游资源的共性,而且还有其资源独特性。特色旅游目的地是指具有自然或人文特色旅游资源,拥有独特魅力的文化内涵以及特色旅游产品及服务,并能吸引游客的区域,其中特色旅游资源及其核心吸引力是该区域能否成为特色旅游目的地的关键因素。

英国萨里大学的伯卡特(Burkitt)和梅特里克(Medlik)在其合著《旅游的过去、现在和未来》(*Tourism Past Present and Future*)中认为,"旅游目的地是指旅游者作为独立中心所访问的地理单元"。目前,尽管该概念是分析旅游现象时常用的术语之一,但学术界从不同的方面,如人类、社会、生命科学等角度对"旅游目的地"这一概念存在着不同的看法。

空间研究法认为:旅游目的地是一个包含旅游产品的地理区域,它可以激励游客,鼓励旅游活动。

经济研究法从需求和供给角度进行分析,认为旅游目的地是指旅游者出于自己的特殊动机,将旅游目的地和旅游景点纳入考虑范围的一种情况或地方。这种情况在地理上可以是有限的历史或考古遗迹,也可以是一个国家或一组国家的地理区域。Vajčnerová, et al 认为旅游目的地是某一特定区域内的一个目标区域,该区域有大量的旅游景点和旅游基础设施,从更广泛的意义上说,这些国家、地区、居住区等地区是典型的游客高度集中地区,发达的服务和其旅游基础设施使游客长期大量集中。

管理研究法将旅游目的地视为一种产品,他们认为目的地可以被看作是本地所有产品、服务和最终体验的组合。

系统研究法则将旅游目的地定义为一个不受行政限制的区域,在该区域内,旅游方面以系统的方式相互关联和集成,从而驱动旅游动机、访问和行业机制。

网络研究法认为旅游目的地是一系列对游客产生吸引的设施,包括设备、服务与组织等。结合课程内容,本书较为倾向经济研究法的相关概念。

"旅游目的地"即 tourism destination,在西方有关的文献中也被称为 tourism area 或 tourism places。从字面上理解"旅游目的地"一词,就是能够满足旅游者终极目的的地点。从传统上讲,旅游目的地是指那些有实际或可识别边界(例如自然边界、政治边界以及由于市场划分而形成的边界)的地方。一般的旅游目的地有两种含义:一种是指集各种产品于一体的复合体,如主题公园、旅馆及度假村;另一种是指一个明确的地理区域,这一区域被旅游者理解为一个具有用作旅游营销和规划的政策和法律框架的独一无二的实体。

从传统的旅游理论来看,旅游目的地更多的是从地理意义上来进行分类,比如按照城市、地域等进行分类。英国学者霍洛韦指出具体的旅游胜地、一个城镇或整个国家或者地球上一片更大的地方都可以成为旅游目的地。布哈利斯(2002)把旅游目的地的范围设定为一个特定的已知地理区域,在这个区域当中旅游消费者被看作是一个政府框架,这个政府框架是独立的、完整的且有统一旅游业管理和规划。

2004年,世界旅游组织确切地将旅游目的地定义为物理空间,在这个空间内平均每个游客起码待一个晚上,这个空间包括旅游产品和服务,是具有地理区域和行政界线的,可以通过影响市场竞争力等方面要素来体现管理活动、形象和旅游者满意度。

保继刚(1996)指出,旅游目的地是旅游者停留活动的地方,是指附着在一定地理空间上的旅游资源,并且将其基础设施及相关设施统一联系在一起。崔凤军(2002)提出,旅游目的地是一个拥有统一整体形象的旅游吸引物的开放系统。以空间尺度作为衡量标准,旅游目的地可以划分为不同类型。

旅游目的地要素的核心内容:
- 有独特的旅游吸引物
- 有足够的市场空间和市场规模支持
- 能提供系统、完备的旅游设施和旅游服务
- 要有目的地当地居民的认同、参与并提供各种支持保障

综上,旅游目的地是指以旅游吸引物为基础,设施和服务等各项旅游要素协调发展,能满足一定规模旅游者消费需求的宏观或微观的旅游区域。特色旅游目的地不仅具有大众旅游资源的共性,而且还有其资源独特性。本书中的葡萄酒特色旅游目的地兼具自然和人文特色旅游资源。独特魅力的葡萄酒文化内涵、葡萄酒特色旅游产品及服务是成为目的地核心吸引力的关键因素。

随着中国旅游业国际化程度和国际地位的不断提高,目前不少省份提出建设世界旅游目的地的发展目标,作为世界级的旅游目的地应该具备如下8个方面的特征。

1. 品牌建设:全球化。世界旅游目的地的品牌建设应具有世界性特征。具体体现在如下四个方面:其一,品牌辨识度高,品牌形象突出、个性鲜明,品牌建设的各个环节、各个阶段均充分彰显其资源、地域和文化特色,在全球范围内具有极强的辨识度;其二,品牌知名度高,在全世界范围内被广泛认知,在同类型旅游目的地中处于世界前列,为全球旅游者和潜在旅游者所熟知;其三,品牌美誉度高,在全球主要目标市场中被高度认同、欣赏和信任,在全球旅游业界获得较高赞誉;其四,品牌忠诚度高,在全球拥有一定规模的高忠诚度顾客和行业合作伙伴。

第六章 国内外葡萄酒旅游目的地

2. 市场结构:多元化。世界旅游目的地的客源市场应具有多元化特征。具体体现在如下三个方面:其一,客源地域的多元化,即不仅能够吸引本地区、本国、本区域游客,而且对全球其他区域的游客具有较强的吸引力,尽管在一定时期内区域性客源可能居于主体地位,但跨洲际的客源应占有相当比例,且不断增长;其二,游客组织的多元化,旅游产品、线路安排、服务管理、接待设施既能满足团队游客需要,更能适应不断增长的散客旅游者的需要;其三,游客目的的多元化,除了吸引一般观光游客外,世界旅游目的地还能吸引度假、养生、会议、商务以及各种特种旅游者。

3. 业态发展:多极化。世界旅游目的地的业态发展应呈现多极化特征。世界旅游目的地大体可分为两大类,即资源吸引型和城市依托型。城市依托型旅游目的地本身就是多业态支撑的,而在资源吸引型中,不管是海滨海岛型、山地自然型、历史文化型或者是生态与民族并重的复合资源型旅游目的地,在其从区域性旅游目的地向世界旅游目的地发展的过程中,一般都会以观光为基础吸引,以景区门票为发展起点,通过丰富休闲度假、深生态旅游、深文化旅游、民俗艺术、娱乐表演、商务会展、疗养保健等产业形态,最终构建出相互补充、立体互动的多级化产业发展体系。

4. 旅游服务:精品化。世界旅游目的地的旅游服务应体现精品化特征。具体有如下四个重要支撑:其一,精益管理。精益管理要求管理的各个环节、各个方面都采用"精益思维",即以最小的资源投入,包括人力、设备、资金、材料、时间和空间,创造出尽可能多的价值,为顾客提供新产品和及时的服务。其二,精致产品和精心服务,即能够向旅游者提供最精致的旅游产品和最精心的服务,从而使游客获得便捷、愉快、独特的旅游体验。其三,精准营销。所谓精准营销就是在精准定位的基础上,依托现代信息技术手段建立个性化的顾客沟通服务体系,充分利用各种新式媒体,将营销信息推送到比较准确的受众群体中,从而既节省营销成本,又能起到最大化的营销效果。关键在于如何精准地找到产品的目标人群,再让产品深入到消费者心坎里去,其中新媒体的应用极为重要。其四,精确标准。不管是精益管理、精致产品、精心服务,还是精准营销,实际上都是建立在产品标准化、服务标准化、管理规范化的基础之上,而且都需要广泛采用各种新技术。

5. 综合效益:最大化。世界旅游目的地的综合效益应实现最大化效果。具体体现在如下两个方面:其一,其旅游发展不仅取得良好的经济效益,成为本地区经济发展的重要支柱,而且能为促进当地社会发展、文化保护、社区发展、生态保护做出重要贡献,在经济效益、社会效益、生态效益三个方面均有突出表现;其二,旅游发展中,经济效益、社会效益、生态效益相互促进、有机协同,形成良性的互动和循环,从而确保该旅游目的地长远的可持续发展。

6. 社区发展:包容性。世界旅游目的地的社区发展应体现包容性特征。世界旅游目的地的发展通常都建立在充分关照当地民众需求、确保其生活质量不断提高的基础上。一般而言,唯民富、民享、民乐之地,方可成为真正具有持久竞争力的世界旅游目的地。因此,世界旅游目的地一般均采用包容性增长(inclusive growth)的理念,倡导公平合理地分享经济增长,使得旅游收益以较为公平的方式惠及广大民众,使其生活质量、幸福指数和生活满意度不断提高,从而最大限度地消除当地社区的被排斥感和不公平感,使尽可能广泛的社区群体公平受益,并和旅游目的地管理者拥有共同的发展远景,保持协调一致的发展步调,共同推进旅游目的地的旅游发展和社会经济全面进步。

7. 区域带动:辐射性。世界旅游目的地应具有较强的区域带动辐射作用。旅游业本身具有极强的流动性、带动性和辐射性,因此不管其自身体量大小,世界旅游目的地对所在区域社会经济发展的带动作用都是极为明显的。世界旅游目的地不仅能带动当地社会经济的全面发展,而且这种带动性还将辐射到更大范围,促进所在区域的旅游发展、经济发展以及产业结构、基础设施等的更加完善。

8. 综合管理:一体化。世界旅游目的地的综合管理应呈现一体化特征。具体体现在如下两个方面:一是在社会管理方面,世界旅游目的地一般均建立了良好的利益相关者协作机制,除了紧密的公私伙伴关系(PPP, Public-Private Partnership)外,更构建了政府—企业—社区深度合作、多方协商的良好机制;二是在行政管理方面,世界旅游目的地通常都在不同层级政府、政府不同部门间形成良好的协作关系,构建权责对等、分工合理、沟通通畅、运行高效的管理体制。

(资料来源:2014 年,中国社会科学院旅游研究中心)

第二节 国内外知名葡萄酒旅游目的地

一、波尔多(Bordeaux),法国

(一)推荐理由

世界葡萄酒最出名产区,葡萄酒爱好者圣地,葡萄酒皇后。连续三年蝉联最佳旅行目的地"的名号:2015 年度欧洲旅游最佳目的地,2016 年《纽约时报》"2016 最值得去的 52 个旅游目的地"第二名,《孤独星球》(*Lonely Planet*)2017 年最佳旅行城市。

(二)波尔多概况

波尔多(如图 2-13 所示)——世界葡萄酒中心。每当人们提起波尔多时,声音里总是充满了敬畏和崇拜。波尔多地区旅游资源丰富,风景优美且有大量保存完好的中世纪城堡。作为最知名的葡萄酒产区,波尔多在历史、人文和艺术等方面的保护和发展也颇受肯定,部分景点被联合国教科文组织(UNESCO)列入世界人类遗产(Patrimoine Mondial de l'Humanité)列表。

会做生意的波尔多人把葡萄酒生意做成了产业,在波尔多,不仅可以随处品尝美酒,大街小巷的各种旅馆还可以为游客安排独具特色的酒庄游览。如波尔多葡萄酒行业协会(CIVB)下设的波尔多葡萄酒学校,就有每周的出行路线供游客选择。

波尔多每一个葡萄酒庄园都有着属于自己的故事。所谓的庄园酒指的就是葡萄的生长、收获,葡萄酒的发酵、成熟及装瓶的全过程都在庄园里完成的酒。庄园里有葡萄园,有

图 2-13 波尔多

酒窖,在一些古老的酒庄里,连发酵的菌群都是独一无二的。

除了葡萄酒,波尔多也是个美食之都,因为边靠大西洋,这里的牡蛎特别出名。同时波尔多的鹅肝也是知名度颇高,尤其是走访格拉夫(Graves)的干白酒庄或是苏玳(Sauternes)的甜酒庄,往往会有道撒了点海盐的细嫩鹅肝给访客配酒。

二、皮埃蒙特(Piedmont),意大利

(一)推荐理由

远在罗马时代,皮埃蒙特就以盛产高质量的美酒而享誉世界,而今,皮埃蒙特依旧是意大利葡萄酒王国中的一顶皇冠,各色体验让人流连忘返。

(二)皮埃蒙特概况

皮埃蒙特(如图 2-14 所示)在意大利,较于勃艮第在法国是一样的。如果说它是意大利西北部的一顶皇冠,那么其两个子产区巴罗洛(Barolo)和巴巴莱斯科(Barbaresco)无疑就是皇冠上最闪耀的明珠。其中,用内比奥罗(Nebbiolo)所酿造的巴罗洛被誉为"酒中

图 2-14 皮埃蒙特

之王",而巴巴莱斯科所产的同样由内比奥罗酿制的葡萄酒,被称作"皮埃蒙特之后"。当然,除了严肃硬朗的红葡萄酒,优雅平衡的巴贝拉(Barbera)以及清新爽口的阿斯蒂莫斯卡托起泡酒(Moscato d'Asti)也是世界酒迷们念念不忘的酒款。

俗话说得好,"美酒佳肴不分家"。皮埃蒙特不光有令人迷恋的葡萄酒,同时还有被誉为"厨房钻石"的白松露。此外,皮埃蒙特还以"滑雪胜地"及"艺术之都"而著称,数不尽的活动精彩无限,简直让人应接不暇。

三、托卡伊(Tokaj),匈牙利

(一) 推荐理由

著名的托卡伊葡萄酒被认为是世界上最优秀的葡萄酒之一,而生产这种葡萄酒的托卡伊镇则是众多"匈牙利葡萄酒乡"中最耀眼的明珠。作为一处文化景观,托卡伊葡萄酒产区充分展示了匈牙利东北部葡萄酒生产的悠久历史和灿烂文化。整个托卡伊地区既是葡萄和葡萄酒的产区,同时也是自然和人文景观完美结合的游览胜地。

(二) 托卡伊概况

图 2-15 托卡伊的贵腐葡萄

世界上有三大贵腐酒产区:匈牙利的托卡伊、法国的苏玳(Sauternes)和德国的莱茵高(Rheingau)。在这三个酒区中,托卡伊—阿苏的历史最古老,酿制方法最特殊,地位最尊贵,并且至今人工选摘贵腐葡萄粒(如图 2-15 所示),采用传统手段精心酿制,加上托卡伊山麓得天独厚的地理、气候和生物环境,使之与众不同,成为"世界唯一的贵腐酒之王"。

数个世纪以来,托卡伊一直都是世界上最为出名的甜酒产区之一,以出产如蜜般甜美的托卡伊甜酒而驰名海外,许多优质的托卡伊阿苏(Tokaji Aszu)只有在这里才找得到。托卡伊悠久的酿酒传统和历史,被联合国教科文组织(UNESCO)列为世界文化遗产(World Heritage Site)。如果有幸十月前往托卡伊游览,还能参与当地的丰收庆典,漫步在城市中的大街小巷,听着欢快的音乐,与酿酒师共同举杯谈谈喜爱的托卡伊,定能让酒迷流连忘返。

四、猎人谷(Hunter Valley),澳大利亚

(一) 推荐理由

澳洲最具历史的葡萄产区,以其秀丽的风光和葡萄美酒驰名世界。

（二）猎人谷概况

猎人谷（如图 2-16 所示）被誉为酿酒之乡，是澳洲最古老的酿酒区，历史可追溯至 1788 年。猎人谷位于悉尼市中心北部 160 公里处，是世界上最炎热的葡萄酒产区之一，夏季温度常常高达 35 ℃－40 ℃。猎人谷拥有超过 120 多座酒庄，比较出名的几家酒庄是麦格根酒庄、迈克威廉酒庄和史东尼赫斯酒庄，这几家酒庄无一例外都种植西拉，一种十分适应澳大利亚炎热干燥环境的葡萄品种。

图 2-16　猎人谷

在猎人谷，不仅可以享用到美酒、奶酪，同时还提供热气球游览活动以及水疗中的放松等活动。如果还不满意，一年四季，猎人谷的酒庄都会举行各种节日和活动。音乐发烧友可以前往 Tyrrell's Vineyard 葡萄园的葡萄园爵士乐节（Jazz in the Vines），每年 10 月的最后一个周六，爵士乐、灵魂乐、布鲁斯音乐和摇滚乐的知名乐队都会汇聚一堂，呈现一场视听盛宴。5 月期间的渐进式用餐活动 Lovedale Long Lunch 在猎人谷多家葡萄园和餐厅如火如荼地进行，每个场馆都提供各种不同的美食。9 月份澳大利亚春季期间，您可以在猎人谷花园（Hunter Valley Gardens）绚丽花海中漫步徜徉，或在 11 月前往葡萄园雕塑展（Sculpture in the Vineyards）寻觅艺术的足迹。

五、纳帕谷（Napa Valley），美国

（一）推荐理由

普及葡萄酒知识，入门级别葡萄酒爱好者的天堂。

（二）纳帕谷概况

纳帕谷（如图 2-17 所示）位于美国加州旧金山以北 80 公里，从 19 世纪中期开始，以传统葡萄种植业和酿酒业为发展基础，如今已成为一个以葡萄酒文化、庄园文化闻名，包含品酒、餐饮、养生、运动、婚礼、会议、购物及各类娱乐设施的综合性乡村休闲文旅小镇集群。纳帕谷是美国第一个跻身于世界级的葡萄酒产地，是世界级农业特色小镇经典案例。纳帕谷由 8 个小镇组成，是一块 35 英里长、5 英里宽的狭长区域，风景优美，气候宜人。

图 2-17 纳帕谷

纳帕谷的 8 个小镇均以葡萄酒产业为基础,却各自拥有独特的定位,整体形成"葡萄酒⁺"的产业体系,构成以体验为主的乡村休闲文旅小镇集群。纳帕谷每年接待世界各地的游客达 500 万人次,旅游经济收益超过 6 亿美元,为当地直接创造 2 万多个工作机会。

纳帕县内有超过 400 家酒庄,邻近的索诺玛县也有大约 200 家酒庄,包括一些国际知名的酒庄,如鹦歌酒庄、蒙大维酒庄、香桐酒庄和克罗杜维尔酒庄等。该地区的葡萄酒通常酒体精巧,果味浓郁;霞多丽、仙粉黛等葡萄酒有些甚至可以和法国的相媲美。

六、马尔堡(Marlborough),新西兰

(一) 推荐理由

长相思(Sauvignon Blanc)之乡,被全球最大的旅游网站"旅行专家(Tripadvisor)"和《孤独星球》(Lonely Planet)杂志评为最受品酒家欢迎的旅游目的地和最好的葡萄酒产区之一。

(二) 马尔堡概况

说起"长相思"最直接的联想就是以长相思而闻名世界的国度——新西兰。作为新西兰首屈一指的葡萄酒产区马尔堡(如图 2-18 所示),在版图中占据重要地位,在 20 世纪 80 年代登上国际葡萄酒舞台,从那以后它就一直享誉国际。

马尔堡(Marlborough)位于新西兰南岛东北角,作为新西兰最大的葡萄酒产区,马尔堡产区每年的葡萄酒产量占新西兰葡萄酒总产量的 79%,马尔堡是新西兰日照最长的地区之一,这里气候凉爽干燥,光照充足,葡萄生长周期长,成熟缓慢,非常有利于葡萄风味物质的凝聚。该产区夏季白天的平均气温接近 24 ℃,但是夜晚却非常凉爽,这有利于维持葡萄的酸度。正是因为这种昼夜温差巨大的气候特征,马尔堡产区的葡萄酒具有清新诱人的果香,同时酸味激爽,带有草本植物的香气。这里所种植的黑皮诺颜色深浓,也是因为昼夜温差大的缘故。

图 2-18 新西兰马尔堡

七、山东·张裕葡萄酒城(Shandong·Zhangyu),中国

(一)推荐理由

张裕葡萄酒城,正在打造中国第一个葡萄酒工业旅游 5A 级景区,亚洲乃至世界最大的葡萄酒主题乐园。

(二)张裕葡萄酒城概况

张裕葡萄酒城(如图 2-19 所示),将打造为世界一流的葡萄酒现代大工业酿造示范区,世界一流的中国原产地标准的种植酿造示范区,及中国第一个葡萄酒工业旅游 5A 级景区。酒城包括葡萄与葡萄酒研究院、葡萄酒生产中心、丁洛特葡萄酒酒庄、可雅白兰地酒庄、葡萄种植示范园、先锋国际葡萄酒交易中心、海纳葡萄酒小镇共七大主题功能区。其将成为"工业旅游园、欢乐游乐园、葡萄园林园"三园合一的世界先进的葡萄酒文化主题乐园,也将是全球唯一的一站式葡萄酒文化产业体验基地。

图 2-19 张裕葡萄酒城

八、甘肃·武威(Gansu·Wuwei),中国

(一) 推荐理由

最早引进西方世界优质葡萄种子并大面积种植的地方。

(二) 武威概况

武威(如图2-20所示)作为我国最古老的的葡萄酒种植、生产基地,拥有浓厚的历史沉淀和文化底蕴,"葡萄美酒夜光杯,欲饮琵琶马上催。醉卧沙场君莫笑,古来征战几人回",中国古代谈及葡萄酒的诗,最著名的莫过于唐朝王翰这首《凉州词》了,描述的正是武威的葡萄酒。近年来,武威市大力发展以葡萄酒为主的"液体经济",通过不断延伸葡萄酒产业链,推动武威从葡萄及葡萄酒优质产区向葡萄酒产业聚集区转型,形成了以葡萄酒产业为主、相关产业共同发展,兼具生态、经济、社会效益多赢的"液体经济"。同时着力打造"清源葡萄酒小镇"这一主题概念,依托威龙、莫高、久石红、皇台等葡萄酒龙头企业,设高标准酒窖、葡萄酒展览及品鉴中心、葡萄酒技术交流中心、葡萄酒SPA中心等,依托"濒危中心"和沙漠公园两个4A级景点,引导丰富游乐项目,充分挖掘旅游资源。

图2-20 甘肃武威

九、新疆(Xinjiang),中国

(一) 推荐理由

"世界天堂级葡萄产区",地处北纬44°酿酒葡萄黄金纬线。

(二) 新疆概况

新疆天山北麓葡萄酒产区地处北纬44°附近,处于1990年被联合国教科文组织设立的"博格达人与生物圈"保护区范围内,与法国波尔多、美国加州处于同纬度。产区基本呈条形分布,全年长达2800小时的日照时间,土质基本都为通透性好的弱碱性沙砾土壤,灌溉使用天山雪融水,纯净自然,这些得天独厚的特点使得这里的葡萄果实富集更多养分,为酿造生态、健康、高品质的葡萄酒提供了优质的葡萄原料,也使出产的葡萄酒具有更加丰富细腻的口感(如图2-21所示)。

第六章 国内外葡萄酒旅游目的地

图 2-21 新疆

新疆新天国际酒业龙据新疆,号称拥有世界最大的葡萄园,已成为全国工农业旅游示范点,旅游规划有待有识之士进一步开发和利用;新疆乡都酒堡成为巴州绿色生态旅游项目之一。

第三节 贺兰山东麓葡萄酒旅游目的地

目前,中国的葡萄酒企业(酒庄、酒厂或作坊)的数量及其与旅游业的融合发展虽比不上法国、西班牙、意大利等葡萄酒旧世界国家,但中国各个葡萄酒产区不管是从气候"风土"上还是从生态环境上都极具多样性和差异性。经过数十年的发展,中国不少葡萄酒产区以其独特的地理区位、良好的气候条件、丰富的品种资源和旅游资源,成为优良的葡萄酒产区和具有发展潜力的葡萄酒旅游目的地。如位于胶东半岛的山东烟台、蓬莱、大泽山等产区;位于环渤海湾的河北昌黎和卢龙产区、沙城产区、天津汉沽产区;位于甘肃河西走廊的武威、张掖产区;新疆吐鲁番、和硕、石河子、焉耆产区等。其中,山东烟台、河北昌黎、宁夏贺兰山东麓、甘肃河西走廊和新疆(吐鲁番、和硕)葡萄酒均获得了我国葡萄酒地理标志保护产品认定,同时这些葡萄酒产区又拥有较为丰富的旅游资源,是我国具有代表性的葡萄酒旅游目的地。这些产区逐步打造葡萄酒休闲旅游产业,相继开发了葡萄酒旅游产品及节庆活动,并与传统旅游景点及旅游项目进行整合规划,建设了一批国家 3A、4A 级旅游景点。如山东烟台的卡斯特酒庄(4A)、河北昌黎的华夏长城葡萄酒庄(4A)、新疆的吐鲁番葡萄沟风景区(5A)、甘肃的嘉峪关紫轩葡萄酒庄园(4A)、宁夏玉泉营酿酒工业旅游基地(3A)等。

一、贺兰山东麓葡萄酒旅游目的地发展现状

宁夏是继海南省之后全国第二个全域旅游示范省(区),十三五期间成功申办中美旅

游领导高峰会议。宁夏旅游在全社会树立了"一切资源都是旅游资源、人人都是旅游环境"的旅游业发展新理念。旅游业快速发展融入经济社会发展全局，宁夏旅游站在了开放宁夏建设的新高地，迎来了转型发展的历史性重大机遇。

伴随宁夏特色产业融合创新发展的步伐，宁夏特色旅游目的地的建设日趋重要。宁夏贺兰山东麓作为中国最具潜力的葡萄酒明星产区和葡萄酒旅游目的地。因地理特征、资源禀赋和鲜明特色等因素，逐步成为区域产业经济的增长点和文化新名片。葡萄酒旅游是由葡萄产业、旅游产业、文化产业逐渐融合而生的一种新型特色旅游，旅游产业与葡萄酒产业作为宁夏的两大特色优势产业，均以千亿产业为发展目标，二者以其共同具备的高度融合特征及复合价值，以"旅游＋葡萄酒""酒庄搭台，旅游唱戏"的融合方式释放出独特魅力，在全域旅游时代更加体现为一种美好生活方式，在区域经济和人民健康生活协调发展中发挥着重要的作用。葡萄酒旅游目的地品牌形象的建设也显得尤为重要。

二、贺兰山东麓葡萄酒旅游发展的问题与思考

宁夏贺兰山东麓是业界公认的世界上最适合种植酿酒葡萄和生产高端葡萄酒的黄金地带之一。近年来，贺兰山东麓葡萄酒产业与旅游产业作为宁夏的两大优势产业，以其共有的高度融合特征及复合价值，在全域旅游时代体现出一种美好生活方式的引领，在区域经济中发挥着重要作用。目前，贺兰山东麓葡萄酒旅游产业的发展现状如下。

（一）产业发展基础良好，可依托资源丰富，葡萄酒旅游产业特色鲜明

贺兰山东麓产区拥有"积温适宜、日照时间长、气候相对干燥、昼夜温差大、砾石土壤为主"等有利于酿酒葡萄生长的独特风土条件，2002年被确定为国家地理标志产品保护区。截至2018年，全区葡萄种植面积达65万亩，其中酿酒葡种植57万亩，占全国的1/4。依托"贺兰山、黄河、葡萄长廊"的区位优势，贺兰山东麓酒庄与旅游景区星罗棋布、交相辉映，形成"葡萄酒＋旅游"的靓丽风景线。宁夏正在全面打造贺兰山东麓葡萄酒旅游产业，力求实现葡萄酒产业与旅游的全面融合。目前，全区规划建设酒庄200多座，其中已建成酒庄86家，年产葡萄酒1.2亿瓶，酒庄接待游客50万人次，为生态移民提供就业岗位12万个以上，综合产值超过230亿元。贺兰山东麓作为中国第一个同时也是唯一一个实行列级酒庄制度的产区，目前36家列级酒庄，均具备一定的旅游接待功能。2017年初国务院公布的国家重点专项规划中，贺兰山旅游风景道被列入25条国家旅游风景道。贺兰山东麓葡萄酒旅游长廊作为贺兰山国家级风景道的重要组成部分，已成为宁夏全域旅游发展的核心区域。

（二）葡萄酒品牌价值迅速提升，新时代背景下贺兰山东麓葡萄酒旅游产业的优势凸显且潜力巨大

近年来，贺兰山东麓产区有40多家酒庄的葡萄酒在国内外各类比赛中获得500多项奖项，其中在国际《品醇客》杂志、布鲁塞尔、法国巴黎、德国柏林葡萄酒大赛中尤为突出。自2014年"宁夏贺兰山东麓葡萄酒地理标志"成功注册以来，已有近20家酒庄获批使用

地理证明商标。宁夏贺兰山东麓葡萄酒品牌价值目前已位列中国地理标志产品区域品牌榜第 10 位。随着宁夏葡萄酒产区列入世界葡萄酒地图,宁夏葡萄酒产区迈入世界葡萄酒产区版块,被国内外同行所认可。2015 年贺兰山东麓被世界葡萄酒大师丽兹·塔驰编入《全球葡萄酒旅游最佳应用》一书中,作为美国大学葡萄酒教材。2018 年宁夏回族自治区党委政府提出了紧紧围绕"创新驱动、脱贫富民、生态立区"三大战略,坚持创新发展、融合发展、品牌发展、提升产品竞争力、品牌影响力和产业带动力,加快葡萄产业转型升级,推动高质量发展,努力打造国内乃至世界一流的葡萄产业高地。在一带一路国际化倡议下,打造面向"丝绸之路经济带"沿线国家和地区的外向型葡萄酒文化旅游产业集群,是调整宁夏经济倚能倚重的突破口。葡萄酒旅游作为乡村旅游的一种体现形式,是实现宁夏乡村振兴的有效抓手。葡萄酒旅游产业的融合发展必将有利于文旅融合新体验、全域旅游共建共享以及特色旅游品牌建设。

(三)葡萄酒旅游产业内外部融合意识欠佳,发展活力不足,缺乏融合模式与机制的保障

目前,宁夏葡萄酒旅游产业融合还处于以内部融合为主的初级探索阶段,主要体现为葡萄酒产业和旅游产业之间的浅层渗透。首先,葡萄酒企业(酒庄、酒厂、体验店等)普遍对产业融合发展的认识存在局限性,未充分考虑和利用葡萄酒产业强大的文化价值和其延伸性、融合性。"酒香不怕巷子深""产品导向"的营销观念占据主导地位,未能有效利用旅游产品开发和旅游渠道向旅游产业延伸。其次,现有旅游企业(景区、饭店、旅行社等)及民航、高铁等相关企业,缺乏葡萄酒旅游产品开发及市场开发的能力,缺乏专业葡萄酒旅游导游讲解人员及营销传播人员,未能充分利用旅游资源及渠道向葡萄酒产业延伸,从而导致很多葡萄酒企业面临效益低下、产能过剩、营销障碍、难以发展升级的困难和问题。整体来看,贺兰山东麓葡萄酒旅游产业融合发展中的政府引导、市场主导以及政产学研协同创新的重要作用尚未充分发挥。缺乏系统的葡萄酒旅游规划体系来指导产业内外部融合发展,并且缺乏葡萄酒文旅产业复合型人才以确保产业可持续发展的活力和动力。

(四)现有葡萄酒旅游产业融合模式单一,产品同质化,旅游商品的性价比欠佳

目前,贺兰山东麓葡萄酒旅游产业融合模式主要体现为以葡萄园风貌及酒庄建筑景观为主的观光游览和应季采摘、常规品鉴体验。旅游产品开发形式主要以短时间的观光、游览为主,偶尔配以雷同讲解下的品鉴活动,个别酒庄少有的采摘体验也会因葡萄园的设置、服务短缺而受影响。各酒庄旅游产品呈现同质化,酒窖参观—葡萄园观光采摘—品鉴成为各酒庄的常规雷同线路。另外,受酿酒葡萄品种、灌装生产线所限,目前大多数葡萄酒庄的旅游商品以同质化的葡萄酒产品为主,总体看,因产业运作水平低、市场化缺乏、资源转化为旅游产品和品牌的能力有限,导致宁夏葡萄酒旅游商品同质化、规模小、衍生产品不足、性价比差、附加值低和盈利能力低。

(五)葡萄酒旅游文化内涵挖掘不深,文化传播不能普及大众

葡萄酒旅游文化包含深厚的自然生态文化、历史人文文化、社会文化、精神文化等,通

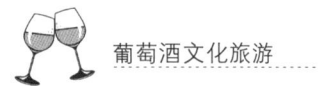

常由品牌故事、独特个性及配套服务来体现。目前宁夏近 200 家葡萄酒庄内，建成并产酒 10 年以上或种植 15 年以上的酒庄不到 20 家，大多数新建酒庄缺乏文化的积累和挖掘。部分酒庄凭借其国际获奖酒、品牌酒的酿造工艺、品种价值、种植文化来进行文化传播，但仅限于葡萄酒圈内少数专业人士或高端定制类游客的兴趣所为，而针对大众游客的葡萄酒文化知识普及（如品酒、酿酒、侍酒的常识、酒俗酒礼等）并未受到重视和实践。

（六）葡萄酒旅游产业的基础设施及公共服务亟待完善

目前宁夏贺兰山东麓拥有银川市（西夏区、贺兰、永宁）、石嘴山市、青铜峡市、红寺堡区、农垦系统五个葡萄酒子产区。葡萄酒旅游产业公共设施与基础设施建设尚不完善，"吃、住、行、游、购、娱"方面的旅游设施支持力明显不足，旅游线路尚未融入贺兰山东麓旅游廊道体系。在交通方面，缺乏自驾车廊道、旅游专线廊道、低碳旅游绿色廊道的设置。在公共服务设施方面，主要的产区部位或酒庄内缺乏旅游集散中心、旅游服务中心、旅游餐厅、旅游厕所、旅游购物场所、旅游标识标牌的建设。许多酒庄因缺乏交通、水利、电力等基础设施无法充分开发利用。葡萄酒旅游信息化服务平台建设不完善，缺乏数据分析和评估的有力监控。

> **拓展阅读**
>
> ### 中国葡萄酒文旅市场
>
> 2020 年 10 月，中国（宁夏）贺兰山东麓葡萄酒旅游智库、中国旅游研究院融合创新研究基地、Rock Springs Consulting 等机构联合发布了《中国葡萄酒旅游市场网络评论研究报告》，报告中分析了目前中国葡萄酒旅游的现状、产品体系和急需改进的地方，聚焦在个别有代表性的产区及他们的典型模式，并对宁夏葡萄酒旅游给出了菜单式的发展建议。
>
> 根据《中国葡萄酒旅游市场网络评论研究报告》，在"大众点评""携程"两大平台上，公开的酒庄相关评论信息覆盖了 14 个产区，涉及 96 家酒庄，共分析 11 570 条评论（其中大众点评 7144 条、携程 4426 条）。
>
>
>
> 《中国葡萄酒旅游市场网络评论研究报告》

本章小结

本章阐述了旅游目的地的相关概念及内涵,介绍了国内外知名的葡萄酒旅游目的地。阐述了贺兰山东麓葡萄酒旅游目的地的发展现状,分析并提出了其存在的问题及相关思考。

思考与讨论

通过硬件及软件两个方面对比国内和国外的知名葡萄酒旅游目的地,分析两者间的差异,思考并讨论这些差异存在的原因,并就国内的知名葡萄酒旅游目的地提出相应的提升措施。

第三模块
葡萄酒文化基础

> 世界上最自然、最文明和最完美的东西莫过于葡萄酒,它不只是单一的感官享受,更是一种愉悦与鉴赏。
> ——海明威(Ernest Miller Hemingway)
>
> 酒可以搭配任何菜,但对法国人而言,酒是用来搭配人生的!酒使任何菜色合适宜,使任何餐桌更优美,也使每天更文明。
> ——Ander L. Simon(法国美酒作家)

第七章　葡萄种植与葡萄酒酿造文化

学习目标

◆ 了解葡萄种植、葡萄酒酿造和储存的过程和方法。
◆ 能够对常见酿酒葡萄品种特性、静止葡萄酒基础酿造流程、基本储存条件进行合理应用。
◆ 增进对中国特色葡萄酒产业的认知力与自信心。

案例导读

生物动力栽培

1. 概念

生物动力法的概念是奥地利哲学家鲁道夫·斯坦纳（Rudolph Steiner）在1924年首先提出的一种整体的、生态的及伦理的可应用于农业、园艺、食物和营养的农耕方法。

基本的原理是，人类进入工业社会后，过度使用化肥农药，造成土壤严重污染并退化，斯坦纳先生应用人智学（Anthroposophy）的理论，将万物视为一个生命整体，"在自然界，实际上在整个宇宙，每一种生物都与另外的生物相互作用"，在不添加化肥农药、杀虫剂和除草剂的情况下，借助月亮和黄道十二宫的力量，将动植物提取物的能量传输给土地，使土地更加的健康，从而使农作物更加健康的生长，而健康的农作物不需要更多的化学农药，于是就进入了一个健康的循环，最终充满生命力的土地就能完全摆脱人工化学剂。

2. 生物动力葡萄酒的实操举例

为了增强土壤的生命力，斯坦纳发明9种生物制剂：BD500～BD508，其中BD500的核心是在较冷的季节（通常是11月到2月份），将牛粪填入母牛角并埋入土中，不能使用公牛角，因为母牛角底部有一系列的产犊环，能够帮助把土壤中的生命能量吸收到粪便，粪便应该来自泌乳的母牛，在填充牛角之前，先用优质饲料喂养两天，以确保粪便充满活力。

牛角的开口朝下以免积水，大约4个月后，牛粪呈黑色腐殖质的状态，即可

放在阴凉处备用。使用的方法是将这种制剂加水搅拌后喷洒在葡萄树上,最佳的使用时间是每年的2月、5月、11月和12月。BD500能增加土壤细菌和真菌的种群,增强根系发育,改善土壤结构以及对水的吸收和保留。

虽然,生物动力法依然充满了许多值得探寻的秘密,但国内产区对于这种近乎"玄幻"的管理方法探索和实践的大幕已经拉开,可见大家对于土壤健康、植物生长和宇宙节律的关系充满了好奇。

第一节 葡萄栽培

葡萄栽培(Viticulture)是一门专门研究葡萄和生产葡萄的学科,除了包含一系列在葡萄园中进行的工作之外,将葡萄拿来酿造酒的过程也属于葡萄栽培,为园艺学的一个分支。

葡萄栽培是葡萄酒酿造前的一种人为调控葡萄生长的重要技术方法,主要内容为监控病虫害、施肥、灌溉、树冠管理、监控果实的发育情况以及是否具有酒品特色、决定何时采收、冬季整枝等。另外,酿酒师往往会参与到葡萄栽培的全过程中,这是由于采收的葡萄与所酿造出的葡萄酒酒品特色以及葡萄园的管理过程是密不可分的。

酿酒葡萄的质量是指果实自身的健康状况,其中理化指标主要包括:含糖量、酸度、多酚及微量矿物质元素等,此外还包括葡萄果实是否染病、果粒直径、百粒重、种子成熟度等健康指标。

法国是世界上最重要且历史悠久的葡萄酒生产国之一,葡萄酒文化底蕴深厚,葡萄酒蜚声全球。近年来,风土(Terroir)的概念自法国为中心,迅速传播、流行于葡萄酒从业者、爱好者的口中。"Terroir"源自法语"田地",是一个广义且较难详尽诠释的词汇,在葡萄酒方面涵盖了原产地的历史、地质、气候、灌溉、环境、栽培方式及人文文化等。

有学者认为,影响葡萄质量的因素非常复杂。大多数情况下,葡萄品种、地质条件、气候环境往往对葡萄质量起着主导作用。地质条件主要包括:土壤结构和成分、海拔高度、坡度、朝向及水源等;气候环境主要指:葡萄生长期的温度、湿度、光照和降水量等。从学科细分角度而言,这些条件均有指标要求,如全年平均温度和湿度、年或月度平均降雨量、水热系数、无霜期、日照时间及太阳总辐射量等。

一、土壤结构及成分

土壤是供给葡萄果实生长过程中所需一切营养物质的来源,也是影响葡萄品质和果实成分结构的重要因素之一。

不同类型的土壤需要在不同的气候条件下才能够充分发挥其特性。适宜酿酒葡萄生长的理想地质是三叠纪、侏罗纪和白垩纪地层的土壤,例如:白垩土、沙质土、石灰岩、花岗岩、砂岩、黏土等。以上土质结构松散,排水性及渗透性好,宜于葡萄扎根,强大的根系可从地底深处为葡萄果实输送所需养分。此外,远古地质含有丰富的矿物质及微量元素,如氮、磷、钾、钙、镁、铁等,这些成分可赋予葡萄酒复杂的口感和香气。此外,以上土壤类型在白天可以更好地凝聚太阳的热量,到夜间再释放出来,这对促进葡萄成熟十分有利。

二、纬度及海拔高度

世界上90%的葡萄园分布在北纬30°~52°及南纬23°~43°之间。由于受地球陆地分布影响,大部分葡萄园坐落在北半球的沿海地带,葡萄园的海拔高度在100~400 m之间,理想的海拔高度在200~300 m之间。纬度和海拔不仅会影响葡萄园的温度和湿度,还会影响到日照时间和光合作用。理论上,在北半球,纬度每增加1°,年平均气温低0.7 ℃。温度低,葡萄的成熟不理想,反之,糖分会过高。

三、山坡朝向及坡度

山坡朝向和坡度对葡萄的生长同样重要,通常拥有不同坡度和朝向的葡萄园,在温度、湿度和日照上有着明显的差异。在北半球,理想的朝向是能够吸收清晨第一缕阳光的东南方或正南方,坡度在15°~45°之间为宜。由于向阳山坡受阳光照射时间较长,气温相对较高,温和的气候有利于葡萄生长。到了冬季,还可降低寒冷气候的侵害。然而,坡度越大水土流失越严重,并且容易受到季风侵袭。

四、自然水系

海洋、湖泊和河流等自然水系是理想酿酒葡萄种植区必不可少的先决条件,具备这种条件的葡萄园通常都拥有局部小气候特征。理论上,水和土壤的热量吸收特性不同,水面在白天吸收太阳辐射能量平均值比陆地高10%~50%。到了夜间水面和地面所吸收的热量都会释放出来,从而调节了周围的温度和湿度。

五、温度

不同的葡萄品种成熟所需的有效积温不同,一般来说,晚熟的品种需要种植在相对温暖的地区,才可以让葡萄达到较好的成熟度;而早熟品种往往种植在相对凉爽的地区,较高的气温会导致葡萄含糖量过高,而有机酸会过低,从而所酿制的葡萄酒平淡无味、缺少复杂度与层次感,且酒体的平衡性不好。

六、降水量

不同生长时期,葡萄需水量不尽相同。葡萄发芽前后期及生理生长时期,叶子成长便需要充足的水分;但是到了开花期却不需要过多水分,水分过多会影响葡萄开花和结果;葡萄进入成熟状态(转色期)直到采收期,葡萄更多需要的是阳光和干燥的环境,反而要控水。

七、湿度

频繁的降雨会使葡萄的生长环境湿度过大,导致各种葡萄真菌病害(比如:霜霉病)的发生,这类病害也会通过影响叶面的光合作用、破坏果实正常发育等方式造成葡萄品质受损。

八、光照

对葡萄来说,阳光是葡萄通过叶片的光合作用合成代谢所必需的能量来源,在整个葡萄的生长季节,光照是必要条件。红葡萄酒的颜色和单宁主要来自葡萄表皮,光照有助于葡萄表皮色素和单宁物质的合成、积累与熟化。所以,在葡萄的成熟后期,在气温、降雨等条件合适的情况下,阳光是否充足就成为影响葡萄酒品质的关键因素。

第二节 鲜食葡萄与酿酒葡萄

表 3-1 鲜食葡萄与酿酒葡萄的区别

类型 区别	鲜食葡萄	酿酒葡萄
来源	部分鲜食葡萄属于欧亚葡萄,还有一些鲜食葡萄属于美洲葡萄(Vitis Labrusca)和美国圆叶葡萄(Vitis Rotundifolia),这些品种不适合酿酒,但适合成熟即食。	酿酒葡萄属于欧亚葡萄(Vitis Vinifera),欧亚葡萄产于地中海(Mediterranean)地区,包括欧洲和中东(Middle East)地区。
表皮厚度	鲜食葡萄的厚度明显较薄,食用起来也方便,但不适合用于现代酿酒业。	酿酒葡萄果皮较厚,适宜香气、颜色等组分的基础物质积累;果皮对于红葡萄酒的酿造尤为重要。
甜度	鲜食葡萄采收时的糖分多为 10%～15%。(以可溶性固形物计)	酿酒葡萄采收时,糖分一般为 22%～30%。(以可溶性固形物计)
果粒大小	鲜食葡萄的颗粒通常来说较大,其果肉含有较多的水分,导致酿造的酒液风味较为淡薄。	酿酒葡萄的颗粒通常要比鲜食葡萄小,果粒小的葡萄酿造出来的葡萄酒往往带有更加浓郁的风味。
产量	鲜食葡萄多使用棚架培植,葡萄串相互之间没有接触,每棵葡萄树产量可达到 27 斤左右。	酿酒葡萄追求果实风味浓郁,每棵葡萄树一般控制产量在 9 斤左右。

第三节 酿酒葡萄品种

葡萄属于鼠李目葡萄科葡萄属,葡萄科有 12 属,其中现代酿酒葡萄品种学名称为"Vitis Vinifera",属于欧亚酿酒葡萄原种,全球 99% 的葡萄酒来自酿酒葡萄品种。

第七章　葡萄种植与葡萄酒酿造文化

随着社会发展，古老的葡萄品种渐渐退出历史舞台，经现代科技改良的新品种日益增多。如今，全球有 8000 多种葡萄，其中能用来酿酒的葡萄约有 1000 种。拥有最多葡萄品种的国家是意大利，常用品种超过 200 种。国际常用并且流行的葡萄仅约 50 多种，按颜色分两大类：红葡萄、白葡萄。

红葡萄表皮呈黑色、墨蓝色、紫红色或深红色，大多数果肉呈白色，只有极少数红葡萄的果肉有颜色。因此，红葡萄不但能酿造红葡萄酒、桃红葡萄酒，榨汁去皮后还可酿造白葡萄酒和起泡葡萄酒。红葡萄表皮含有丰富的色素、酚类物质和呈香物质，酿造的酒较浓郁复杂。

白葡萄表皮颜色并非白色，呈淡绿或淡黄色，果肉呈苍白色、淡黄色或禾黄色，是酿制白葡萄酒和白起泡葡萄酒的主要原料。白葡萄表皮含有丰富的酸类物质和少量的酚类物质，但酿造前会去皮，因此，多数白葡萄酒以简单易饮，清新活泼著称。

一、红色品种

1. 赤霞珠 Cabernet Sauvignon

赤霞珠是法国古老的优良酿酒葡萄品种，它皮厚而果较小，适宜种植于排水良好的砾石土壤。酿制而成的酒经陈年后，香气层次丰富、酒体较强壮。赤霞珠本身带有黑加仑、黑莓等香气，橡木桶培养后添加了香草、杉木、烟熏等香气，酒液整体表现更为复杂。

法国波尔多盛产赤霞珠，很多著名的葡萄酒都是由它酿制而成。现在法国南部地区，也有很多酒农以它来替换旧有的常规品种。"新世界"葡萄酒产区大都引进此品种大力推广、栽培，尤以美国纳帕谷所酿出的赤霞珠最受推崇。

2. 美乐 Merlot

原产自法国波尔多，为该产区种植最广的葡萄品种，早熟且产量大。与赤霞珠相比，美乐以果香著称，单宁质地较柔顺，口感以圆润厚实为主。

波尔多的圣艾美浓产区较梅多克产区凉爽，适合美乐生长，在这里美乐主要混合品丽珠和少量的赤霞珠，以加强平衡感和香气层次。

3. 西拉 Syrah、Shiraz

法国罗纳河谷北部是其原产地，西拉果粒小、果串紧凑、发芽晚，适合种植于相对温暖的环境。酒液呈深红色，酒香浓郁且丰富多变，年轻时以紫罗兰花香和黑色浆果为主，随着陈年慢慢发展成胡椒、焦油及皮革等成熟香。口感结构紧密且丰厚，单宁含量较高，抗氧化性强，较适合久存陈年。

在南罗纳河谷，西拉与歌海娜（Grenache）、慕合怀特（Mourvedre）组成常见的混酿组合 GSM。法国以外，澳洲的西拉最为出名，除了 GSM 混酿，西拉也常常跟赤霞珠混酿。

4. 黑皮诺 Pinot Noir

原产自法国勃艮第，为该区最重要的红葡萄品种。属早熟型，产量小且不稳定，适合较冷凉地区种植。由于存在许多特性不同的无性繁殖品系，对成长环境的要求较多，种植不如赤霞珠普遍。其品种特性易随环境而变，在良好的条件下，黑皮诺虽然颜色不深，却

有较扎实的结构和丰富的口感,适合陈年。其香气于年轻时以红色水果为主,如覆盆子及樱桃等,陈年后的酒香除动物皮革外,紫罗兰及松露香也很常见。

除酿制红葡萄酒外,黑皮诺也是香槟区的重要品种之一,与霞多丽及莫尼耶混合酿制传统香槟。

5. 蛇龙珠 Cabernet Gernischt

蛇龙珠为法国最古老品种之一,与赤霞珠、品丽珠是姊妹品种;1892年引入中国,现在山东烟台地区有较多栽培。蛇龙珠为我国通过筛选育成的酿造葡萄品种,适应性强,抗逆性强,着色良好,成熟一致,品种内致性明显较强。

蛇龙珠与赤霞珠葡萄酒口感特征有些类似,以黑加仑、堇菜花香和草本气息为主,同时具有香料、蘑菇、松脂等气味。

6. 品丽珠 Cabernet Franc

与赤霞珠相比,品丽珠单宁含量更少,也更为细腻,颜色比较浅,拥有微妙的红色水果(覆盆子,草莓)和香料的味道,卢瓦尔河谷产区有时也会带有很有特色的青椒香气。

品丽珠单独酿酒不太常见(卢瓦尔河谷产区有单酿),通常与赤霞珠和美乐混酿,赋予葡萄酒更复杂的结构和更丰富的香气,使得消费者既可以在好年份耐心等待葡萄酒陈年后带来的复杂变化的惊喜,也可以在平常时享受它年轻状态下美好的果味。

二、白色品种

1. 霞多丽 Chardonnay

原产自勃艮第,是目前全世界最受欢迎的白色酿酒葡萄品种,由于适合各类型气候,耐冷,产量高且稳定,容易栽培,几乎已在全球各产酒区普遍种植。霞多丽是白葡萄酒最适合橡木桶培养的品种,其香味浓郁,口感圆润,经陈年可变得更丰富醇厚。

随产区环境的变化,霞多丽的特性也随之变化:天气寒冷的石灰质土产区,如夏布利和香槟区,酒的酸度高,酒度较低,以青苹果等绿色水果香为主;在气候温和的产区,如纳帕谷,则口感较柔顺,以热带水果,如哈密瓜等成熟浓重香味为主。

2. 雷司令 Riesling

最早的种植记录在德国莱茵河产区,是德国及阿尔萨斯最出名、种植较广泛的品种,属晚熟型。

雷司令所产葡萄酒品种特性明显,淡雅的花香混合植物香,也常伴随蜂蜜及矿物质香味。酸度强,但常能与酒中的甘甜口感相平衡;丰富、细致、均衡,非常适合久存。除生产干白葡萄酒外,迟摘和贵腐甜白葡萄酒的品质也非常优秀,即使成熟度过高也常能保持高酸度,香气浓郁优雅,可经数十年的陈年。

3. 长相思 Sauvignon Blanc

原产自法国波尔多区,适合温和的气候种植,在美国常被称为白富美(Fume Blanc)。主要用来酿制适合年轻时饮用的干白葡萄酒,或混合赛美蓉以制造贵腐白葡萄酒。

长相思所产葡萄酒酸度高,酒香浓郁且风味独特,非常容易辨认。青苹果及醋栗果香

第七章　葡萄种植与葡萄酒酿造文化

混合植物性香气(如青草香)最常见,在石灰土质则常有火石味和白色水果香,过熟时常会出现猫尿味(黑醋栗芽孢香气)。

4. 赛美容 Semillon

原产自法国波尔多,但目前以智利种植面积最广,法国居次,主要种植于波尔多。虽非流行品种,但在世界各地都有种植,适合温和型气候。

赛美容以生产贵腐白葡萄酒著名,葡萄皮适合 Botrytis cinerea 霉菌的生长,此霉菌不仅吸取葡萄中水分,增高赛美容糖分含量,且因其于葡萄皮上所产生的化学变化,也会浓缩果实酸度,并产生如蜂蜜及糖渍水果等特殊丰富的香味。

三、国产主要代表品种

(一) 国内酿酒葡萄基地分布

在我国主要的酿酒葡萄产区分布在华北地区、渤海湾地区、新疆、甘肃、宁夏等地,大面积的葡萄种植为我国的葡萄酒产业提供了基本的原料需求保障。其中山东、吉林、河北、宁夏、新疆是我国面积较大的葡萄种植基地,中国葡萄酒产区自然地理概况详见本书第四章第三节。

(二) 国产主要酿酒葡萄品种

国产主要酿酒葡萄品种的选育是离不开中国葡萄种植自然条件的客观约束的,在中国北方地区(包括新疆和宁夏),冬季葡萄如果不进行埋土保护,欧洲葡萄(vitis vinifera)往往会被冻死,因此关于酿酒葡萄育种的主要目标便集中在培育红色、抗寒的品种上。

东北农业科学研究所分别于1952年、1961年在山葡萄基础上培育出公酿一号、公酿二号。1954年中国科学院植物所北京植物园利用玫瑰香与山葡萄杂交(V. vinifera Hamburg x V. amurensis)培育出北醇、北红、北玫等抗寒的酿酒品种,该品种通过在宁夏的栽培试验,冬季不埋土也可安全越冬。之后,山东省葡萄试验站(现为山东酿酒葡萄研究院)、烟台葡萄酒厂(张裕葡萄酒公司)、中国农业科学院郑州果树所等单位先后育出了梅醇、梅郁、梅浓、红汁露(V. merlot x V. petit verdot)、泉白(V. Riesling x V. petit verdot)、泉玉(V. riesling x V. hamburg)、烟73、烟74(V. alicante bouche x V. hamburg)等品种。

此外,中国农业科学院特产研究所于2000年育成的葡萄新品种北冰红[左优红 x 84—26—53(山—欧 F2 代葡萄品系)],该品种广泛用于酿造红葡萄酒、冰红葡萄酒,酿造的冰红葡萄酒具有浓郁的蜂蜜和杏仁复合香气。

> **趣味评析**
>
> 如果说酿酒师是皇帝的话,那各品种的葡萄便是后宫佳丽,而赤霞珠就是母凭子贵了,因为它酿制出了诸多世界级的佳酿:法国的拉菲、澳洲的奔富707、意大利的西施佳雅

还有美国的啸鹰等。顶级的赤霞珠非常倔强,不肯轻易改变,很多地方风调雨顺,气候宜人,就是产不出顶级的赤霞珠。人也一样,温室里只能养花朵,长不出参天大树,唯有经历更多,才能成就更好的自己。

不得不提还有葡萄酒里的混血儿马瑟兰,母亲是赤霞珠,父亲是歌海娜。

同样母凭子贵的还有霞多丽。霞多丽的名字很有美感,像晚霞一样动人,作为世界上最多样,最能展示风土多样性的葡萄品种之一,霞多丽毫无疑问被冠予"百变女王"的称号,就像时尚的宠儿一样,当不同类型的衣服穿在身上的时候,能展示出不同的主题,或"复古"或"小清新"或"成熟"。

第四节　葡萄酒酿造工艺

葡萄果实若要转变为瓶中美酒,过程大致需要经历采摘、破碎、压榨、发酵、陈年和装瓶等步骤,但依据葡萄酒种类、酿造风格和工艺的不同,具体的步骤会进行相应调整。

大部分酒庄会选择先采摘白葡萄品种再采摘红葡萄品种。为了把握好最佳的采收时机,很多酒庄会在葡萄进入转色期后就对其成熟度进行密切的监测。采收的方式分为人工和机器采收2种。手工采收由果农用园艺剪将葡萄一串串地剪下来,这种采收方式较为缓慢,而且所需的劳动力较多,但可以对所采收的葡萄进行挑选,对葡萄果实的损坏也较少。

机器采收则是通过用机器摇晃葡萄树的主干,将葡萄抖落下来。这种方式没有选择性,但胜在速度快,而且对人力要求较低。为了减少葡萄的氧化,不少酒庄会选择在夜间温度较低时采收葡萄。采摘下来的葡萄会被装在箱子或是托盘上,尽快运送至酿酒厂。

一、分拣

葡萄果实运送至酿酒厂后,部分酒庄,尤其是酿造高品质葡萄酒的酒庄会选择将果实放在分拣台上进行挑选,以剔除不健康、未成熟或是腐烂的葡萄。

二、去梗、破碎

这两项工序不是必需的。通过机器采收的葡萄一般不带有果梗,但通过人工采收的葡萄,大多数酒庄会选择将果梗去除,而这往往由破碎葡萄的机器一并处理。破碎是由机器将葡萄皮打破,这时候会有一定量的葡萄汁流出,这些汁液即自流汁。破碎的过程需尽可能轻柔,避免破坏葡萄籽,增加劣质单宁的含量。

三、冷浸渍

葡萄经破碎后,一些酿酒师可能会选择在发酵前让果皮和果汁于低温下接触一段时间,这个过程也被称为冷浸渍。一般而言,浸渍的温度控制在 4~15 ℃,时长几个小时到一周不等,相比白葡萄酒,红葡萄酒的浸渍时间一般更长。

这一过程可以增强白葡萄酒的果味和质感,尤其是对一些芳香性白葡萄品种来说,更是可以从冷浸渍中大获裨益。而对红葡萄酒来说,冷浸渍不仅可以增强其果香,还可以加深酒液的颜色,不过在这一过程中提取的单宁含量相对较少。

四、压榨

压榨即将葡萄汁与果肉、果皮等固体成分分离的过程,白葡萄酒在发酵前进行该步骤,而红葡萄酒则在发酵后进行。与破碎一样,现代酿酒技术亦崇尚尽可能轻柔的压榨,以获取更精致细腻的酒液。最先和最后压榨得到的葡萄醪在质感和口感上会有很大不同。就红葡萄酒来说,随着压榨的继续,酒液的颜色会越来越深,单宁含量也会越来越高。压榨完成后,白葡萄汁一般会低温静置一段时间,让其中的固体杂质沉积到底部,然后将杂质去除,留下更澄清的葡萄汁进行发酵。

五、发酵

在这个过程中,酵母将葡萄汁中的糖分转化为酒精和二氧化碳,葡萄汁逐渐转变为葡萄酒。

白葡萄酒的发酵温度比红葡萄酒要低,一般维持在 12~22 ℃ 之间,较低的发酵温度可以减缓发酵过程,有利于产生更多微妙的风味。红葡萄酒的发酵温度较高,一般为 20~32 ℃,较高的温度有利于提取颜色和单宁。在发酵过程中,酿酒师会选择使用淋皮(Pump Over)、倒罐并回混(Rack and Return)、旋转式发酵机(Rotary Fermenter)等方式帮助葡萄汁与果皮进行更多的接触,促进颜色、单宁和风味物质的提取。

大多数红葡萄酒在完成酒精发酵后,还会经历苹果酸—乳酸发酵(Malolactic

Fermentation,简称为MLF),即酒中尖锐的苹果酸转化为较柔和的乳酸的过程,但一些白葡萄酒,尤其是芳香型白葡萄酒会避免这一步骤。

六、熟化

可以帮助葡萄酒发展出更复杂、精妙的风味和更柔顺的单宁。如果酿酒师希望最终的成酒具有更多新鲜的一类水果香气,那么很可能仅会将酒液在惰性容器中短暂储存数月,即会进行过滤、装瓶。但对于具有高单宁、高酸度、高酒精度以及发展潜力的葡萄酒,尤其是红葡萄酒来说,很可能会进行长达数月的熟化,而熟化的过程多在橡木桶中完成。最主要的橡木桶类型为法国和美国橡木桶,法桶可以赋予酒液烘烤、烟熏和坚果风味,而美桶则更多的是香草和椰子风味。

七、装瓶

当酿酒师认为葡萄酒已经进行了足够时间的陈年,便会考虑进行装瓶。在装瓶前,根据需要,可能会对葡萄酒进行下胶和过滤,以获得更澄清的酒液。但由于一些酿酒师认为这会给葡萄酒的风味和质感带来负面影响,因而选择不进行下胶和过滤。

目前市面上的大多数葡萄酒都是用玻璃瓶包装,采用橡木塞封口,但来自澳大利亚和新西兰的葡萄酒更常使用螺旋盖封口。

第五节 葡萄酒的储存

一、开瓶前保存

(1) 避免温度过高

高温是葡萄酒的第一号"敌人",如果葡萄酒放在温度高于33.8 ℃的环境中,它就会加速老化。如果温度远远高于33.8 ℃,它就会变得像"煮"过一样,其香气和风味都会变淡,葡萄酒的理想储存温度是7.2~18.3 ℃。

(2) 避免温度过低

温度过低且湿度不够,会让葡萄酒的软木塞因干燥而裂开,导致空气渗入瓶中,损坏葡萄酒的品质。另外,也不能把葡萄酒保存在会让它冰冻起来的地方(可以把葡萄酒放在冰箱的冷冻室中几个小时,但不能过久)。葡萄酒的酒液开始结冰后,其体积会增大,最终把酒塞挤出瓶外。

(3) 保持温度恒定

要尽量避免储存环境的温度发生剧烈改变或者频繁改变,温度起伏易使葡萄酒发生一定程度的热胀冷缩,导致软木塞的密封性降低,进而引起酒液渗流。

(4) 避免光线照射

太阳的紫外线会让葡萄酒过早成熟,降低它的质量。葡萄酒生产商使用深色瓶子来装葡萄酒的理由之一就是为了避免紫外线影响酒质,酒瓶就相当于葡萄酒的防晒"墨镜"。

(5) 避免湿度过高

常规的做法是把葡萄酒储存在湿度为70%的理想环境中,如果湿度不够,就会让软木塞变得过于干燥,让空气进入瓶中,影响酒质。葡萄酒储存环境的湿度只要保持在50%~80%之间就行,湿度过高会滋生霉菌,这虽然不会影响密封性绝佳的葡萄酒,但会损坏葡萄酒的酒标。湿度过高时,用除湿器或者干燥剂就可以解决这个问题。

(6) 最好把酒瓶水平放置

可以保持酒液与软木塞始终进行接触,防止软木塞过于干燥。

(7) 避免震动摇晃酒瓶

理论上,震动会加快葡萄酒中各种化学物质之间发生反应;事实上,剧烈的震动很可能会搅起陈年葡萄酒中的沉淀物质,从而使得它喝起来显得比较粗糙。

(8) 远离其他异味物质

葡萄酒长时间与蔬菜等其他物品放置在一起,会造成蔬菜等物品的气味通过软木塞的空隙进入葡萄酒中,从而影响葡萄酒的味道。

二、开瓶后保存

(1) 冷藏

对于葡萄酒来说,氧气就像一把双刃剑。一方面,葡萄酒需要借助氧气来逐步展现层次复杂的香气;另一方面过多的氧气会导致葡萄酒变质。因此,在处理开过瓶的葡萄酒时,一定要避免葡萄酒与氧气过度接触。像其他食物一样,葡萄酒也可以保存在冰箱中。在低温环境下,葡萄酒没有那么容易发生化学反应,因此葡萄酒也不易被氧化。另外,低温可以抑制醋酸菌的活动,从而有效地防止葡萄酒的醋化。

(2) 换瓶

对于普通的瓶装葡萄酒(750 ml)而言,如果喝剩一半的话,这时候最好的办法就是找一个容量为375 ml的葡萄酒瓶,然后把酒倒入小瓶中,重新塞上橡木塞,再放进冰箱。因为空气很难钻进满瓶的葡萄酒瓶内,这样做能更好地防止葡萄酒与氧气的接触。但是需要注意的是,小容量酒瓶一定要清洗干净,以免污染酒液。

(3) 真空处理

要想进一步杜绝葡萄酒的氧化,可以考虑使用真空泵。经特殊设计的真空泵带有橡胶塞和抽气棒,插入到酒瓶轻轻一压,瓶内的空气就跑了出来。当然抽完气的葡萄酒还是需要放在冰箱中,以保证葡萄酒的新鲜度。

三、开瓶后保存时间长短与哪些因素有关?

(1) 抗氧化物质含量:这些物质包括单宁、多酚类物质等,这类物质含量越高,葡萄酒开

 葡萄酒文化旅游

瓶后保存时间就越长。一般香气浓郁,酒体结构强劲的葡萄酒,开瓶后保存时间相对越长。

(2)年份:一般年份越新,葡萄酒的抗氧化物质含量越高,如陈年20年以上的老酒,已经经不起氧气的考验了,自然开瓶后保存时间相对较短。

(3)葡萄品种:葡萄品种的单宁含量越高,其葡萄酒开瓶后保存时间相对越长。一般而言,常见的红葡萄品种单宁含量排序:赤霞珠(Cabernet Sauvignon)＞美乐(Merlot)＞西拉(Shiraz)＞仙粉黛(Zinfendel)＞马尔贝克(Malbec)＞桑娇维塞(Sangiovese)＞歌海娜(Grenache)＞佳美(Gamay)＞黑皮诺(Pinot Noir)。

本章小结

本章较为全面地介绍了影响葡萄栽培品质的地理与环境因素,学生应客观地认识到不同风土条件下的葡萄风格差异。除了外因,葡萄品种本身是影响酒款品质、风格展现的重要原因,对于国际主流品种,学生应该掌握其基本风格差异性。葡萄酒酿造环节较为基础,有利于学生的首次接触、吸收,后期可继续查阅资料进行巩固。最后作为实践性较强的酒款储存部分,需要学生依据原理,合理应用。

思考与讨论

1. 试讨论,红葡萄酒、白葡萄酒、桃红葡萄酒、起泡酒发酵工艺的差异性。
2. 试讨论,宁夏贺兰山东麓产区、山东烟台产区及云南德钦产区的自然环境条件对酿酒葡萄的质量影响。(优势和劣势)
3. 试思考,有打开的干白、干红葡萄酒各两瓶,消耗量均为40%,如何保存可以尽可能多地保证酒质完好。

第八章　葡萄酒种类与品鉴文化

学习目标

◆ 对常见的葡萄酒类型有正确认知与判断。
◆ 能对葡萄酒的外观、香气、口感、综合品质作出合理评价,并掌握最基础的"四步品酒法"。
◆ 能够正确认知葡萄酒的品鉴文化,树立客观的葡萄酒评价体系。

案例导读

音乐、色彩与品鉴

牛津大学实验心理学教授查尔斯·斯彭思(Charles Spence)发现,品鉴室的颜色和声音会影响葡萄酒的香气和风味。

在关于颜色和声音对风味感知所产生的影响实验中,查尔斯·斯彭思认为"灯光和音乐就像是数码调味剂一样,可以改变食物和葡萄酒的味道","在红色的房间里,葡萄酒的水果香气可以发挥得更充分;而在绿色的房间里,葡萄酒的水果香气会消失","如果把一款红葡萄酒变成绿色,品尝者就会觉得它比原先更酸,而这,仅仅是因为它的颜色变了而已。"

斯彭思教授与大量大型烈酒公司和酒厂进行合作,以研究出如何才能让颜色和声音改善品酒体验。研究过程中他发现,酿酒师们已经开始重视环境对调配过程产生的影响。他说,"Campo Viejo 公司的酿酒师之一罗伯特·文森特(Roberto Vicente)很想要把自己的葡萄酒调配室粉刷成红色,而且想要在调配葡萄酒的时候播放一些舒缓的音乐,以帮助他调配出最出色的葡萄酒。"

另外一项研究表明,不同种类的音乐可以刺激到大脑的不同部位,使人可以做好准备更好地品尝葡萄酒。研究显示重金属摇滚乐或者滚石乐队的歌曲非常适合作为品尝赤霞珠时的音乐,而歌剧爱好者也许更适合西拉。专家称,当听到非常强劲的音乐时,可以使一杯赤霞珠喝起来比没有音乐陪伴品尝时增加60%强劲感和醇厚感。

"我们以后应该会在葡萄酒的背标上看到生产商对品鉴葡萄酒时适合播放

的音乐的建议,"斯彭思教授进一步补充。

(新闻数据来源:红酒世界网、知网)

第一节　葡萄酒的种类

一、根据颜色

1. 红葡萄酒

红葡萄酒是由葡萄带皮发酵酿制而成的,一般浸皮的时间越长,颜色就越深。年轻的红葡萄酒通常呈现深沉的紫红色或宝石红色。随着陈年时间的增长,其颜色会变浅,呈现石榴红或砖石红色。此外,红葡萄酒的颜色也受酿造品种的影响,一些品种颜色深,酿造出来的葡萄酒颜色会比较深沉,譬如赤霞珠(Cabernet Sauvignon)和西拉(Syrah)。

2. 白葡萄酒

白葡萄酒可以采用白葡萄品种和红葡萄品种酿制。在酿造白葡萄酒过程中,葡萄在压榨后去除葡萄皮和葡萄籽再进行发酵,这样就可以避免萃取果皮中的色素和单宁。白葡萄酒的色泽可以划分为深浅程度不等的青黄色、柠檬黄色、金黄色、琥珀色和棕色。

3. 桃红葡萄酒

桃红葡萄酒的颜色介于红葡萄酒与白葡萄酒之间,它是由红葡萄品种经过短期浸渍发酵酿成的葡萄酒。与红葡萄酒相似,桃红葡萄酒浸渍时间越长,颜色也会越深。它的色泽主要呈现为:桃红色、橙色、粉红色。

二、根据形态

这里的形态是指葡萄酒有无起泡,这涉及葡萄酒是否含有二氧化碳。按照这一标准,葡萄酒可以分为静止酒(Still Wines)和起泡酒(Sparkling Wines)。

1. 静止酒

这指的是 20 ℃时,酒中二氧化碳压力低于 0.05 兆帕(Mpa,一种压强单位)的葡萄酒。目前市面上大部分葡萄酒都属于这种类型。

2. 起泡酒

起泡酒是指在 20 ℃时,酒中二氧化碳压力大于或等于 0.05 兆帕的葡萄酒。常见的起泡酒包括法国的香槟(Champagne)、西班牙的卡瓦(Cava)以及意大利的普洛赛克(Prosecco)和阿斯蒂(Asti)等。

三、根据含糖量

葡萄酒在发酵过程中,酒中的糖分在酵母的作用下会转化为酒精,如果发酵完成后,

第八章　葡萄酒种类与品鉴文化

葡萄酒中含有的糖分未完全转化为酒精,剩下的糖分便是残余糖分。

根据含糖量的大小,一般的葡萄酒分为以下几个类型:

1. 干型(Dry):含糖量小于或等于 4 克/升
2. 半干型(Semi-Dry):含糖量介于 4~12 克/升
3. 半甜型(Semi-Sweet):含糖量介于 12~45 克/升
4. 甜型(Sweet):含糖量大于 45 克/升的葡萄酒

除了以上三种标准外,葡萄酒还可以根据酿造方式的区别分为一般葡萄酒和特别方式酿造的葡萄酒,例如采用冰葡萄酒酿造的冰酒(Ice-wine)、采用贵腐菌(Noble Rot)感染的方式酿造的甜酒(Dessert Wine)和运用加强方式酿造的加强酒等葡萄酒。

第二节　葡萄酒的品鉴

一、看葡萄酒的外观

1. 观澄清度

首先,观察葡萄酒的澄清度。一款非生物动力法(Biodynamics)酿造或非有机方式(Organic)酿造的葡萄酒,一般都会经过下胶澄清和过滤处理,其酒液应该是清澈的。如果过于浑浊则有可能是酒款有缺陷的表现,比如由微生物活动所引起的缺陷,但这种判断也只能是初步的。

2. 观颜色

观察颜色是通过视觉鉴赏葡萄酒的必需步骤。在光线充足的室内,桌上最好放置一张白纸作为背景,手握杯梗在白纸上方倾斜酒杯,使酒杯呈 30°至 45°,从上方观察酒液中心到边缘的颜色。白葡萄酒的颜色较为浅淡,所以在判断具体颜色时需要观察酒液中心的颜色,而红葡萄酒颜色深浓,可通过边缘色泽来判断酒款颜色。葡萄酒的颜色主要由果皮决定,但也会受到陈年时间、橡木桶等因素的影响,所以透过颜色可以初步猜测酒款的葡萄品种、年龄状态以及是否使用橡木桶陈酿等。

白葡萄酒按照年轻至年老,酒款可以分别呈现出浅柠檬色、中等柠檬色、浅金黄色、中等金黄色、浅琥珀色和深琥珀色。简而言之,如果一款白葡萄酒颜色浅淡澄澈,则为年轻的葡萄酒,且一般不经过橡木桶陈年,其风格也会较为清新、淡雅;反之,如果一款白葡萄酒颜色深沉,倾向于琥珀色,则较为年老,或者经过橡木桶的陈年,其风格也会相对更浓郁、饱满和复杂。

与白葡萄酒不同,红葡萄酒的颜色会随着时间的推移变得越来越浅淡,最终演变成为茶色色泽。一般而言,从年轻至年老,红葡萄酒的边缘会分别呈现出紫红色、宝石红、石榴红和茶色色泽。

3. 观酒泪

摇晃酒杯之后,杯壁上会形成一层酒液膜和缓缓流下的一串串液体。这些像眼泪一样挂在杯壁上的液体便是酒泪,或者称为"酒腿",也叫"挂杯"。酒泪的形成与酒精接触空气挥发有关,另外与残糖含量、甘油也有一定的关系。酒液膜黏度越高,酒泪越厚,流动的速度越慢,则大致可以推断该酒的酒精度较高,或者残糖含量较高。

二、闻葡萄酒的气味

闻香是葡萄酒品鉴的一大重要环节,也是令人尤为愉悦的过程之一。为了让葡萄酒与空气的接触面积大一些,以便打开酒款隐藏的香气,在闻之前可以旋转酒杯,然后让鼻子靠近杯口边缘,与酒杯保持一厘米左右的距离,感受酒款的香气。

1. 判断是否有缺陷

闻香一定程度上可以判断葡萄酒是否有缺陷,常见的缺陷有氧化、橡木塞污染和酒香酵母菌污染等。

2. 闻香

一类香气:又称为品种香。这类香气是葡萄品种本身所带来的香气,由葡萄品种本身的芳香物质决定。一类香气通常表现为各类水果香气和花朵香气。其中,红葡萄酒往往表现出红色和黑色莓果、浆果等香气以及玫瑰、紫罗兰等花香。白葡萄酒则往往表现出柑橘类水果和核果的香气,以及白花、接骨木花等颜色浅淡的花朵的香气。

二类香气:产生于酿造过程,与酿造工艺比如橡木桶陈酿、酒泥接触和苹果酸—乳酸发酵(Malolactic Fermentation)等有关。经过橡木桶陈酿的葡萄酒往往带有香草、椰子、雪松和肉豆蔻、丁香等香料的香气;酿造过程中经过苹果酸—乳酸发酵程序的葡萄酒则会带有奶油或黄油的香气;而与酒泥接触过的葡萄酒则会呈现出饼干和烤面包的香气。

三类香气:葡萄酒经过一定时间的瓶陈而发展出来的香气。这类香气常见的有森林地表、烟草、菌类、动物皮革和果酱等。

如果一款葡萄酒的主导香气是一类和二类香气,那么这款酒可能处于年轻阶段;如果一款葡萄酒三类香气皆有,那么这款酒则已经陈年了较长时间。

三、品葡萄酒的口感

通过味觉去感受葡萄酒可以说是解读酒款最为重要的过程。经过口腔去感受葡萄酒,能够品尝出酒款的风味、甜度、酸度、酒精度、单宁含量的高低和酒体的轻厚,从而综合这些要素深层次地评估一款酒的平衡性和品质高低。为了尽可能地读取酒款信息,建议抿一口酒存于口腔,然后通过唇部两侧吸气,让空气进入口腔,让部分酒液挥发升腾成为酒气并进入鼻腔后部,感受葡萄酒的个性特征。

1. 风味(Flavor):风味是口腔所感受到的味道,

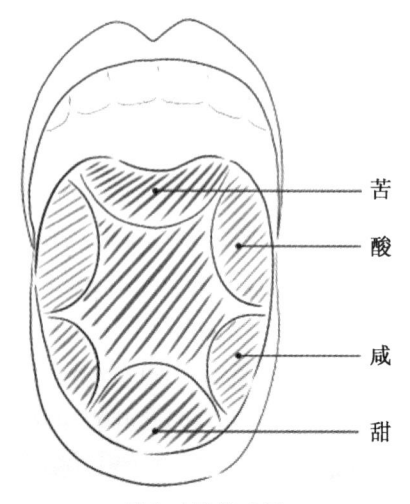

舌头味觉敏感区

(图片来源:归普葡萄酒教育)

很多情况下,它和嗅觉上所感受到的香气类似,但因感官不同,所以感受到各风味的强弱程度也会有所区别。

2. 甜度(Sweetness):甜度由舌尖去感受,一般来说,干型葡萄酒的残糖含量较低,口腔很难感受到糖的存在。此外,甜味的感受会受到其他因素的影响,比如酸度,高酸的葡萄酒也会令甜味不易被察觉。

3. 酸度(Acidity):酸度一般通过舌头两侧感受。高酸的葡萄酒会令口腔分泌大量唾液,令葡萄酒品尝起来清新感和活力十足。品鉴时,当葡萄酒酒液已经不在口腔当中,依然分泌出大量唾液,那么这款酒即为高酸的葡萄酒。

4. 单宁(Tannin):单宁是一种多酚类物质,可以通过舌头末端和牙龈去感受。如果口腔中呈现的涩感和苦感较为明显,牙龈褶皱感突出,舌头细胞如同被紧紧抓住,那么这款酒则拥有较高的单宁。

5. 酒精度(Alcohol Content):酒精可以通过喉咙去感受。高酒精会令喉咙产生明显的灼热感,给口腔带来沉重感,当然这种沉重感也可能是单宁等因素综合作用带来的;而低酒精度的葡萄酒品尝起来会显得略微单薄。

6. 酒体(Body):换句话说,酒体其实是葡萄酒带给口腔的整体质感。酒精度是构成酒体尤为重要的因素,一定范围内,酒精度越高,酒体越饱满,酒精度越低,酒体则越清瘦。此外,单宁也是影响酒体饱满程度的主要因素之一,成熟、丰沛的单宁会给予葡萄酒圆润的口感和饱满的酒体;风味的浓郁度也能影响酒体的轻重程度。红葡萄酒的酒体一般来说会比白葡萄酒的酒体要饱满,颜色浅淡的红葡萄酒大多会比颜色深浓的葡萄酒酒体轻盈一些。

7. 余味(Aftertaste/Finish):罗伯特·帕克(Robert Parker)曾解释该词为"当饮下葡萄酒后,口腔中余下的味道,与'Finish'同义"。品质优秀的葡萄酒余味复杂持久,品质一般的葡萄酒,余味则比较短暂。

葡萄酒闻香方法(图片来源:归普葡萄酒教育)

四、综合评价葡萄酒的品质

观、闻、品结束之后,就可以结合各要素来评判一款葡萄酒的品质了。品质的高低与葡萄酒的平衡性和复杂度有关。平衡性即指葡萄酒的甜度、酸度、风味、酒精度和单宁等各要素之间是否相得益彰,任何一个要素过高或过低都会破坏酒款的平衡。如果一款酒在一、二、三类香气和风味上皆有体现,可品性强,细酌之后,能发现诸多隐藏的惊喜,则是一款具有复杂性的葡萄酒。

趣味葡萄酒品鉴

本章小结

本章实操性较强,需要学生经过系统的训练,合理认知葡萄酒的基本特性,并掌握最基础的品酒方法。后期通过酒款品鉴对比,能够成熟、客观地通过品鉴来评价一款葡萄酒。

思考与讨论

1. 试对比,干白葡萄酒、干红葡萄酒、桃红葡萄酒、起泡酒的品鉴要点有何不同。
2. 试写,果香型干白、陈酿型干红、传统法起泡酒的品酒词。
3. 通过香气瓶训练,有效训练典型香气记忆性。

第九章　葡萄酒礼仪与侍酒文化

学习目标

◆ 能够正确、快速辨识常见的酒容酒器。
◆ 可以针对不同用餐场合，合理地给出餐酒搭配建议，并进行侍酒服务。
◆ 深层次辩思中外侍酒文化的差异性。

第一节　酒标和酒塞

一、酒标

市面上葡萄酒的酒标千奇百怪，但根据酒标上的内容来区分，大体可以分为新世界和旧世界葡萄酒两种酒标。

1. 酒庄名/品牌名/酒款名

作为一款葡萄酒的"姓名"，酒标上的酒庄名或品牌名一般都最为醒目，以最直接的方式告诉消费者这是一款什么样的葡萄酒。一般来说，旧世界以酒庄为单位发售葡萄酒，所以通常标注酒庄名；而新世界既有酒庄，也会有较大的品牌，所以酒庄名和品牌名都有可能在酒标上出现。而如果某一个酒庄或品牌旗下有多款酒的话，通常也会在酒标上同时标注酒庄/品牌名以及相应的酒款名。

2. 年份

这里的年份指的是酿造这款酒所用的葡萄采收年份，而对于无年份香槟等使用多个年份葡萄酒混酿的酒款来说，就不会在酒标上标注年份了。

3. 产区信息

葡萄酒的酒标上一般都会标注酿酒葡萄的产地，可以大到整个产酒区，也可以小到某个产酒村。旧世界葡萄酒的酒标上通常还会标注该款葡萄酒产区的等级，葡萄酒产区等级划分多见于旧世界葡萄酒产区，而新世界葡萄酒产区大多没有类似的等级，因此只会简单地标注其产区名称。

4. 酒庄/葡萄园级别

在某些旧世界的产酒区中，葡萄酒有着严格的等级制度，例如法国波尔多的 1855 分级制度。列级酒庄通常会将酒庄的级别标注在酒标上,而如果是来自法国勃艮第的葡萄酒,通常标注的则是葡萄园的等级,如"特级园(Grand Cru)""一级园(Premier Cru)"等。新世界产酒国由于没有像旧世界产酒国那么严格地针对酒庄或葡萄园的分级制度,因此一般不会在酒标上进行标注。

5. 葡萄品种

在旧世界产酒国,很多经典产区的葡萄品种通常都比较固定,再加上有的产区会采用多品种混酿,因此酒标上很少会标注葡萄品种的信息;而新世界产酒国更多地酿造单一品种的葡萄酒,而且同一个产区也有可能种植多种葡萄,所以往往会将酿造一款酒所用的葡萄品种在酒标上写明。

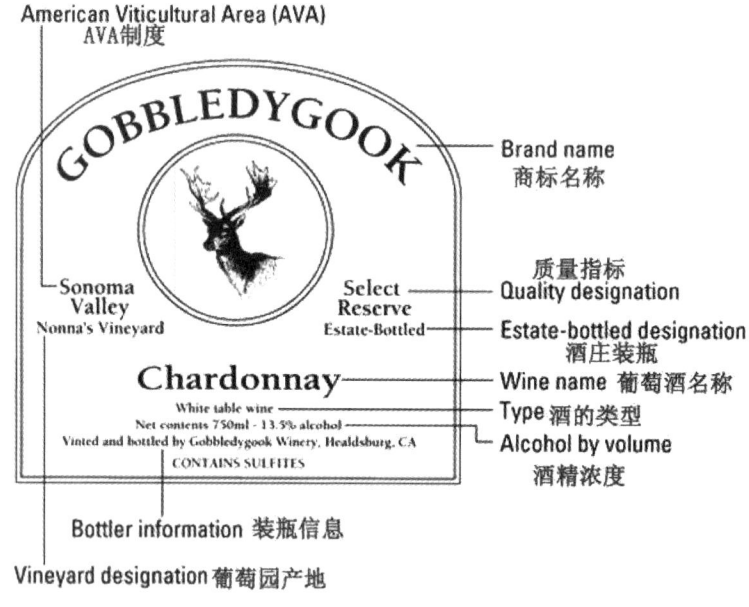

美国酒标(图片来源:归普葡萄酒教育)

二、酒塞

酒塞是用来保鲜储存葡萄酒,隔绝空气与酒液的直接接触。在晃动酒杯时,空气是葡萄酒的朋友,葡萄酒从黑暗地窖中走出来开始呼吸并且深层释放香气、柔化酒体。在这之后,空气很快就变成了葡萄酒的杀手,将葡萄酒中细腻精致的风味破坏一空。

常见的葡萄酒塞有天然软木塞、合成塞、螺旋塞等,除此之外还有玻璃塞和蘑菇塞。历史最悠久的葡萄酒塞是天然软木塞,天然软木塞已有了千年的使用历史。

(1)天然软木塞:使用栎木树皮(也有少量的其他树种)制成,从树皮上直接冲取整个酒塞,这就是天然软木塞。根据树皮的沟壑、皮孔的密度,天然软木塞也分为很多等级。

(2)合成塞:一种橡胶制品,因外形和作用极其相似,是传统软木塞的常见替代品。但因其只能短暂保持葡萄酒的抗氧化时间(约18个月),装瓶后需尽快饮用。

(3)螺旋塞:可以达到更好的瓶口密封效果,保证开瓶后能够发现杯中酒可继续演变的潜力、悠长的香气和清爽宜人的曼妙品质,多见于新世界葡萄酒产区。

(4)玻璃塞:由玻璃和内侧的橡胶圈组合而成,但其普及性目前不高。

(5)蘑菇塞常用于起泡葡萄酒的密封,这种特殊的蘑菇造型的塞子,再配合上铁丝,才能够抵抗得住瓶内的高压。

第二节 开 瓶

非软木塞封瓶的葡萄酒多采用螺旋盖或玻璃塞等便于开启的酒塞,在此不做详解,本节仅针对采用软木塞封瓶的葡萄酒展开陈述。

一、静止葡萄酒的开瓶操作

正常情况下,要开启一瓶用软木塞封瓶的静止葡萄酒,都得用到专门的开瓶器。其中,最为常见的要数被誉为"侍者之友"的海马刀开瓶器,以及开启老年份葡萄酒时的 Ah-So 开瓶器。

(一)海马刀开瓶器

1. 先用干净的餐布或纸巾将酒瓶擦干净;

2. 打开海马刀的小刀,一手握住瓶身,另一只手持小刀,沿着瓶唇(瓶口的环状凸起部分)下沿顺时针划过半圈,再逆时针划过另外半圈,以完全切断瓶封,实际侍酒服务中,切割酒帽过程中请勿转动酒瓶;

3. 将刀尖垂直于割口向上划一刀,并挑起瓶帽;

4. 用餐布或纸巾将瓶口擦拭干净;

5. 以 45 度角将螺旋钻的尖端插入软木塞中心位置,逐渐旋转至其直立;

6. 按顺时针方向将螺旋钻缓缓拧进木塞,待到螺旋钻的外露部分剩下约一环时停止旋转;

7. 将最靠近刀头的一级卡位卡住瓶口,一手固定住卡位,另一手握住手柄缓缓地向上提起,直到木塞无法上移;

8. 将远离刀头的二级卡位卡住瓶口,重复第(7)个步骤;

9. 当软木塞即将完全拔出时,停止提拉手柄,然后用手握住木塞,轻轻晃动将其取出;

10. 一手握住软木塞,另一手逆时针旋转酒刀,直至软木塞脱离。

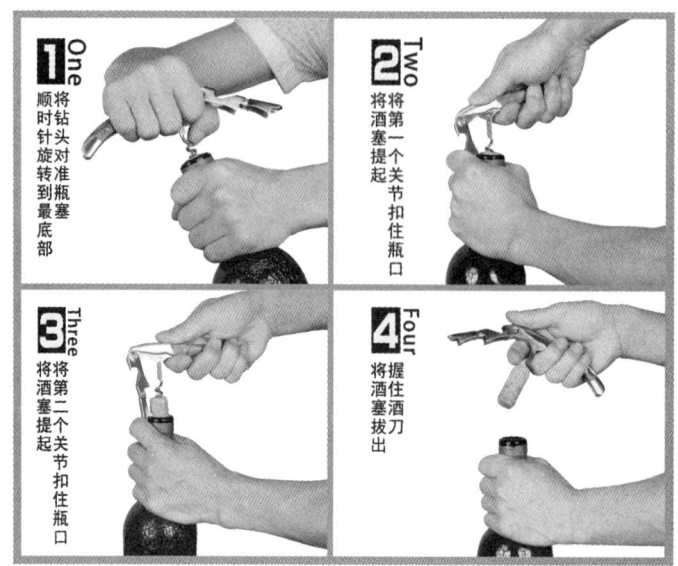

海马刀开瓶的简易步骤

(二) Ah-So 开瓶器

1. 将 Ah-So 开瓶器较长的铁片沿着酒塞和瓶口之间的缝隙缓缓插入一小段,再将较短的铁片插入另一侧缝隙;

2. 两侧轮流发力,让两个铁片都渐渐深入,直至夹住整个软木塞;

3. 握住手柄,逆时针缓缓旋转并向上发力,即可逐渐拔出木塞。

二、起泡酒的开瓶操作

香槟等起泡酒瓶内气压较大,可利用气压将木塞顶出,因此即使徒手也能够完成开瓶。除此之外,酷炫的"香槟刀开瓶法"也是不错的开瓶方式。

(一) 徒手开瓶法

1. 用餐布或毛巾擦干瓶身,一手握住瓶颈,另一只手除去锡箔瓶封;

2. 左手握住瓶颈,并用大拇指紧按软木塞,右手慢慢拧开金属丝罩的锁扣,其间左手大拇指需一直按住软木塞,以防止弹出;

3. 将瓶身倾斜 30°～45°,左手握住软木塞不动,右手握住瓶底并缓缓转动,这个过程中左手会感觉到软木塞逐渐被瓶内气压向外顶出,切记不要松手,控制好力度,让软木塞慢慢旋出瓶口;

4. 当感觉到软木塞快要脱离瓶口时,可用左手将其稍稍掰向一侧,听到"嗤"的一声后,再完全取出软木塞;

5. 用餐布将残留在瓶口的灰尘或木屑擦拭干净。

(二) 香槟刀开瓶法

1. 准备好香槟刀或面包刀等较长的刀具;

2. 除去锡箔瓶封；

3. 以 45 度角握住瓶身，把刀具水平放在瓶颈处的接缝线上，刀背对准瓶口的环状凸起；

4. 迅速发力，沿着接缝线将刀子削向酒瓶最脆弱的地方——瓶身接缝与瓶口凸起的交叉点，利用瞬间的爆发力将瓶口和酒塞一同削下。

起泡酒开瓶（图片来源：归普葡萄酒教育）

温馨提示：

1. 徒手开瓶过程中，不要将瓶口朝向自己或他人，以免软木塞喷出造成误伤。

2. 开瓶前切勿摇晃酒瓶，因为这样会增大瓶内气压，让软木塞更容易喷出。若酒瓶不慎经过晃动，可将其静止放置一段时间后再开瓶。

3. 香槟刀开瓶法具有一定危险性，若无专业人士指导请勿轻易尝试。

第三节　酒容酒器

饮酒就少不了酒容及酒器，而葡萄酒所涉及的酒容酒器更是颇为丰富，也成为葡萄酒文化中重要的组成部分。

一、橡木桶

据英格兰酿酒史记载，在十七世纪，英国的制酒商为抗拒政府征收的麦芽税，他们制作了一批大小不一的橡木桶，将所有的酒装入橡木桶后贮入山洞里。过了一年后，他们将酒桶取出，他们发现酒的颜色变成金黄色，酒的味道异常香醇，并伴随着一种从未有过的芬芳气息。人们经过仔细研究才发现原来是橡木桶的奇特功效，因为橡木本身含"单宁酸",可快速催酒成熟,短时间内使酒变得更加香醇,更接近琥珀色。于是,橡木贮酒便产生了。由于橡木桶贮存过的葡萄酒的优雅品性日益得到消费者的认可和喜爱,橡木桶便越来越受到世界各地的酿酒师,尤其是葡萄酒新世界产酒国酿酒师的青睐。

储存在橡木桶的这段时间里,葡萄酒中悬浮的杂质会随着时间渐渐沉淀。紧接着就是酒窖里的员工会以一连串的作业程序将沉淀的酒渣和葡萄酒分离。光是这个步骤一年最起码就要进行四次。到了第二年,许多旧世界产酒国的酿酒师还会在每一个橡木桶里加入打散的蛋清再次加速酒渣的沉淀速度,以达到加快澄清酒液的效果。

不同的橡木桶会赋予葡萄酒不一样的香气,因为橡木桶的类型不同,烘焙程度的不同都能造就完全不一样的葡萄酒。酿酒师选择合适的橡木桶标准主要包括三个方面。

第一,确定橡木的种类:世界上橡木的种类有很多,约为250种。由于结构和成分的不同,每一种橡木赋予葡萄酒的风味是不一样的。综合世界各地的成功经验,对于葡萄酒行业来说,最为常用、最为流行的树种主要有3个,即产于法国、奥地利、捷克、斯洛文尼亚、波兰等欧洲国家的卢浮橡和夏橡以及主产于美国的美洲白栎。

第二,确定桶型:桶型有波尔多型、勃艮第型、雪莉型等,容量则有30升、100升、225升、228升、300升、500升,甚至几千升不等。选择橡木桶型号时主要考虑两个因素:一是操作的方便性;二是内比表面积。多数情况下,人们通常选用225升波尔多型的橡木捅,这种橡木桶不仅有合适的表面积容积比,而且移动、操作和清洗等都很方便。

第三,焙烤程度:不同的橡木桶可提取的有效成分是不一样的,这主要取决于橡木桶制作工艺中"培烤"的工艺。如果焙烤程度不同,即使橡木种类、型号一致,贮存出来的同种葡萄酒的风味也会有较大差异。

二、软木塞

软木塞一般是由3.5~5 cm长的一整块树皮生产出来的圆柱形塞子,软木塞之所以能够被应用和普及,主要原因来自其柔韧性和透气性。软木塞有着很多细微的气孔,这样的结构很适合极微量的空气的进出,而这些空气的对流又对于葡萄酒的成熟有着很重要的作用,所以大部分旧世界的葡萄酒都是用软木塞,特别是那些需要在瓶中陈年较长时间的葡萄酒。

主流软木塞一般都是以天然软木经过加工制作而成,主要来自欧洲葡萄牙和西班牙的栓皮栎树皮,这两个国家提供了世界上绝大部分的软木塞。一般用来制造软木塞的栓皮栎的树龄可以达到200年左右,在栓皮栎达到25岁的时候就可以对它的树皮进行第一次采收,此后每 9 年就可以采收 1 次树皮用来制造软木塞。值得一提的是,由于最初 2 次采收的树皮质量相对较差,不能满足制作软木塞的要求,一般会被用于制作一些附属产品,例如鞋子、饰品、家居用品等。

三、常见开瓶器

随着软木塞的广泛应用,各式开瓶器也逐渐被大家所接受,目前常见的开瓶主要有以下几类:

螺旋开瓶器	螺旋开瓶器是国内常用的一种开瓶器,多为塑料材质,结构简单。开启酒塞时,只需把螺丝锥旋入木塞,然后旋动把手将木塞抽出来。这种开瓶器使用简单,价格便宜,但比较费力。	
海马刀	海马刀是目前应用最广泛的开瓶器,因为体积较小,便于携带,是侍酒师们随身携带的开瓶器,因此也有"侍者之友"的称号。前端小刀便于切割锡纸帽,再将螺旋钻尖端旋入软木塞中心,一般分两段提起酒塞,也有些款式采用一段式。	
蝶形开瓶器	蝶形开瓶器在国内早先较流行,使用简单且省力,利用杠杆原理开启酒塞。只需将螺丝锥旋入木塞,扳动两侧把手即可。但缺点是没有切割锡纸的小刀,且不便于携带。	
老酒开瓶器	老酒开瓶器又称为 Ah-So(片状酒夹)开瓶器,通常用于开启老年份或保存状态不佳的酒塞。主要由 2 个一长一短的铁片组成,将铁片沿着酒塞和瓶子缝隙缓缓插入,夹住整个软木塞后,轻旋转动并缓慢向上拔出酒塞。	
香槟刀	香槟刀是专门用来开启起泡酒的工具,拿掉酒帽后,左手紧握瓶底,右手持香槟刀,用刀背沿瓶身接缝处加速划至接缝与瓶口突起相交处,此时速度和力量足够的话,香槟瓶颈处就会断裂并带着酒塞冲出去。需要注意的是,在开瓶时,瓶口要 45 度角朝上,不要对着人。	

(续表)

波特钳	陈年波特酒的酒塞因年久腐朽，且波特酒含有一定糖分，木塞容易黏结在酒瓶上，所以一般的开瓶器拔塞容易污染酒液。波特钳主要利用玻璃热胀冷缩的原理直接在酒瓶的瓶颈木塞下部"砍脖子"。通常波特钳的温度足够高，瓶颈断裂的过程都会比较迅速，通常不必担心会有碎玻璃掉入酒里。	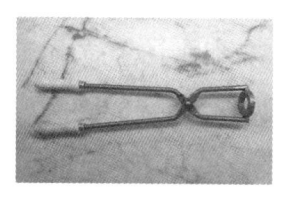

四、酒瓶

直到17世纪，葡萄酒还是存放在木桶或陶罐里，把酒装在玻璃瓶这种容器里的办法既方便存储又方便运输，这是其流行的重要原因。陈储、运输过程中，为了使酒能水平放置，瓶子逐渐由开始的圆肚形演化成了今天的细长瓶型。

大部分葡萄酒产区使用各具特色的瓶型，这与其所盛装的各种不同的酒的熟化条件不无关系，例如：需存放的时间长短和沉淀的多少等，由于无色的瓶子不能保护酒不受到光线的侵害，因此它的使用率比有色的瓶子要低，葡萄酒瓶通常为深绿色或棕色，为的是要使葡萄酒免受日光照射，棕色酒瓶比绿色酒瓶更具保护力。

1. 波尔多瓶

波尔多瓶直身高肩，这种酒瓶也常被新世界产酒国酒商采用，用来盛装波尔多混酿风格的葡萄酒，意大利葡萄酒如基安帝葡萄酒（Chianti）也常用波尔多瓶盛装。

2. 勃艮第瓶

勃艮第瓶斜肩，瓶身较圆，瓶体厚重结实，用来盛装一些酒体醇厚、香味浓郁的葡萄酒。通常，新世界产酒国的霞多丽和黑皮诺葡萄酒都采用勃艮第瓶来盛装；意大利的巴罗洛等较为浓郁的葡萄酒也大多使用勃艮第瓶，还有卢瓦尔河谷和朗格多克等产区的葡萄酒也常用勃艮第瓶。

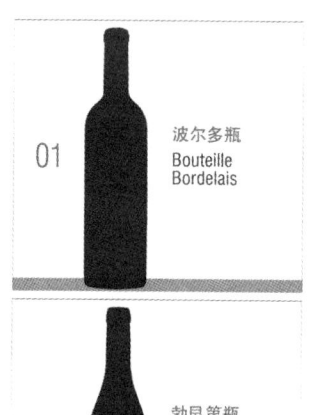

01 波尔多瓶 Bouteille Bordelais

02 勃艮第瓶 Bouteille Bourguignonne

3. 阿尔萨斯瓶

地处法国北部的阿尔萨斯靠近德国，虽然瓶子高，但它的容量和标准瓶一样都是750ml，因此瓶子直径较小，有点像棒球棍，当地人还把这种瓶子称作"长笛"。除了阿尔萨斯地区，在德国的莱茵—莫赛尔地区也会类似形状的瓶子。德国冰酒的瓶子也和它相似，但直径更小一些。看到这样瘦长型的瓶子，就可以知道他们来自北方的寒冷地区。

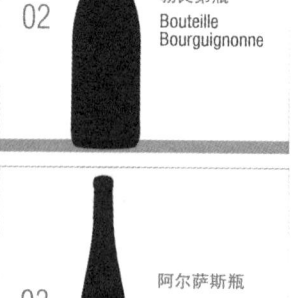

03 阿尔萨斯瓶 Bouteille Alsacienne

4. 香槟瓶

香槟或气泡酒的瓶子也是辨识度很高的葡萄酒瓶型之一，因为他们都戴着厚重的防护头盔(蘑菇塞)。为了承受巨大的瓶内压,香槟瓶瓶身较重,玻璃也较厚,同时设计比勃艮第瓶更平滑、线条更流畅。对于香槟瓶来说,瓶口木塞处是整个瓶子最脆弱的地方,所以瓶子较容易发生"断头"事故,但也正因为这样,我们才可以用香槟刀帅气地开瓶。

五、醒酒器

对于陈年葡萄酒、有些许还原香气的葡萄酒、酒体结构不均衡的葡萄酒来说,由于单宁(多酚)和色素及其他酒液组分会在漫长的陈年岁月形成沉淀物,倒在杯中既不美观,又会使客人产生疑问。所以开瓶之后,对于上述葡萄酒一般建议进行适当醒酒,以柔化酒体、释放香气、消散还原味等。

具体操作为把酒平稳而缓慢地注入醒酒器,把沉淀物留在瓶底,这个过程即醒酒,俗称"换瓶"。醒酒器,亦作醒酒瓶或醒酒壶,作用是让酒与空气接触,让酒的香气充分发挥,并让酒里的沉淀物隔开。

六、酒杯

专业葡萄酒杯的功能主要是留住酒的香气,让酒能在杯内转动并与空气充分结合,展现其更多的层次性与丰富度。葡萄酒杯大致可以分为三种:红葡萄酒杯、白葡萄酒杯和香槟杯。

1. 波尔多杯

波尔多杯一般来说拥有最大的杯肚,最长的杯身。波尔多杯的设计主要迎合波尔多葡萄酒扎实的个性,提供相

对多的氧气与酒液进行接触,因此有巨大的空间方便晃动酒液。杯壁较直,杯口较大,让更多氧气进来。

2. 香槟杯

细长的香槟杯又被叫作"笛型杯",它的设计是为了展现从杯底不停释放、浮起的持续性气泡。

3. 白葡萄酒杯

白葡萄酒杯较长的杯壁方便晃动酒体释放香气,较小的杯口方便锁住香气,较小的杯身不让太多氧气进来,以防过度氧化,避免酒体本不太强壮的白葡萄酒在杯中一段时间后垮掉。

4. 勃艮第杯

它的特点是杯口较小,因此整个杯身弧度更大,呈现一个"收紧"的感觉。这样设计是为了锁住杯内酒液的香气,不让细致的香气跑掉。

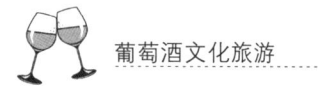

5. INAO 杯

INAO 杯,即法国国家原产地命名机构设计的杯子,这款杯也被称为"标准杯",适用于所有类型葡萄酒的品评。所以这款杯子最常出现在葡萄酒展会或者是专门组织的葡萄酒品鉴会中,用于在短时间内对不同款的酒在统一标准条件下做出判断。它杯壁很长,方便晃酒,同时杯口小,便于收紧香气。

第四节 餐酒搭配

美酒美食天生就是一对,在生活中,人们总免不了会为美酒和美食考虑各种理想的安排和配对。常见的餐酒搭配认知是"红酒配红肉,白酒配白肉",这是正确的大方向,容易理解也方便记忆。但当你想要进行更为精准的餐酒搭配,例如为一款酒体饱满、单宁细腻、果香充盈的红葡萄酒挑选最佳的餐品,或是为一桌麻辣风味的菜肴选择适宜的葡萄酒,通用法则可能就不够用了。因此,我们应该掌握更多餐酒搭配的基础原理,以探寻不同风味的食物遇上风格各异的葡萄酒,所能产生的更多因人而异的美妙搭配。

一、放开心态,大胆尝试

关于餐酒搭配原理的文章,绝大多数都只是指导建议而不是规定。因此,如果你有喜欢的不同搭配,尽可大胆去尝试。这些关于搭配食物和葡萄酒的指导建议主要是为了启发你对约定俗成的搭配及其背后原理的理解。

一个基本的指导原则是使食物和酒的特征"相互一致"和"相互补充",或"相互对比"。例如:辛辣的食物与甜酒,属于相互对比原则,因为很多清爽明快、果味甜美的甜酒都是中和辣味的不错选择。

二、什么影响了葡萄酒与食物匹配度?

餐酒搭配对于寻求葡萄酒风味(香气、酸、酒精、甜味和单宁)与食物风味(配料、烹饪方式和由此产生的味道)的平衡很重要。不仅是风味,还需要考虑到葡萄酒和食物的质地、重量、结构和香气。

食物的烹饪方式也会影响葡萄酒的搭配度,食物的特性会因其烹饪方式不同而呈现差异,因此食品的味道、质地、重量和成分都需要单独考虑。

通常说同性相吸(食物与葡萄酒风味类似可以互相搭配),但反之也有同样的效果(风味差异也可搭配)。其中的重点在于食物和葡萄酒相互补充,从而你的注意力从葡萄酒转移到食物再回到葡萄酒本身,如此不会使两者任何一种的精华丢失。

此外,如果菜品的味道太复杂,就会严重盖过葡萄酒的风味。因此,遇到味道特别复杂的菜品,建议你先不要尝试搭配珍贵的葡萄酒,先试试看更便宜、更大众的葡萄酒,以防搭配结果让人不悦甚至更糟。

三、不同菜品风味都配什么酒？

咸味：最容易识别且在嘴里逗留时间长，咸味会突显甜味，掩盖单宁涩味并增加苦味。因此，甜酒或果味充沛的红葡萄酒适合搭配咸味食物。

酸味：酸度也是一种会在嘴里逗留的味道，它可以掩盖单宁的涩味和苦味，使葡萄酒尝起来更甜。酸度较高的葡萄酒应搭配酸度较低的菜肴，以防止葡萄酒变得乏味。

苦味：苦味会增加单宁涩感，适合搭配白葡萄酒或单宁较低的红葡萄酒来舒缓口中的苦涩。

甜味：会增强葡萄酒中的苦味和酸味，因此甜酒搭配甜品的时候，甜品的甜度不能高于甜酒，不然甜酒的风味会被食物盖过。

鲜味：鲜味会弱化葡萄酒甜味和果味，这让它使其比较难搭配葡萄酒。

四、常见美食搭配什么葡萄酒？

牛肉和羊肉：一般选择红葡萄酒搭配牛肉和羊肉；通常情况下，牛羊肉根据烹调方法的不同，酱汁、风味浓郁的牛羊肉搭配酒体饱满的西拉、赤霞珠或赤霞珠西拉混酿就很好。其他适合的葡萄酒包括巴贝拉、桑娇维塞、赤霞珠、美乐、西拉、黑皮诺和仙粉黛。

鸡肉：通常选用白葡萄酒搭配不同烹调方法的鸡肉。对于烧烤、烘烤的鸡肉，可以尝试选用口感圆润、果香浓郁的霞多丽；对于使用浓酱调味的鸡肉，可以尝试果香型西拉或中等酒体的赤霞珠。

鱼类和海鲜：一般推荐选择白葡萄酒。这些葡萄酒包括霞多丽、雷司令、长相思、灰皮诺和琼瑶浆等；经过烧烤的鱼肉与霞多丽或陈年的赛美蓉搭配更相得益彰，而黑皮诺则常搭配丰盛的炖鱼。对于片状鱼类，干型雷司令或霞多丽是不错的选择。

五、烹饪方式不同，配酒就会不同

在基本搭配原理的基础上，很容易得出"白葡萄酒配白肉、红葡萄酒配红肉"的结论，但具体是哪种葡萄酒呢？其实与食物搭配的葡萄酒选择在很大程度上还取决于食物的制作方式。以鸡肉配白葡萄酒为例：

如果将鸡肉煮熟，使其简单而细腻，那么简单的葡萄酒，如年轻的赛美蓉就会很好。

而烤制时，脂肪会使鸡肉香味更浓郁，因此需要更浓郁的葡萄酒，像是陈年的赛美蓉。

如果烧烤，鸡肉会带烟熏味，因此可以搭配橡木桶陈酿的葡萄酒，例如过桶的霞多丽。

当鸡肉用奶油烹制时，它的味道会变得非常丰富，较重的霞多丽搭配更佳。

当鸡肉被制成一个深色菜肴，如加入酱油，则可以搭配颜色淡、酒体轻盈的红葡萄酒，如黑皮诺。

如果是经过红葡萄酒腌料腌制的鸡肉，搭配干型红葡萄酒也是合理的。

菜品的烹调方式深刻地影响着葡萄酒的搭配选择，反之，葡萄酒的酒体饱满度也会影响食物的搭配。一般而言，酒体饱满、香气层次丰富的葡萄酒较多搭配口味浓郁、煎、烤、炒烹调手法为主的菜品,酒体轻盈、果香为主的葡萄酒一般搭配蒸、炖、煮烹饪手法为主的菜品,较多追求鲜度、食材本味。

第五节　侍酒礼仪

一、侍酒顺序

1. 实际的葡萄酒侍酒服务环节,结合酒种整体的风格、特色,建议以下顺序进行侍酒服务。

先起泡酒后静止酒:起泡酒的风格相较于静止酒更加清新爽口,酒体轻盈,多用于餐前开胃,因此需要最先饮用。饮用起泡酒时,也应考虑先干后甜、先白后红的顺序。

先白后红:白葡萄酒相较于红葡萄酒单宁含量非常少,风格清新易饮,酒体轻盈,适合提前饮用,以避免本身的风格被红葡萄酒浓郁的特点所遮掩。

先干后甜:如果先饮用甜型酒,后饮用干型酒,干型酒会被衬托得非常酸。对于红葡萄酒,先甜后干会导致口中的单宁(多酚)的涩口感被加倍放大,不利于红葡萄酒的客观品鉴。

先年轻后成熟:年轻葡萄酒风格较为简单,香气等成分还未完全熟化;成熟葡萄酒因入桶陈酿、瓶储陈年等因素,香气层次更多样、酒体结构更均衡。因此先年轻后成熟的顺序可以确保年轻葡萄酒的风格和潜力被更多地察觉。

最后加强酒:加强酒的酒精度较高,风味比较浓郁,复杂度较高,因此适合放在最后饮用。

侍酒
(图片来源:归普葡萄酒教育)

二、侍酒温度

酒水服务需要在特定的温度范围内进行,不同的温度对于同一个酒款的表现会产生较大的影响差异。

实际的侍酒服务中,对于酒款的温度控制建议在以下范围内:

红葡萄酒:轻盈酒体的红葡萄酒 10～13 ℃
　　　　　浓郁饱满酒体的红葡萄酒 15～18 ℃
白葡萄酒:轻盈酒体的白葡萄酒 7～10 ℃
　　　　　浓郁饱满酒体的白葡萄酒 10～13 ℃
　　　　　甜白葡萄酒 6～8 ℃

桃红葡萄酒：7～10 ℃

起泡葡萄酒：6～8 ℃

三、得体的葡萄酒礼仪将让你成为晚宴之王

1. 女士优先

在给女士斟酒时，先从年长的女士开始，后到年轻女士。在给男士斟酒时，先从长者开始，然后再是年轻后辈。在为嘉宾斟酒时，先给主人斟酒，后按顺时针方向依次斟酒。

2. 再添杯时征询客人意见

如果看到同桌的客人酒杯空了，不要马上起身斟酒，而应该礼貌地询问客人是否需要添杯，得到确定的回应后，再根据需要添酒。

3. 最后一杯准则

如果餐桌上只剩下一杯酒，餐桌上有重要的客人或长辈时，应优先询问他们是否有饮酒需求。如果餐桌上都是同事或同龄人，而你又很想喝这款酒，可以礼貌的询问："谁愿意与我分享最后一杯酒呢？"一些懂得社交礼仪的客人自然会让你独自享用的。

四、葡萄酒的开瓶及醒酒

侍酒服务的实际操作环节中，一般建议开酒步骤在服务台（车）上完成，而不是在客人用餐的餐桌上。

1. 开多少瓶？

对于主人而言，在整场晚宴中，一般按照一位客人饮用一瓶葡萄酒的数量进行准备。然而，实际操作并没有这么简单，主人需要兼顾酒款放置在每个客人都能看见、够得着的地方，考虑以上情况，就可以算算需要准备多少瓶葡萄酒了。

2. 醒酒：唤醒沉睡的"美人"

尘封于酒窖的葡萄酒犹如一位"睡美人"，而醒酒就是把这位"睡美人"唤醒，让她焕发青春活力。醒酒通常是为了将葡萄酒与其因陈年在瓶底形成的易碎、带苦味的沉淀物分离开来，同时，醒酒还可以让葡萄酒与空气接触，葡萄酒"呼吸"后，单宁充分氧化，表面的杂味和异味挥发散去，葡萄酒本身的花香、果香逐渐散发出来，口感变得更加复杂、醇厚和柔顺。

一般而言，结构感较轻的葡萄酒、果香型葡萄酒、大多数甜型酒、部分老酒醒酒时间较短或不用醒酒，结构感较重、陈酿型葡萄酒、有部分还原味的葡萄酒需要醒酒时间较长，具体醒酒时间根据具体酒款判断，短则几分钟，长则数小时。

五、八大菜系与葡萄酒的搭配

关于八大菜系的提法，最早的文献记录是 1980 年 6 月 20 日，汪绍铨先生发表在《人民日报》的《我国的八大菜系》，即鲁菜、川菜、粤菜、苏菜、闽菜、浙菜、湘菜和徽菜。

鲁菜，源于山东，分为济南菜和胶东菜两大派，以及风格独特的孔府菜。鲁菜历史悠

久、底蕴深厚,对中国北方其他菜系影响巨大,明清时期大量山东厨师和菜品进入宫廷,使鲁菜华贵大气,称为宫廷菜的主流。济南菜的特点是选料考究,技艺精湛,烹饪费时,代表菜式有汤爆双脆、糖醋鲤鱼、济南烤鸭、九转大肠、干烂虾仁等;胶东菜以烹制海鲜见长,清鲜脆嫩、原汤原味,代表菜式有葱烧海参、油爆海螺、清蒸加吉鱼、扒原壳鲍鱼、糟溜鱼片、浮油鸡片等;孔府菜典雅华贵,以精细见称,制作极为考究,名馔珍馐齐备,品类丰盛完美,代表菜式有烤花篮桂鱼、烤鸭、烤乳猪、一品豆腐、寿字鸭羹等。

整体而言,鲁菜味相对多咸多油,建议搭配酸度较高的红白葡萄酒,如雷司令、赤霞珠等葡萄品种,以及部分博若莱新酒。

餐酒搭配—鲁菜(图片来源:归普葡萄酒教育)

川菜,源于四川,以麻、辣、鲜、香为特色,一菜一格、百菜百味,主要包括上河帮、下河帮和小河帮三大菜系。上河帮又称成都菜,传统菜品用料精细,味道温和,著名菜品有麻婆豆腐、回锅肉、盐煎肉、宫保鸡丁、烧白、粉蒸肉、夫妻肺片、蚂蚁上树、蒜泥白肉、鱼香肉丝等;下河帮以重庆菜式为主,大方粗犷,花样翻新迅速,用料大胆、俗称江湖菜,代表菜品有酸菜鱼、毛血旺、口水鸡、辣子鸡、辣子肥肠、泉水鸡、烧鸡公、泡椒鸡杂、泡椒鱿鱼、香辣虾、香辣蟹等;小河帮又称盐帮菜或自贡菜,以精致、奢华、怪异、麻辣、鲜香、鲜嫩味浓为特色,代表菜品有冷吃兔、锤子牛肉、冷吃牛肉、火边子牛肉、水煮牛肉、火爆黄喉等。

川菜的口味可总结为麻、辣、鲜、香,建议搭配甜型、半甜型且果味丰沛白葡萄酒、桃红葡萄酒,帮助减少麻辣和灼热感对口腔的刺激,冰镇的起泡酒也可以有效地减少麻辣对口腔的冲击感。

粤菜,亦称广东菜,主要由广府菜、潮州菜与东江菜三种风味组成,起步较晚却影响深远,尤其国外的中餐基本上都是粤菜,堪称是海外中国的代表菜系;广府菜最大的特点为款式多、味道鲜,著名菜肴有五蛇羹、烤乳猪、龙虎凤、冬瓜盅、老火汤等;潮州菜的特点是善烹海鲜,重汤轻油,清淡为主,著名菜肴有卤猪头肉、卤水鹅、红焖鲍鱼、红焖海参、鱼饭、芋泥和潮州打冷等;东江菜以炒炸焗焖见长,下油重,口味咸,酱料简单,著名菜肴有盐焗鸡、客家酿豆腐、东坡梅菜扣肉、西湖醋鱼、八宝窝全鸭和东江酿三宝等。

粤菜的特色多以清、鲜、爽、嫩、滑见长,建议搭配半干型的白葡萄酒搭配海鲜和冷蔬前菜,干型桃红或者轻酒体的果香型干红搭配红肉、烧味等主菜。

苏菜即江苏菜,共有四大菜系:淮扬菜,来自扬州、淮安和镇江,讲究选料和刀工,口味清淡,擅长制汤;金陵菜,来自南京,善用蔬菜,制作精细,口味平和;苏南菜,来于苏州、无锡和常州,常用酒糟调味,擅长各类水产,口味偏甜;徐宿菜,来自徐州和宿迁,口味较重,比较咸辣,擅长各种烹调肉类。苏菜代表菜品有将军过桥、狮子头、扒烧整猪头、镇江肴蹄、盐水鸭、松鼠鳜鱼、肺汤、叫花鸡、清汤火方和霸王别姬等。

苏菜口味清鲜、咸甜为主,注重食材本味,建议搭配果香型、中等酒体的白葡萄酒和酸度适宜的起泡酒即可,以酸配酸、甜配咸的原则为优先,尽量突出食材本味。

餐酒搭配—苏菜(图片来源:归普葡萄酒教育)

闽菜即福建菜,根据地域分为福州菜、闽西菜和闽南菜,食材以海鲜为主,福州菜偏于酸甜,汤鲜味美,丰富多变,善于用红糟作配料,既防变质又去腥,著名菜肴有佛跳墙、淡糟香螺片、白炒鲜竹蛏、海蛎豆腐汤、鼎边糊、扁肉燕、七星鱼丸、炖罐线面等;闽南菜善用甜香,讲究佐料,尤其使用酱料沾食之菜色较多,著名菜肴有东壁龙珠、红烧通心鳗、沙茶鸭、沙茶面等;闽西菜稍偏咸辣,具有浓厚山区的风味,代表菜品有白斩河田鸡、龙岩涮九品、姜鸡、爆炒地猴、糖什锦、什锦案叠、珍珠丸、毛栗糕等。

闽菜的风格以清鲜醇厚、荤而不腻为特点,建议搭配口感圆润的干型、半干型白葡萄酒和富果味的桃红葡萄酒,避免搭配口感厚重的葡萄酒。

浙菜源于中国浙江,由杭帮菜、宁波菜、绍兴菜、瓯菜(即温州菜)组成;杭州菜以爆、炒、烩、炸等烹调技法见长,清鲜爽脆、淡雅精致,代表菜肴有龙井虾仁、西湖醋鱼、宋嫂鱼羹、东坡肉、生爆鳝片、西湖莼菜汤、薄片火腿、八宝豆腐、叫化童鸡、荷叶粉蒸肉等;宁波菜擅长烹制海鲜,口味鲜咸合一,鲜嫩软滑,注重保持原味,代表菜肴有雪菜大汤黄鱼、苔菜拖黄鱼、目鱼大烤、冰糖甲鱼、锅烧鳗、溜黄青蟹、三丝拌蛏、宁波烧鹅等;绍兴菜香酥绵糯、原汤原汁,轻油忌辣,香味浓烈,代表菜肴有糟溜虾仁、干菜焖肉、绍虾球、头肚醋鱼、鉴湖鱼味、清蒸桂鱼等;温州菜又称"瓯菜",以海鲜闻名,口味清鲜,淡而不薄,代表菜肴有爆墨

鱼花、锦绣鱼丝、马铃黄鱼、双味梭子蟹、纲油黄鱼、炸溜黄鱼、蒜子鱼皮等。

浙菜烹调手法多样，菜品特色以细、嫩、鲜居多，建议搭配甜型和半干型的葡萄酒。芬芳型的白葡萄酒搭配海鲜类的菜品，果香型的干型、半干型葡萄酒搭配口味适中的荤菜。

湘菜即湖南菜，辣味丰富适当、制作严谨、突出菜肴本味，按地域可分为湘江菜、湘西菜和洞庭菜。湘江菜特色是油重色浓，讲求实惠，注重鲜香、酸辣、软嫩，尤以煨菜和腊菜著称，著名的菜式有组庵菜；洞庭菜以烹制河鲜和家禽家畜见长，量大油厚，咸辣香软，以炖菜、烧菜出名；湘西菜擅长制作山珍野味、烟熏腊肉和各种腌肉、风鸡，口味侧重于咸香酸辣，有浓厚的山乡风味；湘菜代表菜肴有红煨鱼翅、冰糖湘莲东安子鸡、腊味合蒸、冰糖湘莲、红椒腊牛肉、发丝牛百叶、火宫殿臭豆腐、吉首酸肉、换心蛋、酱汁肘子、麻辣子鸡、荷叶软蒸鱼、油辣冬笋尖、湘西酸肉、红烧全狗、菊花鱿鱼等。

湘菜种类多样，以香辣为主，建议搭配果香浓郁的半干、半甜型葡萄酒，以平衡菜肴中的辣味，酸突出的菜肴选择搭配香气浓郁、口感清爽的干白葡萄酒。

徽菜起源于徽州，曾因徽州商人遍布天下而流行全国，特点是就地取材，以保证食材的新鲜度，善用火候，根据不同材料分别采用大火、中火、小火烹调，娴于烧炖，浓淡相宜，重油重色，讲究食补，有代表性的菜肴有：火腿炖甲鱼、黄山炖鸽、清蒸石鸡、腌鲜鳜鱼、香菇盒、问政山笋、双爆串飞、虎皮毛豆腐、香菇板栗、杨梅丸子、凤炖牡丹、双脆锅巴、徽州圆子、蛏干烧肉、清蒸鹰龟、青螺炖鸭、方腊鱼、一品锅、中和汤等。

徽菜以鲜制胜，河鲜菜品较多。建议肉类搭配酒体中等、果味突出的红葡萄酒为主，河鲜与豆腐类的菜品可选择香气馥郁、酒体柔顺的白葡萄酒。

本章总结

本章着重介绍了常见酒容、酒器的基础特性与使用方法，并结合侍酒服务流程进行了简要描述，本章内容理论性较强，需要多次实操练习进行落实。此外，餐酒搭配作为实践的重要环节，要求学生一定要紧抓原则、打开逻辑思路进行合理搭配练习。

思考与讨论

1. 试讨论，中餐侍酒服务与西餐侍酒服务有何不同。
2. 尝试将你的家乡特色菜与葡萄酒进行融合，给出融合依据及融合后的特点。

第四模块
葡萄酒文化旅游管理实务

> 葡萄酒能点亮心灵深处的秘密,给我们带来希望,击退怯懦,驱走枯燥,也教会我们如何来达成所愿。
> ——贺拉斯(罗马帝国时期著名诗人、批判家)

> 酒带来的欢乐是短暂的,如同一出芭蕾舞或音乐会一样;但酒能鼓舞人生,并给予生活莫大的欢乐。
> ——拿破仑

> 优雅不是骨子里带来的,而是经过各种成长的程序慢慢积累的;葡萄酒的优雅是经过骄阳暴晒和秋雨洗涤,剪刀修除和除草剂熏染,脱皮榨汁和橡木桶陈酿等程序而来的。
> ——唐荣尧

第十章 葡萄酒文化旅游的规划管理

学习目标

◆ 知识目标:阐释葡萄酒文化旅游规划的相关概念与特点;辨识葡萄酒文化旅游规划的类别与规划热点。

◆ 能力目标:提升葡萄酒文化旅游规划的分析力、决策力、执行力及综合管理能力。

案例导读

巴罗萨的"悉尼歌剧院"

沙普酒庄(Seppeltsfield Winery)是澳大利亚巴罗萨谷(Barossa Valley)历史最悠久、最具代表性的酒庄之一。该酒庄计划在2022年斥资5000万澳元(约2.2亿人民币)打造一座六星级酒店和日间水疗中心,这家酒店被形容为"巴罗萨的悉尼歌剧院"。

酒店以酿酒师及栽培专家奥斯卡·本诺·塞佩特(OscarBenno Seppelt, 1873—1963)的名字命名,他也是酒庄创始人家族成员之一。这座奥斯卡沙普酒店(Oscar Seppeltsfield Hotel)将被建造在酒庄的Great Terraced葡萄园里,周围环绕着百年老藤。该酒店由Intro Architecture设计,据说灵感来源于酒庄的历史和百年酒窖中的葡萄酒桶。

据一份声明表示,该项目将为当地创造363个建筑工作岗位和350个对外工作岗位,并预计产生每年1900万澳元或是前五年8600万澳元的直接旅游收入。根据酒庄预计,在最初的五年里,将有147 166人前来参观。酒店将有12层共70个房间,每个房间都有私人阳台,还将设有一个空中酒吧,可360度俯瞰周围的景色。一楼设有日间SPA中心,包括休息区和无边泳池,并配有私人餐区的餐厅和会议室。沙普酒庄的拥有者兼执行主席沃伦·兰德尔(Warren Randall)提道:"奥斯卡沙普酒店将完成我们旅游总体规划的宏伟愿景,使之成为全世界游客最向往的旅游胜地。2019年沙普酒庄被评为世界前50名葡萄园之一,(我相信)这座豪华酒店的增加将使沙普酒庄的葡萄园成为世界前五大葡萄园之一,进而提升澳大利亚的国际葡萄酒声誉。"

第一节 葡萄酒文化旅游规划概述

一、葡萄酒文化旅游规划定义

定义"葡萄酒文化旅游规划",需要首先了解"旅游规划"的相关概念。但是至今,旅游规划的定义仍然没有统一的界定。国际上关于旅游规划的定义有:"预测与调节系统内的变化,以促进有序的开发,从而扩大开发过程的社会经济与环境效益(Murphy,1985)";以及 Getz(1985)提出旅游规划是"在调查、评价的基础上,寻求旅游业对人类福利和环境质量的最优贡献的过程"。

中国学者对旅游规划的定义更加具体,如吴必虎在《区域旅游规划原理》(2001)中提出"旅游规划是对未来某个地区旅游业的发展方向、产品开发、宣传促销及环保等一系列重要事项的总体安排。它对该地区旅游业的发展具有宏观指导和动态调控作用"。马勇在《旅游规划与开发》(2018)中定义旅游规划为:"在系统发展现状调查评价的基础上,结合社会、经济和文化的发展趋势及旅游系统的发展规律,以优化总体布局、完善功能结构以及推进旅游系统与社会和谐发展为目的的战略设计和实施的动态过程。"

综上,本教材中将葡萄酒文化旅游规划定义为:在葡萄酒文化旅游资源调查评价的基础上,针对资源的属性、特色和葡萄酒旅游地的发展规律,根据社会、经济和文化发展趋势,对葡萄酒文化旅游资源进行总体布局、项目技术与方案设计。通过以上适当的方式把葡萄酒文化旅游资源改造成旅游吸引物(即旅游产品),并最终使葡萄酒旅游活动得以实现的技术经济活动过程。

二、旅游规划的理论基础

目前,葡萄酒文化旅游规划尚无系统性的、规范的理论基础,因此在实践中,对于葡萄酒文化旅游规划的理论基础通常也是依据普适性的旅游规划理论基础为参照,进行规划应用。主要参照的理论有:区位理论、可持续发展理论、人类学理论及旅游系统理论。

(一)区位理论

区位理论是地理学中的重要理论,经过在实践中的不断丰富和发展,区位理论已成为经济地理学的一种普遍应用的原理和方法。区位理论在旅游规划中被广泛应用,具体包括以下几点。

1. 旅游中心地的界定

旅游中心地就是旅游中心吸引物所在的场所。通常,旅游中心地必定拥有中心吸引物,并以此吸引多数客源市场。

2. 旅游中心地的市场范围

旅游中心地的市场范围是以旅游中心地为中心的客源市场分布区域。中心地所能吸引的市场有上限和下限之分。上限是由旅游地的旅游资源吸引力、旅游业社会容量、经济容量及生态环境容量共同决定,其值不能超过上述四个变量中的最小值。下限就是中心地所服务的最小市场范围。门槛值为旅游地提供旅游产品和服务所必须达到的最低需求量。

3. 旅游中心地的等级

旅游中心地的等级取决于旅游吸引物的等级,通常旅游吸引物的等级越高,旅游中心地的等级也越高。高等级旅游中心地,通常具有较大市场范围提供旅游服务的中心吸引物,产品和服务档次高、功能多、品种全、质量好,服务范围也较大。

低等级旅游中心地,提供的旅游服务为较小范围的市场所消费的中心吸引物,数量较多,分布较为广泛,但是产品和服务相对单一,服务的范围也较小。

4. 旅游中心地的均衡布局模式

在规划中,一个地域范围内可能存在多个不同等级的旅游中心地,需要进行均衡布局,使得区域旅游在不同等级旅游中心地的带动下获得持续的发展。

(二) 可持续发展理论

可持续发展概念首次被明确提出是在1980年,世界自然保护同盟(IUCN)、野生动物基金协会(WWF)与联合国环境规划署(UNEP)共同发表了《世界自然保护纲要》,其中明确表述了可持续发展的概念。

挪威首相布伦兰特夫人提出:可持续发展是指既满足当代人的需求,又不对后代人满足其自身需求的能力产生威胁的发展。这里包含两个问题:一是可持续发展的目的还是要满足人的各种需求,这些需求是第一位的;二是可持续发展不能以破坏后代人满足自身需求为代价。

可持续发展要求遵循以下原则:

公平性原则——机会均等,即同代间、代际间及有限资源分配上的平等;

可持续性原则——人类社会的经济和社会发展要和环境的承载力相协调;

共同性原则——人类社会发展的目标是共同的,应实现公平性和持续性的发展;人类拥有共同的环境和资源,为了实现持续发展的目标必须采取全球共同的联合行动;

需求性原则——坚持公平性和长期可持续性原则,满足所有人的基本需求和向所有人提供实现美好生活愿望的机会。

可持续发展理论对旅游规划具有重要的指导意义。可持续发展理论已经在旅游研究领域形成规模。世界自然基金会(WWF)在其关于旅游政策主张的声明中指出,旅游发展应该与有效的保护一致,在当地自然承受力允许的范围之内进行,使自然资源再生同时也能维持未来的生产能力;尽可能减少旅游对生态的影响;要恰当地考虑东道区域内不同的文化与民族,确保当地人民能公平地分享旅游的经济受益。

(三) 人类学理论

人类学理论指从文化和美学的角度,研究旅游地居民、社会团体、旅游开发者与旅游者之间关系的科学(如图4-1与图4-2所示)。旅游人类学的研究对象包括旅游者、当地居民和旅游投资者等多种利益相关者。

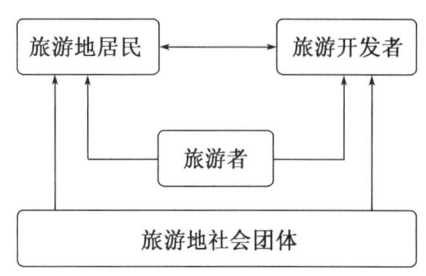

图4-1 旅游目标群体间的经济互动关系　　图4-2 旅游者与旅游地居民间的文化互动关系

旅游人类学对旅游规划发挥着重要的指导作用,其为旅游规划提供了一个以人为本的规划哲学,即旅游规划中不能仅仅局限于物质环境的规划设计,还应着重研究和解决三个问题:

➢ 人群的结构和特性:人群的结构一般有年龄结构、能力结构、知识结构和性格结构等。不同的群体结构具有不同的特性,在进行旅游规划时要根据不同的人群结构与特性,进行针对性规划。

➢ 人活动的类型:人的活动主要有两种基本形式:实践活动和认识活动。

➢ 人活动在什么样的场所,以什么为载体:环境是人类活动的具体场所和重要载体。

旅游规划者应充分考虑和协调旅游者、旅游当地居民、旅游投资人及旅游地各种利益相关者的关系,确保各种利益在受保护的前提下,均衡发展。

(四) 旅游系统理论

旅游系统的基本观点就是将旅游业作为一个整体或作为一个系统进行研究和思考,强调用连续、递增、弹性的方法来研究和控制目标,并增强旅游系统的反馈性和可控特性。

旅游系统结构为:

➢ 市场系统——客源市场、产品市场
➢ 出行系统——交通设施、旅行服务、信息促销
➢ 目的地系统——吸引物、设施、服务
➢ 支持系统——政策法规、环境保证、人力资源

三、葡萄酒文化旅游规划的特点

以上的理论基础为普适性的旅游规划理论,而在针对葡萄酒文化旅游规划实践时,既要以普适性原理为依据,同时又要结合葡萄酒文化旅游产业业态的特征。由此,葡萄酒文化旅游规划显现出:主题性、融合性、技术性及综合性四个特点。

(一) 主题性

葡萄酒文化旅游规划的主题确定而鲜明,通常以葡萄酒为主线、地域文化为辅线,在

不同的时间维度和空间维度中,挖掘一种或者几种可表达、可延伸的文化内涵,作为葡萄酒文化旅游规划的特有主题,并形成不同形态的旅游产品,面向旅游者展示和销售,通过弘扬特定的主题文化,彰显新时代的文化价值。

在《张骞葡萄文化产业园规划》中,将主题确定为"张骞及其所处时代"。张骞是丝路开拓者,并引进葡萄种植和葡萄酒酿造技术。通过搭接张骞及其所处的时代建功立业之历史隧道,以讲述中国葡萄起源为基点,寓意问鼎世界葡萄产业之巅峰,融合银川地域特色,构建中国与中亚、西亚等丝路沿线国家和地区葡萄酒文化交流合作的纽带,并借助一定的技术,全方位呈现出包括西汉的历史、文化、国家、文明、语言、文字、人物、作物、建筑、景观等一系列辉煌记忆。通过这一主题,弘扬民族自豪感,激发人们在继往开来中,创造出更大的辉煌。

(二) 融合性

葡萄的种植属于第一产业,葡萄酒的酿造属于第二产业,物流、文化、旅游等属于第三产业。不仅如此,在葡萄酒文化旅游规划中,还涉及很多相关产业,比如酒瓶生产、创意产业等,也分属于三次产业。因此,葡萄酒文化旅游规划和其他多产融合规划相似,要通过资源融合进而实现多产业融合,规划出的产品也要具有一定的融合性。比如"葡萄展藤节"的规划对生产者而言,"展藤"是播种的一部分,是将去年埋土的葡萄枝条从深埋一整个冬天的土层中出土,让葡萄开始新一年的生长,就是必要而简单的农业生产程序。但对旅游者而言,这样充满葡萄农耕文化的节庆代表着一年的开始,寄托着新一年的希望,也象征着一个轮回的再现。每一年的"展藤节"就是展现给人们,葡萄从种植开始,开花结果、采摘酿造,最后成为一瓶美味的葡萄酒,供消费者购买享用,也向旅游者推广了葡萄酒文化。因此,在葡萄酒文化旅游规划中,需要将一二三产完美融合,力争实现一产劳动的旅游商品化,也可以实现旅游商品的在地转化。

(三) 技术性

葡萄酒文化旅游规划和其他规划一样,技术性是基本功。相对于其他单一性质的规划而言,葡萄酒文化旅游规划,具有更高等级的复杂性。正如名称一样,这个规划有:葡萄酒、文化、旅游三个关键词。这三个关键词分别代表不同的规划要求。葡萄酒要求规划须遵循葡萄酒产业的专业性要求,满足农业、林业、制造业等全面性要求;文化,则是对葡萄酒文化和地域文化的双重体现,比如葡萄酒自身的文化是什么?产地的地域文化是什么?葡萄酒文化和产地地域文化的共同点在哪里?历史上形成了哪些结合点?如何在规划中放大这些结合点,找到合理的表达形式表达出来?这些问题的解答,都需要相当的技术性;旅游,则要求把葡萄酒、文化等要素以旅游产品的形态打造出来,能提供给旅游者进行有效消费。

(四) 综合性

由于葡萄酒文化旅游规划内容涉及一、二、三产业中众多产业的融合,因此各个业务部门对其要求也更为庞杂。无论是行业监管,还是业务指导,甚至是资源配置,都体现了较强的综合性。比如葡萄种植需要灌溉，涉及水利部门；酒庄建设需要建设用地，涉及自然资源部门；葡萄酒为饮品，涉及食药监部门；葡萄酒有出口业务，又涉及检验检疫部门；以及常规的农业农村部门、文旅部门、交通部门、环境部门、宣传部门、工信部门、市场监管部门，都需要在规划中将各方面、各部门的要求进行合理有效满足。必要时，可以通过做专项规划的方式来满足高等级、深入性的要求。总而言之，葡萄酒文化旅游规划涉及多目标、多因素、多层次、多部门，所以具有较强的综合性，并要求在具体规划时注重以上多因素之间的关联和衔接。

四、葡萄酒旅游规划类别

（一）不同业态下的葡萄酒产区文旅规划分类

1. 葡萄酒产业园/小镇规划

葡萄酒产业园，或葡萄酒小镇，顾名思义是以葡萄酒为主题打造的小镇，通常拥有较大面积的葡萄园、酒庄等葡萄酒产业的基础条件和设备设施，能独立完成葡萄酒种植、酿造、加工、销售等生产活动。同时，小镇还有一定的配套设施，包含餐饮、娱乐、酒店住宿等要素，并在其中存在一定的人口从事生产、生活等各种活动，形成产业集聚和产业升级。葡萄酒小镇在用地上有一定的规模要求，这种形式一方面容易实现规模效益，另一方面有利于提升当地就业水平，最终通过产城融合促进当地经济的发展。

葡萄酒产业园，或葡萄酒小镇的旅游规划要求融合生产、观赏、体验、科技、文化、艺术等多方面内容，具体以涵盖葡萄生产、加工、贸易等环节的葡萄产业为驱动，整合葡萄工业、葡萄风景、葡萄文化及本地旅游资源，形成独特旅游吸引力，在改善旅游地服务配套设施上，形成生态环境良好、产业形式多样、旅游氛围浓厚的葡萄酒产业园或小镇。

拓展阅读

美国纳帕谷酒庄特色文旅小镇

美国纳帕谷是一块35英里长、5英里宽的狭长区域，风景优美，气候宜人，是美国第一个跻身于世界级的葡萄酒产地。2018年接待国内外游客385万，为当地政府带来税收超8510万美元，纳帕县内旅游业游客总消费达22.3亿美元。

如今的纳帕谷拥有8个各具特色的葡萄酒小镇，每个小镇因地制宜地发挥了自己小镇的特色优势。根据与葡萄酒产业融合发展大致分出了四种类型：葡萄酒本身、葡萄酒＋体育运动、葡萄酒＋商业艺术、葡萄酒＋休闲养生，整体形成"葡萄酒＋"的产业体系，共同构成以体验为主的乡村休闲文旅小镇集群。例如下述的结合模式：葡萄酒小镇融入温泉养生类发展模式，红酒成为SPA的原材料，酒庄成为露天温泉的景观，提供高端的休闲享受。为了吸引更多游客的参观，美国帕纳谷八个葡萄酒小镇除了特色划分之外，还增加了很多与游客互动性服务。美国纳帕谷专门开设从Napa到St. Helena的"品酒列车"，穿越葡萄园和酒庄,观光、品酒、餐饮服务于一体。为了增加淡季过夜游客数量,纳帕谷增设了葡萄园高尔夫、热气球观光、酒庄婚礼、缆车观光等特色产品服务。

纵观美国纳帕谷葡萄酒小镇的发展历史,可以看出美国纳帕谷小镇是从一个由若干个单一的葡萄酒小镇组成的分散组织,发展成了当今综合性的葡萄酒休闲文旅小镇集群,不仅与现有的优势产业相融合,还针对8个葡萄酒小镇挖掘个性化发展途径。可以说,纳帕谷葡萄酒小镇集群之所以有今天的发展,是建立在第一、第二产业基础上的。第一产业主要是以葡萄种植和酿酒产业为主;第二产业阶段,逐渐形成了葡萄种植、加工、品尝、销售、游览、展会等多功能的葡萄酒庄全产业链发展国;到第三产业葡萄酒小镇旅游发展,以葡萄酒为核心,充分发挥自身特色优势,共同构成以体验为主的葡萄酒小镇文旅中心,为当今美国纳帕谷葡萄酒小镇的个性化发展奠定了坚实的基础。

2. 旅游酒庄/葡萄酒庄园规划

"酒庄"也称为"葡萄酒庄园",是葡萄酒产业的基本单元,也是葡萄酒产业的主体和基础。酒庄是指采用自己种植的葡萄酿造并出产成品葡萄酒的生产企业,区别于收购葡萄来酿造或者异地原酒灌装等葡萄酒生产模式,强调的是葡萄种植、葡萄酒酿造和贮存,均在酒庄完成。酒庄酿造出来的葡萄酒叫酒庄酒。

旅游酒庄规划是指在保障酒庄原本的物质空间和基本功能的前提下,对酒庄的旅游接待、观光游览等功能进行合理规划。这种规划主要是依托葡萄种植园和酒堡等建筑物,确定酒庄旅游的主题方向和品牌价值,并在酒庄内开展参与酿酒制酒、欣赏名酒、品尝葡萄酒、参与酒类节事活动等体验性活动,配套酒窖、种植园、餐厅、客栈等设施,为旅游者提供葡萄酒旅游休闲服务。

> **拓展阅读**
>
> ### 张裕·卡斯特酒庄(Chateau Changyu-Castel)
>
> 张裕·卡斯特酒庄是由中国葡萄酒业巨头张裕公司和法国葡萄酒业巨头卡斯特公司(Castel)合资兴建,致力于以法国Chateau模式酿造高端葡萄酒,专业生产采用法国工艺的酒庄酒。酒庄位于烟台至蓬莱的旅游线上,是集葡萄酒酿造、旅游观光、休闲娱乐多功能于一体的现代化酒庄。同时作为国家AAAA级旅游景区,由酒庄、体验购物中心、味美思品鉴中心、葡萄公园等部分组成。它拥有目前国内最现代化的酒窖,集生产高档酒庄酒、旅游观光、葡萄酒科普等功能于一体。常年举办葡萄酒修学之旅、体验之旅、风情采摘节、张裕卡斯特酒庄贺年会等特色活动,是工业观光、商务考察及休闲度假的好去处,是首批"国家工业旅游示范基地"、山东省"行走齐鲁"研学实践教育基地。
>
> 位于张裕卡斯特酒庄内的体验购物中心是中国乃至世界最大的葡萄酒文化体验中心,占地20 000平方米,主要由葡萄酒展销中心、个性化体验中心、葡萄酒主题餐厅等组

成。集中展销全球著名葡萄酒产区及烟台具有代表性的葡萄酒产品、百年张裕全系列产品、限量版收藏酒、世界顶级葡萄酒具、工艺品等,为企业、个人订制个性化用酒。此外,自动成像纪念酒标、涂鸦酒标、亲手灌装葡萄酒DIY体验制作等体验项目,则让大家亲身感受到葡萄酒的趣味性和吸引力。

3. 葡萄酒主题公园规划

葡萄酒主题公园是以葡萄酒产区为载体,葡萄酒文化为内涵,以现代游乐为表现形式,运用现代科技手段,和文化创意产业相联系,规划出以葡萄酒为主题的面向大众旅游者的公园。在规划设计上围绕着葡萄酒文化主题创造一系列有特点的环境和气氛的项目吸引旅游者,并要求园内的建筑色彩、造型、植被、游乐项目等都与葡萄酒主题相关,让旅游者在参观体验过程中了解葡萄酒产业的相关知识和文化、葡萄酒产业的发展历史和时代价值,并引发旅游者的消费行为,促进酒文化的交流和分享,体现人与自然和谐发展。

葡萄酒主题公园规划的主体要素分析:

(1) 文化性:葡萄酒主题公园是面向大众旅游者的葡萄酒知识的传播者,让旅游者在休闲娱乐的过程中更多地了解葡萄酒文化,参与到葡萄酒品鉴和销售的过程中,对旅游者在葡萄酒知识、文化、品鉴等方面进行寓教于乐的认知,推动葡萄酒文化的宣传和推广。

(2) 体验性:葡萄酒公园内将建立众多的供游客参与的文化娱乐设施,比如踩榨葡萄汁等,让游客在体验的同时更深刻地了解葡萄酒。

(3) 环保性:葡萄酒主题公园是一种绿色环保的旅游,强调在旅游过程中,加强与大自然融合,以及健康环保的生活方式。

拓展阅读

北京圣露海利根花园

圣露海利根花园原名圣露葡萄酒庄园,自2019年与英国的海利根花园签署合作协议后故改名为圣露海利根花园。北京圣露酒庄位于北京朝阳区崔各庄乡,经过十年的土地修复和生态种植,目前已经成为北京具有一定知名度的专业酒庄和婚礼基地。而合作的英国海利根花园,则位于英国康沃尔郡,被誉为英格兰最神秘的花园,曾多次被评为英国最佳花园,也是2016、2017、2018年连续三年的英国最佳休闲景点,是欧洲知名的乡村旅游景点。

目前的北京圣露海利根花园占地面积550亩,包含有葡萄园、采摘园、生态农场、小动物园、自然游乐场等区域,是一个集餐饮、住宿、采摘、文娱活动于一体的大型休闲葡萄酒庄园。未来英国海利根花园将为北京圣露海利根花园带来英式经典的艺术、园艺和农艺,使之成为一个集生态、教育、艺术、会议、美食、婚礼为一体的亚洲顶尖的生态花园,同时,也将在康沃尔郡英国海利根花园逐步推广中国的传统文化、美食、农业技术等。通过双方合作，未来圣露海利根花园将被打造为中英乡村旅游领域的合作经典案例，以及展示中英有机农艺和园艺领域合作的平台。

4. 城市红酒创意街区

葡萄酒创意街区是在葡萄酒产业的发展的基础上，受消费的驱动和政策的引导，在一定的空间范围内，汇聚起来的大量与葡萄酒文化相关艺术家和设计师、经营者等，对葡萄酒及其文化、产品进行创造性生产，形成创意产品及其衍生品。创意街区通常在物质空间上呈现开放状态，并对建筑、空间、景观等进行统一性开发和运营，最终形成葡萄酒文化特质的特色街区。在旅游功能配置上，通过引入演艺吧、葡萄酒专卖店等项目，构建主题明确、功能全面的特色街区。

创意街区不仅是一个物理空间概念，更是一个具有城市特色的功能街区，有时甚至承担城市会客厅的功能。首先，它是城市空间布局、感知城市形象的物质载体，以明确的主题确定自身的发展方面的功能定位；其次，通过打造某种特定环境景观氛围，区分于常规的街区；再次，通过主题的确定，能形成城市内的小规模的产业集聚，并将这种产业所引导的消费融入市民的普遍生活中，服务于市民休闲、娱乐、社交等生活中。

文化创意商业街区的规划设计，除了需独具特色之外，还应有以下方面的要素。

一是将葡萄酒及其文化进行艺术性表达，让市民从艺术的视角看待这个街区的独特性；

二是街区作为一个有居住功能的区域，由各种服务的提供者共同构建了一个成体系的、交互的集群生活方式；

三是文化延伸性，指针对葡萄酒文化及其相关的文化进行产品化及其延伸品的打造。

拓展阅读

青岛"葡萄酒坊文化旅游休闲街区"

青岛的"葡萄酒坊文化旅游休闲街区"位于延安一路（广饶路至胶宁高架路段），是市北区重点打造的特色街之一。2020年，在继续保持"葡萄酒坊"街区品牌的前提下，市北区借助青岛所独有的亚欧文化并存的城市底蕴，将其打造为以轻艺术、慢生活为主导思想的文化、旅游、休闲型街区。如今，走在"红酒坊"，人们既能感悟流淌千年的红酒文化，体验生活新时尚；还能品味艺术建筑的新旧共生，和而不同，遥望时空的世纪繁华；更能感知岛城"有颜值、有文化、有温度"的烟火味十足的特色街巷，体验人生百味。葡萄酒文化碰撞而产生的化学反应也形成了这所街区特有的景象。结合葡萄酒主题文化，搭配设置特色的景观小品，"红酒坊"营造出别具一格的葡萄酒文化环境艺术和商业氛围，兼具收藏展示、旅游休闲、文化交流等多种功能。

经过岁月的洗礼，"葡萄酒坊文化旅游休闲街区"这条颇具人文底蕴的老街又迎来了

新的发展,逐渐由葡萄酒贸易向葡萄酒品鉴转移。未来,融合艺术、音乐、收藏、品鉴等多种文化基因,借助技能培训、中央厨房、品牌衍生等基础框架搭建的孵化平台与创业基地会逐步落成,"红酒坊"也将成为越来越多年轻人集聚的新打卡地。"一点支撑,连点成线,文商互动,辐射周边"的"葡萄酒"生态圈正逐步起航。

5. 都市酒窖/都市会所酒窖

都市酒窖是在城市中把酒窖以高端会所的形式展现出来的产业形态,它具有一定的高端性和私密性,通常会在选址、装饰装修等方面具有独特性,甚至稀缺性。以会员制的方式,在会所或酒窖里进行储酒、品酒、商务洽谈、休闲娱乐等各种消费和社交活动。同时,相对其他面向大众旅游者消费而言,都市酒窖的专业性更强。

为了凸显其专业性,都市酒窖会在功能上进行严格构建,通常包含以下功能分区:

(1)储酒区:用来储存会员在会所选购的葡萄酒。

(2)展示区:通过展示名、优、特等酒品,彰显酒窖的规格,并引导消费。

(3)餐饮区:提供餐饮服务的区域,通过餐酒搭配及侍酒师等专业的服务,传播葡萄酒餐饮文化,并为会员提供高端享受。

(4)商务区:商务洽谈的区域,通过高端的服务,私密的空间,优美的环境和温馨的氛围,营造出有利于商洽和合作的环境,助力会员的发展。

(5)休闲娱乐区:通过高端的休闲运动场所、设备设施和服务,为会员提供轻松愉悦的环境和项目,让会员得到身心的放松。

拓展阅读

银川凤凰里·城市酒窖

2018年8月,为配合宁夏贺兰山东麓葡萄酒产业发展规划,更好地宣传贺兰山东麓葡萄酒,给广大消费者提供葡萄酒文化旅游服务,由银川城投置地开发有限公司和宁夏塞上葡萄酒文化旅游产业有限公司联合打造的凤凰里·城市酒窖在银川文化城开幕。酒窖定位于集葡萄酒品鉴、销售、葡萄酒文化观光旅游、葡萄酒教育等为一体的大型商业综合体。这里汇集了贺兰山东麓各大酒庄的精品葡萄酒,为各酒庄提供葡萄酒展示展销、仓储等相应配套服务,酒窖内设O2O品鉴、VIP品鉴、产品展销区、吧台休闲、文化长廊等多个区域,不同区域可满足葡萄酒品鉴、餐饮简餐、活动承办、商务交流、葡萄酒培训、葡萄酒个性化定制、旅游休闲等多种需求。

而在凤凰里·城市酒窖的提升规划(即《贺兰山东麓葡萄酒国际品牌培育文化旅游展示中心项目可行性研究报告》)中,进一步提出了将凤凰里·城市酒窖在原有功能上升级,利用其城市中心平台优势,打造其为贺兰山东麓产区形象窗口、贺兰山东麓葡萄酒文化展销中心、酒庄旅游信息服务平台,使其成为宁夏全域旅游、贺兰山东麓葡萄酒文化长廊旅游的集散点和首发站。通过葡萄酒文化长廊、金融仓储中心、O2O营销中心、文创展示中心、VR旅游体验服务中心、品鉴交流中心和设计定制中心等多种业态,形成"城市中心葡萄酒文化体验基地",开展贺兰山东麓葡萄酒国际品牌培育、文化旅游展示及市场营销活动。通过这扇平台,更好地树立产区良好的葡萄酒品牌形象,同时吸引更多的人走进贺兰山东麓。

(二) 葡萄酒文旅规划热点

1. 葡萄酒生态旅游规划

生态旅游规划强调对大自然赋予的自然资源和人类活动创造的生态资源进行规划,包含自然生态的规划及人文生态的规划。通过科学有序的旅游活动的安排,带动地方经济发展,并通过对生态的保护,确保生态的可持续发展。首先,在严格遵从相关法律法规,积极加强资源和环境保护的同时,发挥葡萄及葡萄酒生态优势和产业聚集优势,积极开发出葡萄酒景观生态、葡萄酒健康生态、葡萄酒休闲生态等葡萄酒生态旅游产品。其次,需树立葡萄酒产业生态圈思维,建强产业链、优化供应链、提升价值链、拓展生态链,营造协同创新、利益共享、价值共创的产业高质量发展环境。

例如,宁夏越来越多的葡萄酒旅游酒庄的规划建设强调与当地的生态环境及地域特点相结合,以葡萄种植园为基础,依托周边独特的生态环境,比如山、河、海、沙、石等,结合葡萄园特有的水、土、光、热等条件,通过建设集高产、生态、环保、优质于一体的有机葡萄种植园,提倡生态种植新技术和生物动力酿造法,实现生态循环,抑制病害,节支增收。在旅游开发中积极宣传可持续发展生态理念,保护与利用相互促进。通过开发运动温泉康养、餐酒养生、生态民宿、休闲度假等生态旅游项目,注重艺术美感,甚至可以把葡萄种植园作为生态研学和展示的基地,促进葡萄酒旅游产业与文化、健康、教育、信息等产业的深度融合,构建葡萄酒旅游生态文明,并不断满足游客日益增长的对美好生活的需求。

2. 葡萄酒会展节事旅游规划

规划会展节事是在旅游规划中常见的内容,在实践中收效良好。在葡萄酒文化旅游规划中,会展节事是指结合葡萄酒产业链条中的重要环节,设定一系列重要的时间节点,策划安排一系列的活动,邀请一批节事活动的参与者和消费者,进而引发社会各界对组办方及节事活动所在地的高度关注,并带来良好的社会影响和经济效益。会展节事的规划,一要目的明确,主旨清晰;二要行政融合,多方力促;三要持续可控,有序发展;四要重视成果转化,跟进实施。

如上文所述的"展藤节",每年春节过后,组办方就开始有序地规划、宣传、组织、邀请各界人士。"展藤节"举办之时,葡萄酒的种植者开启一年新的劳作,葡萄酒企业开启一年新的运营及管理,旅游者则在破土而生的力量中感受期望,并也可以参与到春耕展藤的活动中,以此增强节事的仪式感及其服务艺术,提高葡萄种植的劳动价值,彰显农耕文化。

目前,国内最具影响力的葡萄酒会展节事活动当属宁夏贺兰山东麓葡萄酒博览会。

这一节事活动已经历经9年,具备了高度的社会影响力和行业权威性。以2020年为例,在全球新冠疫情还没有得到有效控制的局面下,诸多与葡萄酒相关的国际人士都通过云会议的形式参会,银川主会场到场的与会者多达8000人,体现出社会各界人士对宁夏贺兰山东麓葡萄酒博览会的高度重视,而这也势必在洽谈贸易、旅游观光、技术合作、信息沟通、人员互访和文化交流等领域产生更深远的影响。

3. 葡萄酒扶贫旅游规划

扶贫旅游(Pro-Poor Tourism)是由英国国际发展局提出的,有利于贫困人口的一种旅游发展形式。扶贫旅游的目标是使贫困人口的经济利益达到最大,并注重贫困地区经济发展机会的开发,改变其落后现状。但扶贫旅游开发不当,容易给当地带来城市化、资源紧张和环境破坏等问题。

葡萄酒扶贫旅游突出富民导向,在葡萄酒产业链的各个环节和相关领域,通过土地入股、订单生产、就近务工、产业社会化服务等,让老百姓得到更多的利益。酒庄(企业)要把带动农民增收作为社会责任,主动融入脱贫富民战略,主动与贫困户签订用工协议,吸引周边农户到基地、酒庄(企业)就业。葡萄产业协会、合作社对务工人员进行技术培训,提高务工能力和就业技能,增加务工收入,把葡萄酒产业发展成果转化成富民成果。

拓展阅读

宁夏葡萄酒扶贫旅游

据统计,近20年以来,贺兰山东麓葡萄酒产业带动了30万移民实现脱贫。宁夏的脱贫攻坚是我国脱贫历史中的一个缩影,以闽宁镇、红寺堡区为代表的生态移民、产业扶贫是架起国家政策与贫困人口发展的桥梁,通过扶植葡萄酒产业发展,把宁夏移民区的"干沙滩"变成了"金沙滩"。

闽宁镇位于银川市西南部,自1997年"闽宁村"成立至今,20多年的闽宁扶贫协作不断深入,并在2001年正式成立闽宁镇。二十多年里,闽宁陆续接纳了来自宁夏"西海固"六个国家级贫困县的4万多名移民。在闽宁对口扶贫协作不断深入推进下,在一代代移民不懈努力和拼搏下,闽宁镇形成了与葡萄酒产业充分融合的"特色种养殖产业、高效节水现代农业、劳务商贸物流业、文化旅游产业"四大特色支柱产业。移民人均可支配收入从开发建设初期的500元,增长到2018年的12988元。实现了"从无到有、从有到优、从优到特"的华丽转型,在戈壁滩上筑起了一座功能完备、配套齐全、民族融合的戈壁特色小城镇。在闽宁镇,以贺兰神酒庄、立兰酒庄为代表的葡萄酒企业充分利用和发挥闽宁镇独特的自然资源优势,以市场为导向,通过投资建设多个葡萄酒产业园,有效带动周边葡萄及葡萄酒和生态观光产业优化升级,带动周边区域农户高效种植业产业化体系的形成和发展,经济效益和社会效益十分显著。一方面,葡萄种植有效减轻当地及周边地区的风沙危害,起到庇护周边农田、抑制土地退化、净化空气、调节气候、改良土壤、减少污染等生态循环效益作用。另一个方面,各酒庄、酒企为农民提供技术培训,很大程度上解决了当地固定就业,带动合同劳务合作,推动了劳动就业,对农民收入增长起到了积极的作用,实现了生态及人文环境的可持续发展。

宁夏葡萄酒旅游正在通过挖掘产业生态价值、文化价值和品牌价值,不断创新在乡村振兴战略中的带动模式,打造闻名遐迩的"葡萄酒之都"。而葡萄酒旅游是扶贫旅游的重要体现形式之一,在助力乡村振兴的同时,带动当地居民快速实现全面小康的基础目标,不断满足人民日益增长的美好生活需要。

4. 葡萄酒大健康旅游规划

葡萄酒大健康旅游规划突出"葡萄酒+大健康"的特色理念,结合现有的葡萄资源与旅游资源,将药疗、康养融入葡萄种植、红酒酿造和康养旅游产品研发中,着力打造集中外葡萄酒文化展示、葡萄酒品鉴、休闲度假、健康养生和国际会议于一体的综合旅游休闲度假区。作为优选的生态康养目的地,该模式能满足游客长期居住、短期居住、候鸟式居住或一般性大众旅游等多形态康养需求,是葡萄酒文化旅游综合业态的展现。

吉林圣鑫葡萄酒庄+圣鑫世外桃源温泉谷的旅游组合致力于打造葡萄酒文化旅游休闲康养目的地。圣鑫葡萄酒庄是国家级3A旅游景区,其苏州式园林建筑和酒堡地标式建筑别具一格,远近闻名。酒庄旅游接待可同时满足1200人就餐,容纳400人住宿,配有2个可容纳400人的会议中心。此外,酒庄拥有东三省唯一的闯关东葡萄酒文化博物馆,馆内有11个不同内容的展厅。其酒窖有百余个法国橡木桶生产的高端年份酒,远近闻名。圣鑫温泉谷在群山之间,天然形成不同植被景观,林间空气清新怡人,富含氧离子,可提高免疫力、消除疲劳,可谓之天然氧吧。谷中有热带雨林植物园、室内温泉区、室外温泉区、室外嬉水乐园、古民居美食街、儿童游乐区、手工陶艺体验区、多功能水吧、快餐区、特色产品购物区、汗蒸区、茶艺室及古典演艺区等十余种业态组成,为人们提供休闲、理疗、康健的多样选择。

温泉谷与葡萄酒庄相结合,其多业态组合彰显了风俗文化、建筑文化、园林文化、雕塑文化、餐饮文化、闯关东文化、葡萄酒文化等多种文化内涵,为打造葡萄酒文化旅游休闲康养目的地提供扎实基础。

第二节 葡萄酒文化旅游规划实务

一、总体规划过程

总体规划是某个特定项目为了实现一定时期内经济、社会、生态等发展目标,而确定的项目定位、总体目标、发展方向、用地规模、功能分区、空间布局等方面内容的规划。

参照旅游规划,葡萄酒文化旅游规划也需经过从项目准备到实施结果监测的过程。

根据国外的经验,可以具体分为研究准备(Study preparation)、确定开发目标和目的(Determination of development goals and objectives)、规划区现状特征的调查(Survey)、调查资料的分析与综合(Analysis and Synthesis)、提出政策与规划方案(Recommendations)、规划实施措施(Implementation)以及规划管理和监测(Monitoring)七个阶段。

对于国内的葡萄酒文化旅游规划而言,在实际规划工作中,需注意依据中国国情并结合当地实际情况,进行实际规划工作时,可以适当对技术路线稍微调整,以便符合国内的思维方式。

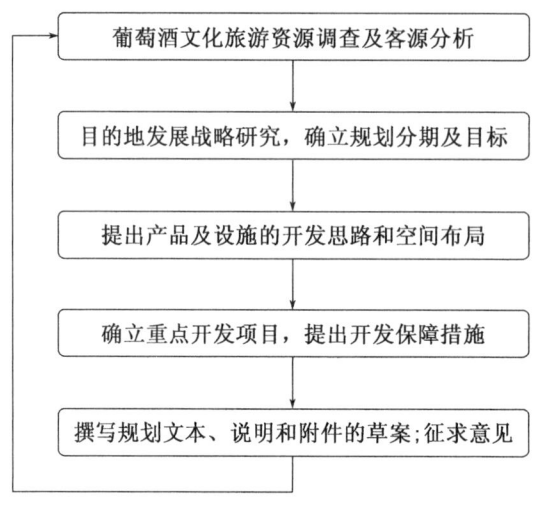

图 4-3 规划过程

二、规划原则与规划依据

在葡萄酒文化旅游规划中,规划原则与依据是规划制定过程中需要加以遵循和执行的重要条件。有些规划原则几乎适合于所有区域的规划,如可持续发展原则、美学原则、系统原则、社区参与原则等;有些规划原则是根据项目需要设定的原则。

世界旅游组织认为,规划原则或宗旨已经得到人们较广泛的认同:作为某一区域的经济不可或缺的一部分,旅游规划应与其他经济及社会文化发展规划协调一致,因为旅游发展与各方面都存在密切联系。旅游产业的发展不仅是一项经济活动,也是社会活动,而葡萄酒文化旅游规划亦是如此。因此,葡萄酒文化旅游规划不是一项孤立的工作,而是融合到区域经济发展系统工程中的一部分工作。在编制规划的过程中,不能仅仅考虑经济因素,还要考虑旅游在政治因素、生态因素、文化因素,甚至国际交流中的重要意义,将各方面与葡萄酒文化旅游活动相关的事务系统化。

由于葡萄酒文化旅游规划涉及该区域的政治、经济、文化、生态、旅游等各个方面,这些领域中已有的国家法规、条令、文件、决议,各级政府的发展规划、各旅游相关专业规划的规范,对区域内的葡萄酒文化旅游规划有强制性或参照性依据作用,都是葡萄酒文化旅游规划的依据。这些依据,为葡萄酒文化旅游规划提出了规范要求和约束条件。

三、规划程序和要求

(一) 编制程序

1. 规划准备阶段。明确规划的工作任务和目标,确定规划团队和专家团队,并发资料清单交由甲方进行资料的搜集,规划团队进行资料梳理等工作准备。

2. 方案编制阶段。先组织规划团队和专家团队进行调研前的工作启动会,明确规划内容和分工等各项工作,然后带着地形资料和基础资料去规划现场进行实地踏勘和深度调研,在调研过程中,要和多方交流和探讨,必要时需要以座谈会和访谈等形式获取当地的现状信息、发展目标、领导要求等内容。然后由规划团队和专家团队召开项目研讨会,确定规划的总体定位、战略目标、空间布局等关键性内容,再由规划团队按照章节,开展规划的必要工作,包括政策解读、案例分析、资源现状、市场分析、道路交通与基础设施、土地利用现状、经济社会发展模式、项目开发现状、自然文化环境特征、投入产出分析等。

3. 方案的优选与实施阶段。在规划过程中,要经常性地召开团队会议,一方面对尚未完成的规划内容进行研究探讨,另一方面对已经完成的规划内容提出修改提升意见。通过几轮的规划优化和内部评审,形成一套科学规范的规划成果,并通过由业主方召集和主导的初稿、中期稿、终稿的专家评审会,不断修正和完善成果,有些规划还需要提报规委会的评审、审批,才算完成规划。

4. 规划成果保障阶段。在规划实施阶段,有时业主需要提供答疑、监管等相关工作,配合支持规划的顺利实施。

(二) 规划编制的一般要求

1. 要以国家社会、经济、生态发展的战略为依据,以葡萄酒产业及旅游业发展方针、政策及法律法规为基础,与相关规划相适应。

2. 坚持以生态保护和葡萄酒文化旅游发展为导向,葡萄酒文化旅游资源为依托,葡萄酒文化旅游产品为目标,坚持三者可持续发展。

3. 加强资源和生态保护,突出地方特色,注重区域统筹发展,强调土地集约节约。

4. 采用科学而规范的规划方法和技术,充分了解业主意图,严守限制性条件。

5. 所采用的测量方法图件资料要符合国家标准和技术范围。

6. 规划技术指标应具有科学性和前瞻性。

7. 规划团队的人员配置要专业而全面。

四、规划成果形式

一般而言规划成果包括三方面内容,即规划文本、规划说明书、规划图集。

规划文本以简洁明了的方式,对成果进行总结概括,得出规划的研究结论和最终数据,一般不进行解释、说明和论述,无须"讲道理",直接"说结论"。

和规划文本的"不讲道理"相反,规划说明书则是"讲道理"的地方。说明书中要详细罗列规划的背景分析、上位依据、数据来源、分析推理、内在逻辑等,作为规划结论科学性、客观性的支撑。有些内容在规划说明书中没有内在的必然关系,但是仍然为规划依据的一部分时,可以成为规划专题研究。

规划图集为规划图件的集合,随着规划程度的深入,规划图集的内容和深度都有所增加,包括区位分析图、资源现状分析图、市场分析图、总平面图、旅游发展总体规划(空间结构规划)图、功能分区图、线路图、用地规划图、交通规划图、分期建设图等。

五、功能分区

(一) 功能分区的含义

功能分区是旅游规划的重要内容,它并不以行政区划为功能分区的依据,而是以地理和生态区域的特性作为划分功能区的依据。它运用系统观点按总体规划一般要求,结合地形、地貌等空间特征,突出相同功能的集中,合理分区,确保特点突出,功能明确。

葡萄酒文化旅游规划的功能分区既是对土地进行科学合理地分类利用的基础,也是规划中进行空间布局的基础。在各综合区内,要使土地得到充分利用,在符合用地要求、保持用地平衡的前提下,尽量通过集约、节约等方法,确保土地的高效利用,是土地成为各自保持功能独立而又互相联系的有机整体。

葡萄酒文化旅游规划中的功能分区,通常会根据主题功能的相对一致性、交通联系和管理的便捷性、旅游空间的相对完整性等要素,对整体空间进行划分。

1. 其主要有两种趋势:一是自然分区,二是控制分区。

2. 空间布局模式:1 核心式,2 链式,3 圈层式

3. 最基本的功能分区:服务区、游览体验区和保护教育区

4. 旅游功能分区的方法:一般有定位、定性、聚类等方法,最基本的是聚类区划法,将相近功能的旅游区聚类为一种功能区。

(二) 功能分区的原则

1. 主题性原则:通过各种产品与服务的一致性,突出不同功能区各自独立的主题形象;

2. 功能集聚原则:集中布局不仅有利于降低成本、提高效益,也有助于多元性葡萄酒文化旅游产品提升吸引力,还有利于增强产品对旅游者与当地居民双重服务能力,以及控制环境,保护生态敏感区。

3. 协调性原则:在各个功能区之间要系统协调,在设施布局、活动安排、游览线路等方面具有整体协调性。

4. 因地制宜原则:功能分区时要依照各区功能上的特殊要求,结合用地和周边的实际情况进行安排,比如地形、土壤、山体、水体、植被、冲沟、外部交通、近景远景等,都是要

考虑的因素。

5. 保护环境原则：在环境保护中，强调保护原有的山水资源，恢复场地植被，改造冲沟，并通过绿植与种植、移植等技术手段，提升环境品质。

六、目标市场

市场目标是指面向什么样的客源市场，达到什么样的市场业绩。例如：葡萄酒作为消费品是可以在国际范围内流通，因此其目标通常为：立足本地，辐射全国，兼顾海外。按照不同的分类进行市场细分，则分为以下市场类型：

表 4-1 葡萄酒文化旅游目标市场

市场类型	地域	人群	市场份额	消费行为特征
细分市场	1. 本地及周边 2. 国内其他地区 3. 国际市场	1. 青少年 ——工业旅游、乡村旅游、研学类 2. 年轻人 ——大学生、上班族、创业族、自由职业者 3. 中老年人 ——银发族、候鸟族	1. 核心市场（利益来源） 2. 基础市场（人气来源） 3. 随机市场（机会来源）	1. 观光型 2. 体验型 3. 休闲型 4. 自驾游 5. 研学旅游 6. 养生度假 7. 亲子旅游 8. 商务旅游 9. 节庆展会

如表所示，从地域、人群、市场份额以及消费行为特征四个维度出发，对目标市场进行细分，按照地域划分为本地及周边市场、国内其他地区市场和国际市场；按照人群可划分为青少年市场、年轻人市场以及中老年人市场。按照市场份额划分为核心市场、基础市场以及随机市场。按照消费行为特征分为观光型、体验型、休闲型、自驾游、研学游、养生度假、亲子旅游、商务旅游以及节庆展会等市场类型。

七、项目设计

项目设计是根据规划目的的需要，依托场地现状和旅游资源，通过对政策法规的研究，以满足旅游市场为目标，对规划区内不同的空间进行一系列的设计和设置，最终确定项目的名称、定位、内容表达和空间安排等。

通常在大部分葡萄酒旅游酒庄规划时，为了满足游客观光游览、葡萄酒品鉴、旅游服务等不同需求，需结合规划主题并酌情考虑设计葡萄种植及采摘区、葡萄酒灌装参观线、橡木桶酒窖、专业品鉴区、游客接待中心、酒店或住宿区及主题特色餐厅等。

例如，在《张骞葡萄文化产业园规划》中，为"大汉文化博览区"设计的具体项目包括：南大门、游客服务中心、苜蓿园、西域文化交流中心（未央宫）、民街、大汉广场、官街、丝路乐府、张骞雕像、昆仑驿站、张骞文化长廊、西域都护府影视城等。所有项目设计均以未央宫、大汉广场、张骞像为中轴线，其余项目在两侧分列，空间韵律感和流通感相互糅合，整体项目布局在错落有致中完善各项功能，共同突显"大汉雄风，英雄辈出"的规划主题定位。

八、投入产出分析

投入产出分析是在一定的投资建设期内,研究投资的总量和进度,以及由此带来的收益的分析。如以《宁夏××葡萄文化产业园规划》为例,分别对投资模式和效益评估进行分析:

项目投资主要包括规划项目建筑成本＋葡萄种植成本＋基础设施建设成本:

某葡萄文化博览区建筑面积约 121 000 平方米,投资估算约 85 000 万元;某葡萄文化风情体验区建筑面积约 104 500 平方米,投资估算约 89 000 万元;某葡萄文化酒庄种植区建筑面积约 100 000 平方米,投资估算约 75 000 万元;某葡萄文化产业园基础 136 设施投资估算约 24 000。以上总投资估算 273 000 万元。

项目收益主要评估项目对社会、生态与经济三方面产生的效益。《宁夏某葡萄文化产业园规划》的收益分析为:

➢ 符合国家和宁夏回族自治区相关产业政策,有力带动贺兰山东麓葡萄产业及旅游休闲产业全面发展,产生较大的经济效益和社会效益。

➢ 总投资约 27.3 亿元。投资的回收主要来自文化旅游、葡萄种植、葡萄酒产销的经营收益。

➢ 项目具有非常强的盈利能力和抗风险能力,项目从财务角度看可行。投资建设期为 2～3 年,项目投资回收期约 6 年。建议边营业边建设,实现部分预售收入,缓解后续开发运营的资金缺口,顺利实现滚动投资。

案例研讨

贺兰山漫葡小镇文化旅游提升规划

一、漫葡小镇发展历程及开发现状

2013 年,快乐小镇正式开业。小镇总占地 200 亩,总建筑面积 17 万平方米,拥有各种档次酒店客房、四合院民宿 1000 多间,容纳 1000 人的大剧院一个,地下 3000 平方米葡萄文化体验中心一个,68 个泡池,年接待游客三十万的天然温泉一座,20～4000 平方米特色旅游商业街商铺 300 个。

2014 年,快乐小镇正式动工,由于小镇理念很好,位置绝佳,规划合理,因此建设动工速度快,宣传力度超大,又是银川市重点招商引资项目,总价几十万元的公寓和商铺售罄。而为了保障商业的整体运营,小镇随后进行售后回租,同时为保证公寓作为第二居所,闲置资源不会浪费的目的,当时在宁夏第一个引入全国风靡的途家公寓模式。

2015 年,快乐小镇运营推广名正式改为镇北堡温泉小镇。同时小镇被评选为 2015 年全区县域经济观摩点,9 月份开业接受全区政府各级领导的检阅。2015 年 9 月,天沐温泉酒店在经过近 200 天夜以继日的建设,如约开业,受到自治区政府的观摩团一致好评。同年冬天在银川迎来第一个消费高潮,平日人流量 500～1000 人,节假日基本在 2000～

3000人。运营第一年,仅温泉贡献人流将近30万人次。同年12月,小镇被评为"自治区文化产业示范基地"。

2016年,首届西北五省特色小吃美食节在小镇丝绸之路美食街开幕。100家经过层层筛选的宁夏及周边特色小吃,宁夏第一条旅游小吃街,3天累计到访游客13万人,实现收入1000万元,镇北堡镇车辆停得水泄不通,街道内人群接踵摩肩,几十家投资3~5万元开小吃店的商户几乎一次性投资回本。2016年6月6日,世界最大的党项包大剧院,在经历了几番波折,成功上演宁夏历史上第一部市场化运作的旅游演艺《西夏盛典》。同年温泉小镇的贺兰山东麓葡萄酒博物馆完成软硬装工程,总占地面积3000平方米,但由于宁夏葡萄产业发展历史较短,收集藏品难度较大,小镇高层一致决定改为贺兰山东麓葡萄文化体验中心。

2017年后,温泉小镇蒙受巨大经济损失。小镇股东出于运营理念和市场培育的分歧,重蹈大部分企业都会遭遇的覆辙,导致温泉小镇开发活动基本没搞成,演艺营销策略失败,商家也陆续关门,业主和商户受到直接经济上的巨大损失。目前,小镇还处于营业状态的有温泉度假酒店、党项王府主题民宿、葡萄酒文化体验中心以及以穆府鲜羊馆为首的十几家餐饮饭店,这些产品在经过时间的检验后逐渐成为小镇优质的项目产品。

2020年,经过之前的大起大落,温泉小镇重组运营团队,给予小镇核心文化气质的塑造,重启丝绸之路美食街等优质产品,并决定于2021年正式更名为"贺兰山漫葡小镇"。

二、提升规划总体布局

以小镇现有发展条件为基础,考虑交通条件与自然环境基础,结合项目总体发展目标及开发战略,按照空间邻近性、整体性、系统性、有机性的空间组织原则,形成"1—1—2—5"的空间发展框架。

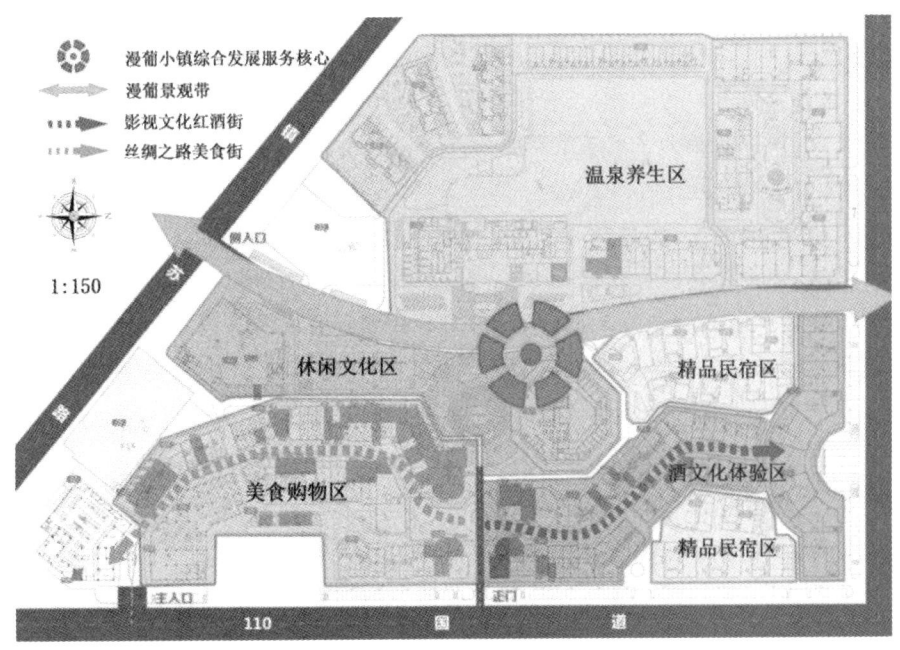

图4-4 漫葡小镇布局图

"一核一带两街五区"

一核即漫葡小镇综合发展核心；一带，即漫葡景观带；两街，分别是丝绸之路美食街以及影视主题红酒街；五区，即温泉养生区、美食购物区、酒文化体验区、精品民宿区和休闲文化区。

三、提升规划功能分区

依据漫葡小镇发展现状和资源特点，根据4A级旅游景区发展经验，将景区划分为五个区域，并分别承载不同的旅游功能。

（一）温泉养生区

功能定位：休闲度假、康体养生、商务会议、精品住宿

提升思路：以现有天沐温泉度假中心和温泉别墅为核心，充分将西部人文文化与时尚动感元素相结合，以"温泉＋养生""温泉＋度假""温泉＋会议"等为主的新型温泉旅游开发模式，打造以浓郁东方文化元素为支撑，融合世界各地地域温泉风格元素，结合现代科技技术、设计手法的独特的旅游度假体验式温泉养生。对现有设施建筑进行改造，扩大开放式空间，提高景区旅游容量。住宿区以温泉公寓为核心，公寓在开业初期由途家酒店承租，目前其产权由小镇收购，在后期提升中应对公寓进行全方位的提升，以中低层收入人群为主要消费群体，配置全套家私，灵活租赁，强调小资生活环境，时尚明亮，现代生活，生态性和科技性。通过引进良好学习培训、休闲娱乐、生活服务等设施，为创业群体提供良好生活、学习与交流环境；为企业解决员工居所难以统一管理，员工流动性高，幸福感不强，为游客提供精品的服务式住宿享受。

（二）美食购物区

功能定位：网红商铺、美食品鉴、休闲体验

提升思路：因各种原因导致美食街仅剩以穆府鲜羊馆为首的十几家餐饮店，在后期提升中，应加强美食街区的基础设施建设，规范商铺的经营方式，注重街面的文化塑造。招商方面，以镇北堡镇人口为基础，充分吸纳外来创业人员，以特色美食为核心，打造以展现区域美食文化、网红店铺为主的美食街区。

（三）酒文化体验区

功能定位：红酒品鉴、文化教育、休闲体验

提升思路：酒文化体验包括两部分：一部分以影视文化红酒街为核心，在后期提升中，应邀请宁夏优质红酒品牌酒庄入驻红酒街，同时鼓励创业人员开设小型酒吧，酒吧开设需要注重文化元素的融入。另一部分以葡萄酒文化博览馆为核心，联合酒庄，集中展示贺兰山东麓各类葡萄酒产品。联合各酒庄、宁夏葡萄酒协会开展各类红酒展示、红酒品鉴、葡萄酒侍酒师大赛等各类红酒文化活动和赛事。

（四）精品民宿区

功能定位：特色住宿、文化展示、休闲度假

提升思路：精品民宿区以养生四合院为核心，共计有十户民宿别墅，目前营业的仅有党项王府，其经营状况良好，在后期提升中需要把握发展方向，对入驻的特色民宿加强审

核,以党项王府为龙头,带动其他民宿发展,注重多元文化元素的融入,凸显文化特色,在保证良好的入住体验与品质的同时,着力打造国内一流的精品民宿。

(五) 休闲文化区

功能定位:综艺表演、庆典集会、艺术交流、休闲娱乐

提升思路:休闲文化区以西夏乐舞演艺中心为核心,囊括剧院南广场。目前演艺中心由宁夏旅游集团承租,在后期提升中应加强与旅游集团的联系,通过合作的方式共同开发漫葡小镇演艺项目。与此同时,针对夜游漫葡小镇,联合灯光秀创意设计公司进行夜间浪漫灯光常态化氛围的营造,在演艺广场开发夜间演艺项目,让游客夜晚前往小镇享受与白天不一样的浪漫。

【案例来源:贺兰山漫葡小镇文化旅游发展提升规划(2020—2025年)——宁夏志邦源规划设计研究院有限公司】

案例思考

1. 对漫葡小镇的现状进行评价并分析存在的问题。

2. 根据所学内容,概述漫葡小镇的规划总体定位与发展思路、功能分区、旅游项目产品。

3. 在现有的规划分区中,还有哪些提升空间?在形象定位板块,还可以挖掘哪些文化内涵?

本章小结

本章结合相关案例介绍了葡萄酒文化旅游规划的概念与特点,葡萄酒文化旅游的类别及规划热点。葡萄酒文化旅游规划原理与管理实务主要包含规划原则、基本程序、成果形式、功能分区、目标市场、项目设计以及投入产出分析等内容。

思考与讨论

以国内某产区为例,具体分析葡萄酒文化旅游规划的类型与特点。

第十一章 葡萄酒文化旅游的开发与设计

学习目标

◆ 知识目标:阐释葡萄酒文化旅游的开发模式与机制。
◆ 能力目标:辨析葡萄酒文化旅游产品设计的开发类别;设计与研发葡萄酒文化旅游产品。
◆ 价值目标:具有"精益求精,人文关怀"的品牌意识,服务意识与协作意识,做中国特色葡萄酒文化的传播者与践行者。

第一节 葡萄酒文化旅游的开发模式与机制

在文旅融合视域下如何发挥葡萄酒文化旅游产业的自身优势,深度挖掘葡萄酒文化、地域文化等特色,整合资源,扬长避短,最终实现从资源优势向品牌优势的有效过渡,这就需要了解葡萄酒文化旅游所具备的基本开发条件,掌握葡萄酒文化旅游开发的模式与机制,并尝试探究葡萄酒文化旅游产业融合创新发展的相关策略与建议。

一、葡萄酒文化旅游开发模式

在产业融合及其模式的相关文献研究基础上,结合产业特征,通过探索提出适合葡萄酒旅游产业发展的四种模式,即渗透型模式、延伸型模式、重组型模式和多元一体化融合模式。

(一)渗透型模式

渗透型模式是指葡萄酒文化旅游产业链之间的相互交叉,产业要素之间的扩散、吸收与融合所形成的具有高附加值和流量的文化产品。渗透模式的实现,需要通过文化渗透、技术渗透、产品研发等方式来促进各个产业间的要素流动,最终形成以葡萄酒旅游产业为核心的新兴业态。

(二)延伸型模式

延伸型模式是一种打破产业间的产业壁垒,消除产业边界,通过产业链的延伸来实现产业间的功能互补,扩大消费市场。葡萄酒文化旅游产业需通过与相关产业的互动来扩大产业规模,提升产业层次,最终实现葡萄酒文化旅游由观光游览到互动体验、休闲度假、康体养生功能的转变。

（三）重组型模式

重组型模式是指葡萄酒文化旅游产业与其他产业之间进行要素和资源的重新组合和配置。一般来说,具有重大意义的会展、节庆以及赛事活动与葡萄酒文化旅游产业的组合是最常见的形式。通过重组型模式,扩大区域葡萄酒文化旅游产业的影响力,进而扩大市场消费。

（四）一体化融合模式

一体化融合模式是在其他三种模式成熟发展的基础上而进行的产业一体化发展模式。葡萄酒文化旅游产业需要依托特定的载体或空间,以土地、资本、技术、功能、设施等为核心资源,综合各个产业的优势资源,实现协同发展,打造具有鲜明特色、多元化功能的葡萄酒文化旅游品牌。

凭借渗透型、延伸型、重组型融合模式的逐步升级,不断加强产业内外部融合,培育葡萄酒文化旅游新业态,最终实现产业多元一体化融合,如图4-5所示。葡萄酒文化旅游产业需结合各相关企业自身特点及发展阶段,在以上模式指导下逐步实施融合创新策略。

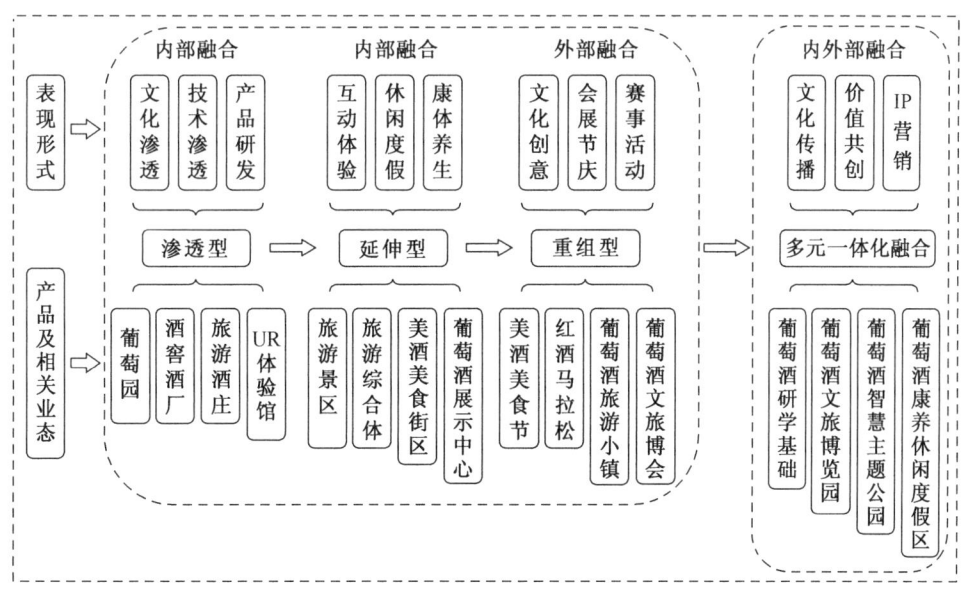

图4-5　葡萄酒文化旅游产业融合模式图

通过渗透型模式和延伸型模式加强葡萄酒文化旅游产业的内部融合。做好葡萄酒庄与旅游景区的相互渗透与延伸,进一步整合优化旅游资源,如加强工农业旅游示范园区、庄园旅游景点、循环型景观生态园的开发。丰富和衍生产品种类,拓展其葡萄酒文化旅游功能,提升旅游消费的品位与层次,从而将传统旅游景点、葡萄酒庄或基地打造为全功能服务型的新型旅游景点,如美酒美食商圈、旅游综合体、葡萄酒文化展示中心等。

加强葡萄酒文化旅游产业与文化、商贸、会展、健康、科技、金融等产业的外部重组融合。继续推动葡萄种植园、精品葡萄酒庄及葡萄文化主题小镇建设,打造若干新型葡萄酒文化旅游集聚区。如可围绕"避暑""避霾""避寒"的健康旅游资源优势,依托森林公园、温泉度假区等开发葡萄酒康养休闲小镇,打造"养生、养心、养老、养颜、养疗"系列葡萄酒健康休闲旅游品牌。开发观光休闲游、生态乡村游、工业研学游、运动休闲游、康体养生游、美酒美食游、教育科考游、商务休闲游等葡萄酒特色旅游产品;以葡萄酒博览会、红酒马拉松、葡萄展藤节、采摘自酿节、美酒美食节、葡萄酒旅游文化艺术节、葡萄酒研学旅游月、葡萄酒动漫节等节会平台,实现资源重组,打造全新的葡萄酒文化旅游产业形态。

"层层升级""步步为营",根据产业的关联度和融合度,逐步实现从渗透型、延伸型、重组型到多元一体化融合模式的转变,在文旅融合视域下打造集"食、住、行、游、商、养、闲、情、奇、学"等功能为一体的葡萄酒文化旅游典型业态,为消费者提供一站式、全方位、多元化的服务。如通过加强信息化建设,实现硬件制造、软件与数据服务、生活服务相结合,特别是新一代信息技术应用和5G网络的铺设,实现从葡萄种植到酒庄酿造、从游客游览到特色体验、从协调管理到智慧旅游的全方位智能信息服务,从而为管理者把握游客行为特征和旅游市场动态提供技术保障和大数据分析。还可将VR、AR、全息影像、RFID追溯等高科技手段渗透应用于酒庄导游、导览、导购领域,通过葡萄酒智慧主题公园、葡萄酒文旅博览园的打造,全面触发旅游者的"卖点""痛点"和"痒点",增强服务多元化、体验性与吸引力。

二、葡萄酒文化旅游的开发机制

葡萄酒文化旅游的开发机制是指其产业运行发展的规律和机理,是实现葡萄酒产业与旅游产业融合发展的作用机理与工作方式。良好的运营开发机制是葡萄酒文化旅游可持续性发展的重要保障。一般来说,葡萄酒文化旅游的开发机制包括内部激励机制和外部保障机制。内外部机制相互影响,相互作用,共同促进葡萄酒文化旅游的形成和发展。各动力因子形成内外动力环,共同围绕葡萄酒旅游产业融合的核心,呈现一种互动影响的潜在关联关系,总体形成合力向心聚敛。葡萄酒文化旅游产业需要在此融合机制引导下,充分发挥内外动力驱动作用,逐步促进产业融合协同创新永续发展,如图4-6所示。

葡萄酒旅游产业需充分调动各内在动力因子的原生性和主动性,启动人才战略,发挥创新精神,培育企业文化,促进企业间良性竞合,实现最佳收益。其中,人才战略是葡萄酒旅游产业融合的重要内生动力。此外,特色鲜明的企业文化和创新精神是引领葡萄酒旅游企业创新发展的动力源泉;企业间的竞合关系和利益追求可以使葡萄酒旅游产业趋于良性动态永续发展。

其次,葡萄酒旅游产业需充分发挥政府、市场、产业、技术、文化、生态等外在动力因子的协同创新驱动作用。政府作为产业融合的引导者,需通过政策引领,调动多元利益相关者的协作积极性,推动地方参与,带动市场主体的积极性和示范作用。市场是葡萄酒旅游

第十一章 葡萄酒文化旅游的开发与设计

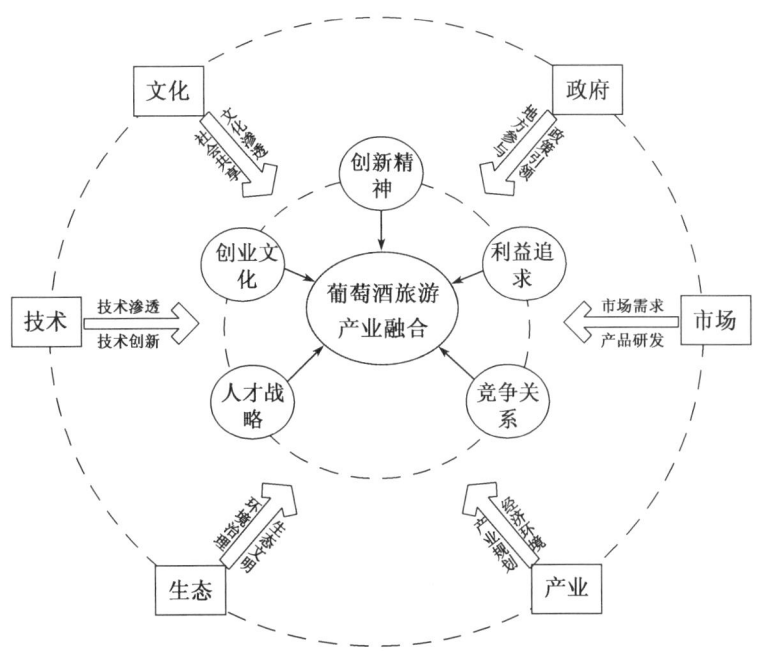

图 4-6 葡萄酒旅游产业融合开发机制图

产品生产消费的"晴雨表",时刻关注市场消费需求,加强市场监管有助于激发消费潜能,提升服务品质。良好的经济环境和明确的产业规划为葡萄酒旅游产业的融合发展提供了坚实的产业基础。技术创新和技术渗透为葡萄酒旅游产业带来新产品和新业态,从而提升产品层次,优化产业结构。环境保护和生态文明是葡萄酒旅游产业融合发展所必须秉持的重要理念,葡萄种植园的管理与旅游酒庄的建设需要与当地的生态环境相协调,达到"宜融尽融"的效果,从而推动葡萄酒旅游产业的"绿色化"发展。

第二节 葡萄酒文化旅游产品设计

葡萄酒文化旅游产品是葡萄酒文化旅游设计与开发的核心,是葡萄酒文化旅游活动的主体。葡萄酒文化旅游产品的特色设计和合理开发及有效利用都对葡萄酒文化旅游的发展起着重要作用。本节将着重对四类葡萄酒文化旅游产品设计概述及相关案例做介绍,即葡萄酒文化旅游线路、葡萄酒文化旅游会展节事、葡萄酒文化旅游特色要素与葡萄酒文化旅游商品。

一、葡萄酒文化旅游线路设计

（一）葡萄酒文化旅游线路设计概述

1. 葡萄酒文化旅游线路的概念、特点及类型

（1）葡萄酒文化旅游线路的概念

➢ 从旅行社产品设计的角度出发

旅行社或者其他旅游经营部门以葡萄酒酒庄或葡萄酒旅游城市为中心，以文化旅游为背景，以交通线路为线索，设计、串联或组合相关旅游景区，为旅游者设计串联或组合而成的旅游过程的具体走向。

➢ 从区域旅游规划的角度出发

在突出葡萄酒特色的一定区域内，为使游人能够以最短的时间获得最好的观赏效果，由交通线把若干旅游点或旅游城市合理地串联起来，并具有一定文化特色的线路。

➢ 从景观设计的角度出发

在葡萄酒庄园或其他固定的地域空间上为方便游客观赏行为而设计的行动路线。

（2）葡萄酒文化旅游线路产品的特点

➢ 综合性：涵盖旅游六要素，即食、住、行、游、购、娱，因此具有综合性的特点。

➢ 不可分割性：线路类型多样，但通常是对线路的整体销售，生产和消费同步。

➢ 可替代性：由于资源不易垄断、需求弹性大，可替代性较高。

➢ 脆弱性：需要考虑交通承载力、景区容量大小及收到不可抗力的影响，因此具有脆弱性特征。

➢ 周期性：受旅游淡旺季的影响较大，较其他产品生命周期短。

➢ 不可储藏性：葡萄酒文化旅游线路产品是使用权的出借，具有不可储藏性特点。

➢ 差异性：即使是同一线路产品，由于旅游者特点及需求的不同，同一线路标准不一，因此具有差异性的特点。

➢ 无形性：葡萄酒文化旅游线路产品重点在于经历和体验，因此具有无形性的特点。

（3）葡萄酒文化旅游线路的类型

➢ 按空间尺度分类：

短程葡萄酒文化旅游线路，中程葡萄酒文化旅游线路和远程葡萄酒文化旅游线路，划分依据为线路里程，往返所需时间及地域。

➢ 按旅游动机分类：

观光休闲游、生态乡村游、工业研学游、运动休闲游、康体养生游、美酒美食游、教育科考游、商务休闲游。

➢ 按旅游线路的空间布局形态分类：

两点往返式、单通道式、环通道式、单枢纽式、多枢纽式、网络分布式

➢ 按旅游线路的组织形式分类：

包价葡萄酒文化旅游线路、拼合式葡萄酒文化旅游线路、跳跃式半自助葡萄酒文化旅

游线路、自助式葡萄酒文化旅游线路。

2. 葡萄酒文化旅游线路设计的原则与方法

（1）葡萄酒文化主题突出原则

葡萄酒文化旅游线路在设计的过程中应围绕酒庄线路模式和葡萄酒旅游中心模式进行开发，同时结合当地文化进行葡萄酒文化旅游线路的设计。例如：西方的葡萄酒旅游模式比较统一，核心葡萄酒产品，核心目的地吸引力，文化产品共同构成了葡萄酒旅游目的地的吸引力。而酒庄＋道路＋路标式的集中葡萄酒旅游体验是它的主要发展模式。

（2）以旅游者需求为中心

葡萄酒文化旅游线路的设计的关键是适应市场需求，它必须最大限度地满足旅游者的需求。旅游者对旅游线路选择的基本出发点是：时间最省，路径最短，价格最低，景点内容最丰富、最有价值。

（3）生态效益原则

在开发葡萄酒文化旅游线路要注重可持续发展的思想，生态效益原则是经济发展、社会进步、环境价值的综合体现，在线路开发的过程中以良好生态环境为基础，同时保护环境创造经济价值。

（4）空间移动原则

完整的葡萄酒文化旅游线路，其空间移动分三个阶段：从常住地到旅游地、在旅游地各景区景点旅行游览、从旅游地返回常住地。

（5）推陈出新原则

社会在不断发展的同时，旅游者需求的多元化也在不断凸显，在设计葡萄酒文化旅游线路时应注意把握旅游市场动态，注重新线路的开发与研究，不断推出新的葡萄酒文化旅游线路。

（6）旅行安排的顺序与节奏感原则

葡萄酒文化旅游线路设计过程中应充分考虑旅游者的心理，时间因素，注意重点景观在旅游线路中的布局与分布，注意旅行安排的节奏和顺序，张弛有度，重点突出。

（二）葡萄酒文化旅游线路设计案例

1. 案例一："冬游宁夏遇见不一样的张裕"（选自学生优秀小组作业）

以冬季旅游为开发重点，目标是把银川建成冬季文化休闲度假旅游目的地，本案例是从银川市冬季旅游的旅游形象设计与市场营销角度开发，设计出的具有一定推广性的冬季葡萄酒文化旅游线路。

线路名称	冬游宁夏遇见不一样的张裕
线路总览	出发地：万达嘉华酒店；6:30叫早，7:00用早餐，7:40集合出发。 西夏王陵：8:30—10:30 张裕摩塞尔十五世酒庄：11:10—13:30 镇北堡西部影视城：14:05—17:00 漫葡小镇：17:00—21:00

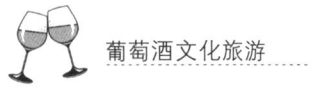

(续表)

线路名称	冬游宁夏遇见不一样的张裕
线路特色	参观东方金字塔——西夏王陵,领略西夏的神秘文化 品鉴世间美酒,认识葡萄酒的文化知识 感受西部荒凉,认识民国的银川 冬季送温暖,温泉小镇疗养治寒
主要景点介绍	1. 西夏王陵 中国现存规模最大、地面遗址最完整的帝王陵园之一。 中国现存规模最大的一处西夏文化遗址。 2. 张裕摩塞尔十五世酒庄 集葡萄种植,葡萄酒生产,葡萄酒文化展示,葡萄酒品鉴,会议接待和旅游观光于一体的高档综合型葡萄酒庄园。 3. 镇北堡西部影视城 国家文化产业示范基地 国家级非物质文化遗产代表作名录项目保护性开发综合实验基地
参考定价	门票:335元,包含:张裕摩塞尔十五世酒庄、镇北堡西部影视城、漫葡小镇、西夏王陵 交通费:30元/人;导服费:20元/人;其他:23元/人 总计:488元/人
出游须知	1. 宁夏昼夜温差大且干燥,请游客注意保暖,及时补充水分。 2. 旅游装备:建议准备徒步鞋或旅游鞋。 3. 回乡特色饮食与内陆地区的饮食口味有一定的差距,请提前了解清真餐的注意事项。

2. 案例二:"西夏王陵+长城云漠酒庄品质骑行一日游"(选自学生优秀小组作业)

该路线是以山地自行车为交通乘坐方式,结合依托葡萄酒和历史的吸引魅力而开发的旅游线路。

线路名称	西夏王陵+长城云漠酒庄品质骑行一日游
线路安排	7:30 集合北方民族大学正门出发 8:20 到达西夏王陵景区 8:30—11:00 游览西夏王陵,了解西夏国的前世今生 12:00 享用当地特色美食 12:50 继续骑行前往长城云漠酒庄 13:10—17:50 游览长城云漠酒庄 18:00 行程结束,开始骑行返程。
产品线路特色	骑行品葡萄美酒,探秘神秘西夏史。 美酒与历史的交杯。
主要景点介绍	1. 西夏王陵 中国现存规模最大、地面遗址最完整的帝王陵园之一。 中国现存规模最大的一处西夏文化遗址。 2. 长城云漠酒庄 集葡萄示范种植,葡萄酒酿造,科研,葡萄酒文化旅游观光为一体的综合生态园。

(续表)

线路名称	西夏王陵＋长城云漠酒庄品质骑行一日游
线路定价	总计:180元/每人 包含:车费20元/每人,门票70元/每人,导游服务20元/每人,食宿费用50元/每人。
出游须知	1. 组团要求:4人起成团方可出发。 2. 行程可能由于交通或天气等不可抗因素调整时间。 3. 骑行要求一定体力,报团时需考虑清楚。

二、葡萄酒文化会展旅游节事设计

(一) 葡萄酒文化会展旅游节事设计概述

1. 概念、类型、特征

葡萄酒文化会展旅游是指借助葡萄酒所具有的丰富的文化内涵和独特的资源优势,举办的各种类型的与葡萄酒相关的会议、展览会、博览会、交易会、招商会、文化体育、科技交流等活动,其目的是吸引游客前来洽谈贸易,观光旅游,进行技术合作、信息沟通和文化交流,并带动葡萄酒技术、交通、旅游、商贸等多项相关产业发展的一种旅游活动,是葡萄酒文化旅游开发的重要内容之一。

葡萄酒文化会展旅游主要包含的几大类型有:

(1) 会议:是人们有组织地聚集在一起交流任何有关葡萄及葡萄酒的相关信息、联络感情和制定决策的活动。通俗地说是指由各种类型会议派生的旅游。

(2) 展览:是为参与任何有关葡萄及葡萄酒的产品展示、信息交流和经贸洽谈等商务活动的专业人士和参观者而进行的一项专门的旅行和游览活动。

(3) 节事:是非定居者由于参加葡萄酒相关节庆和事件的目的而引发的旅游活动。

(4) 奖励:是基于工作绩效而对优秀员工及利益相关者进行奖励的管理方法和以葡萄酒文化旅游方式进行的商务活动。

葡萄酒文化会展旅游与会展旅游存在一些共性的特征,如:

➢ 组团规模大:上海世博首次30万大客流考验。

➢ 消费档次高:会展旅游人均消费是一般游客的3～5倍,而葡萄酒文化旅游的消费较之会更高。

➢ 停留时间长:是普通旅游者停留时间的2～3倍。

➢ 季节性弱:会展一般可以在旅游淡季举行。

➢ 经济带动作用强:会展业通常被称为经济的"晴雨表"或者是"风向标"。

➢ 主题专业性强:政治、经济、文化、科技、教育等。

➢ 产业关联性强:产业间互动性能好,综合效益高。

➢ 信息积聚性好:利于降低买卖双方的交易费用。

（二）葡萄酒文化会展旅游策划

1. 题材的初选

首先选择立项策划的行业，一般而言行业选择的几大原则包括：选择该地区的优势产业和主导产业；选择国家和本地区的重点发展产业；选择政府扶持的产业。

展览题材选择的具体方法包括：

➢ 新立题材：通过对信息的收集和整理，选定一个本展览机构从来没有涉及，或其他办展机构进入得少甚至没有办展机构进入的展览题材。

➢ 分列题材：将办展机构已有的展览会的展览题材再做进一步细分，从原来的大题材中分列出更小的题材，并将这些小题材办成独立的展览会的选题方式。

➢ 拓展题材：将现有展览会所没有包含的，但与现有展览会的展览题材有密切关联的题材，或是将现有展览会展览大题材中还未包含的某一细分题材列入现有展览会展览题材的方法。

➢ 合并题材：将两个或两个以上彼此相同或有一定关联的展览题材的现有展会合并为一个展览会，或将两个或多个展会中彼此相同或有一定关联的展览题材合并在一个展览会中展出。

2. 立项可行性研究

（1）市场环境分析

在会展活动的策划阶段，市场环境分析是作为可行性研究的重要部分，主要从宏观市场和微观市场环境两方面进行分析，具体分析内容如下表4-2所示。

表4-2 市场环境分析

宏观市场环境分析	微观市场环境分析
① 政治法律环境：产业政策、产业发展规划、海关有关规定、市场准入规定、知识产权保护等。	① 办展机构内部环境：资金、人力、物力。
② 人口环境：人口数量、人口分布、机构和变动趋势等。	② 目标客户：展会潜在的参展商和观众游客等。
③ 经济环境：社会经济发展水平、产业经济发展水平、展会所在地的城市配套设备情况、地域优势等。	③ 竞争者：与本展会有竞争关系的其他同类展会状况。
④ 市场信息：市场规模、市场竞争态势、经销商数量和分布状况、行业协会状况、产业市场发展趋势、相关产业状况等。	④ 营销中介：协助展会进行宣传推广和招展招商的中介组织。
⑤ 技术环境	⑤ 服务商：展馆、搭建商、旅行社、宾馆、印刷等配套会展服务。
⑥ 社会文化环境	⑥ 社会公众：媒体、政府、当地民众、金融机构等。

（2）获取信息的途径方法主要包括：委托专门的市场调查机构、收集二手资料、进行市场抽样调查。

(3) 战略分析的方法通常可采用 SWOT 分析法。

3. 展会项目立项策划

(1) 展会名称

➢ 基本部分:展览会、交易会、博览会

➢ 限定部分:说明举办的时间、地点及展会的性质

➢ 行业标识:标明展会题材和范围

(2) 地点:具体办展所在城市与展馆

(3) 办展机构:主办单位、承办单位、协办单位、支持单位

(4) 办展时间

(5) 展品范围:办展机构的优劣势是选择和确定展品范围时需要考虑的一个重要因素。

(6) 办展频率

(7) 展会规模:面积、参展单位的数量、参观展会的观众。

(8) 展会定位:是一个什么样的展会?提供了哪些与众不同的价值?

(9) 展会价格:为展会的展位出租制定一个合适的价格。(成本导向定价法;需求导向定价法;竞争导向定价法)

(10) 展会初步预算:对举办展会所需要的各种费用和举办展会预期可获得的收入进行初步测算。

(11) 展会盈亏平衡分析(可行性分析)

(12) 展会经营风险分析(可行性分析)

(13) 展会项目生命力评价(可行性分析)

(14) 展会执行方案分析

(15) 展会进度安排

(16) 项目立项策划书内容

项目立项策划就是根据所掌握的信息,对即将举办的展会有关事宜进行初步规划,设计出展会的基本框架,提出计划举办的展会的初步规划的内容。项目立项策划书即是为策划举办的新展会而提出的一套办展规划、策略和方法,是对以上各项内容的归纳和总结。一般地,其内容主要包括以下 13 点:

① 办展市场环境分析
② 办展宗旨、目的
③ 提出展会的基本框架
④ 展会价格及初步预算方案
⑤ 展会工作人员分工计划
⑥ 展会招展计划
⑦ 展会招商计划
⑧ 展会宣传推广计划
⑨ 展会筹备进度计划
⑩ 展会服务商安排计划
⑪ 展会开幕和现场管理计划
⑫ 展会期间举办的相关活动计划
⑬ 展会结算计划

(三) 葡萄酒文化旅游会展节事设计案例——贺兰山东麓葡萄酒国际博览会

中国葡萄酒产业发展速度迅猛，宁夏作为国内生态条件绝佳的酿酒葡萄产区，已成为世界瞩目的"风水宝地"。银川是我国西北地区重要的经济贸易中心，具有极强的经济辐射能力和优越的地理位置，是葡萄酒终端消费的重要市场。为了促进地区葡萄酒产业健康发展，倡导葡萄酒文化，树立葡萄酒品牌，创造国内外交流合作平台，承办方进行了周密的设计、策划，力求通过展会让更多的人了解葡萄酒及其文化，并且通过展会把银川贺兰山东麓庄园旅游作为宁夏一个新的旅游项目进行推广宣传，从而为宁夏葡萄酒发展搭建立体交流合作平台，把中国（银川）贺兰山东麓国际葡萄酒博览会办成常态的、专业的品牌葡萄酒品鉴会，成为银川葡萄酒发展新窗口，促进地区经济的快速发展。

葡萄酒旅游是将工业、农业和服务业密切结合的一种很具有发展潜力的专项旅游活动。随着葡萄种植及葡萄酒文化的传播，葡萄酒旅游在国外已经有了长足的发展，法国、澳大利亚、新西兰、南非等都相继开展了以葡萄酒为主题的旅游活动，并且收效显著。这些葡萄酒生产国为了扩大本国葡萄酒在世界上的影响，提高本国产品的销售及市场占有率，把会展业与葡萄酒产业有机结合起来，以会展业带动和促进葡萄酒业的稳步发展。与此同时，相关国家和地区的葡萄酒旅游产业也在20世纪90年代以后迅速成长，成为相关国家和地区会展旅游业的重要组成部分，甚至是整个国民经济的关键产业。为了与国际接轨，中国（银川）的葡萄酒要想更快地发展，就要与会展业相结合举办国际葡萄酒博览会，为葡萄酒产业打开与外界交流的一个窗口，使之能逐渐走向国际化。

案例分析

请试用所学知识并结合上述案例，对宁夏贺兰山东麓葡萄酒国际博览会可行性进行分析，并为其撰写一份立项策划报告。

三、葡萄酒文化旅游特色要素设计

(一) 葡萄酒文化旅游特色要素概述

葡萄酒文化旅游的特色要素是融合旅游六要素（吃、住、行、游、购、娱）以及衍生要素（商、养、闲、情、奇）而产生的独具葡萄酒文化特色的要素，主要体现为特色餐饮、特色住宿、特色交通和特色街区，其更加符合葡萄酒文化旅游者的猎奇性和体验性的消费心理。

所谓葡萄酒文化旅游特色要素设计就是针对旅游的要素进行有针对性的开发，在传统的简单要素上进行特色创新，凸显其独特价值。其中，对于葡萄酒文化旅游特色要素的设计要遵循一定的原则，如主导产品明确，整体形象鲜明；在对葡萄酒文化旅游的特色要素设计时，要突出葡萄酒特色，扬长避短，在整个市场上树立与其他行业所不同的亮点，以点带面；注重游客参与性及深层次的挖掘；参与性越强，则游客体验越生动、深刻，因此在设计时要考虑到游客参与性的问题。此外,在设计时不能停留在表面,要更倾向于葡萄酒文化方面的开发设计;长短结合原则。当然,在进行葡萄酒文化旅游特色要素的设计时更要考虑到酒庄本身,既要考虑到酒庄的短期利益,更要考虑酒庄的长期发展,在适当的时期投放合适的产品,以谋求酒庄的稳定持续发展;再如最佳综合效益原则,实施一点多用等。依据一定原则,开展葡萄酒文化旅游特色要素的设计。

(二) 葡萄酒文化旅游特色要素案例

1. 特色餐饮

(1) 凤凰里城市酒窖

走进宁夏凤凰里·城市酒窖,这里汇集了贺兰山东麓各大酒庄的精品葡萄酒,为各酒庄提供葡萄酒展示展销、仓储等相应配套服务。酒窖内设 O2O 品鉴、VIP 品鉴、产品展销区、吧台休闲、文化长廊等多个区域,不同区域可满足葡萄酒品鉴、餐饮简餐、活动承办、商务交流、葡萄酒培训、葡萄酒个性化定制、旅游休闲等多种需求。其中,"轻食+美酒"是凤凰里最新推出的餐饮服务,其主要是针对不同的消费者群体,打造节日里的轻奢套餐,为消费者提供全新的产品服务和消费理念。如圣诞节日的情侣套餐,法棒三文鱼沙拉,碳烤雪花牛排配红酒雪梨,以及蜜梨恋桃胶配酸奶蛋糕,中西餐饮的搭配为情侣们营造一种浪漫的氛围。

(2) 埃伦西餐厅

位于北京朝阳区三里屯 SOHO 的埃伦西餐厅,是一家埃伦葡萄酒连锁重金打造的品牌旗舰店,这里吸引来自世界各地注重高品质生活的人群,汇集了欧洲的大厨和全世界顶级的酿酒师和美食家。作为一家专业的葡萄酒进口商和连锁品牌,目前,埃伦在全国范围内拥有一百多家连锁店,独家代理了世界各地两百多款优质葡萄酒,并悉心经营连锁西餐厅和俱乐部,引领行业趋势。在北京,专业的葡萄酒西餐厅并不多,埃伦的店主在海外留学学习了酿酒工艺,并带着传播葡萄酒文化的梦想回国发展。深受葡萄酒文化旅游大众所喜爱的菜品是勃艮第红酒低温慢炖 6 小时牛脸肉,经法国勃艮第酒庄红酒的烹煮留下绵长的葡萄酒香与若有似无的柑橘香气。埃伦葡萄酒西餐厅并不是一家普通的西餐厅,而是一群葡萄酒文化爱好者与传播者的集结地,它所打造的葡萄酒美食的生活方式和精神传承,为来自五湖四海的葡萄酒旅游消费者开启了美酒美食之旅。

2. 特色住宿

(1) 葡萄酒店(The Grape Hotel)

波兰的弗罗茨瓦夫葡萄酒店位于博物馆、宫殿和大教堂附近,是一家 5 星级葡萄酒店,为游客提供公园式古典客房和优质的套餐服务。酒店于 1890 年开业,于 2012 年进行了全面整修。店如其名,葡萄酒店的房间名字是用葡萄品种和特色产区来命名的,比如"纳帕(Napa)""杜罗河(Douro)""黑皮诺(Pinot Noir)"等。同时,酒店还有一座名为"香槟(Champagne)"的公寓。酒店是复古和现代结合的风格,同时还为顾客提供酒店独家编写的品酒指南。此外,弗罗茨瓦夫葡萄酒店周围交通便利,仅 3 公里可到达弗罗茨瓦夫中心著名的百年厅及动物园以及体育场和餐厅。

(2) 葡萄园酒店(Vineyard Hotel)

南非开普敦市的葡萄园酒店位于纽兰兹,地处 Liesbeek 河河岸,交通十分便利。距离开普敦市中心有 10 分钟车程;Victoria & Alfred 海滨和开普敦国际会议中心距离酒店 10 分钟车程。酒店提供周围 1.5 公里范围内的免费班车服务,并且酒店内设有免费私人停车场。酒店的环境优雅,每间客房都能看到花园或山景;室内装饰有南非著名艺术家的艺术作品,充满了浪漫的艺术气息。配套服务奢华齐全,酒店设有泳池、健身房、Square 餐厅、寿司吧和各种健康理疗服务。此外,客人可以于每周一晚上品尝葡萄酒,为客人带来全身心的体验与享受。

3. 特色交通

(1) 移动酒庄

贺兰山东麓"移动酒庄"是目前国内的首个葡萄酒体验专属车厢,往返银川至北京,浪漫而充满新意。"移动酒庄"设立了 12 个专业品酒席位,配备独立厨房;开展葡萄酒知识讲堂,为游客提供餐酒搭配深度体验,同时还可以为 VIP 客户提供高端商务专属定制服务。为往返于北京及银川的游客提供更轻松、更舒适的乘车

环境和旅途体验。一张车票，一场旅行，一杯葡萄酒，只为感受酒杯中的诗与远方。

（2）法国葡萄酒产区游轮巡航

众所周知，法国是品尝葡萄酒的最佳目的地，但是，对于想开拓新目的地的旅行者来说，葡萄酒巡航也许是一个新鲜的旅游体验。阿玛河轮是欧洲首个推出葡萄酒巡航旅游的公司。2015年，其推出的巡航旅游产品包含了19条葡萄酒巡航线路。到2019年，已经增加到50多条巡航线路。这些巡航路线的活动通常包括：游轮品酒活动、美酒佳肴主题会、葡萄酒鉴赏研讨会、在葡萄种植区品尝当地出产的红酒并参加体验当地的风光。由葡萄酒制造商组织的活动通常都会更加深入地鉴赏不同地区、不同年份的葡萄酒，并且为游客提供精心准备的晚餐。

四、葡萄酒文化旅游商品设计

（一）葡萄酒文化旅游商品概述

1. 葡萄酒文化旅游商品概念

（1）发展葡萄酒文化旅游商品的意义

旅游商品是旅游业的一个重要组成部分，葡萄酒文化旅游更是旅游新兴产业的一个重要组成部分。发展葡萄酒文化旅游商品不仅体现为对旅游经济的推动作用，更重要的是能否最大限度地吸引葡萄酒旅游者购物。葡萄酒文化旅游商品已成为葡萄酒旅游业发展程度的重要标志；葡萄酒文化旅游商品的收入在葡萄酒文化旅游业总收入中的比重，往往能显示当地的葡萄酒文化旅游产业经济效益的好坏。葡萄酒文化旅游商品的供给数量和质量直接关系到葡萄酒文化旅游业兴衰和旅游经济的可持续发展。

（2）葡萄酒文化旅游商品的概念

葡萄酒文化旅游商品，是指葡萄酒文化旅游活动中，葡萄酒文化旅游者在葡萄酒文化旅游地出于非商业目的购买的有形商品。

关于"旅游产品"和"旅游商品"两者的概念，是国内学者受到西方文献的影响认为西方学者用的"tourism product"直译就是"旅游产品"，而旅游商品是旅游者购买的服务和产品的总和。经过对目前国内外学术界约定俗成的总结，现在人们已经基本接受旅游商品表示有形的实物商品，而旅游产品指的是旅游活动中为旅游者提供的无形的服务。所以，只有在葡萄酒文化旅游地购买的、能够提升葡萄酒文化旅游地经济效益的商品才能算作葡萄酒文化旅游商品。

关于"商品"和"旅游购物"两者概念，根据商品学中的定义，商品指的是为了交换或出卖而生产的劳动产品，它是使用价值和价值的统一体。通俗的理解，"旅游商品"便是在"商品"的基础上加了"旅游"这个定语，"旅游"在这里可以理解为动词"旅游活动"，也可以理解为名词"旅游者"或"旅游地"，故而旅游商品则应是与旅游者、旅游活动、旅游地相关的劳动产品，它的价值和使用价值都应该与旅游者、旅游活动、旅游地相关联。对于旅游购物，世界旅游组织指出，旅游购物支出是指为旅游做准备或旅途中购买商品，不包括服务和餐饮的花费，亦不包括任何一类旅游者出于商业目的所做的购买。

（3）葡萄酒文化旅游商品的特征

葡萄酒文化旅游商品应该具有文化性、有形性、效用性、地域性、层次性、针对性、纪念性、艺术性、纪念性、实用性、轻便性等特征。

➢ 文化性：文化是葡萄酒文化旅游商品的灵魂，畅销的、受到喜爱和追捧的旅游商品一定附有丰富的文化内涵。葡萄酒文化旅游商品是一个国家、地区的文化象征意义，是旅游目的地历史渊源和文化背景的载体。旅游商品的开发不仅是一种技术、经济行为，同时更是一种文化的承袭、积累乃至创新的行为。

➢ 有效性：葡萄酒文化旅游商品是以有形商品来体现承载无形葡萄酒文化的媒介，将旅游活动的价值和过程积淀下来，成为一种物象的商品。

➢ 效用性：它的使用价值可以体现为具体的使用价值和抽象的使用价值，特别是那些具有欣赏纪念性的葡萄酒旅游工艺品表现得更为突出。

➢ 地域性：它与普通商品的最大区别在于它是在葡萄酒文化旅游地购买的，具有特定葡萄酒文化旅游地域的文化内涵。同一件商品，在常住地和在旅游地购买的价格可能相差很多，原因就在于旅游地赋予了商品的旅游相关性，转化属性的商品会因为融合了游客的旅游体验而提升价值。

➢ 层次性：由于游客的身份层次、旅游动机、需求不同和旅游商品的消费价值不同，决定了葡萄酒文化旅游商品应该具有明显的层次性。

➢ 针对性：由于游客来自不同的地域，他们有各自的地域文化风俗习惯，不同国家地区的游客还有不同的宗教信仰，所以葡萄酒文化旅游商品应该有一定的针对性。

➢ 纪念性：纪念性是葡萄酒文化旅游商品的基本特性。葡萄酒文化旅游商品是旅游经历的物证，寄托着旅游者的情感和体验。葡萄酒文化旅游商品在葡萄酒文化旅游活动结束后能让旅游者见物思情、见物思景，加深对旅游经历的感受和回忆，具有纪念意义。对大多数旅游者来说，旅游商品的真正意义不在于商品的实际价值，而在于它的纪念意义。

其次，葡萄酒文化旅游商品是葡萄酒文化的概括提炼，应该集艺术性、纪念性、实用性、便携性等相统一，既要满足消费者的旅游消费需求，又要满足文化商品的艺术美感；既要引起游客的旅游购买，又要留住游客的旅游记忆；既要符合旅游地商品的传统特色，又要考虑游客购买后的方便实用。

2. 葡萄酒文化旅游商品的分类

葡萄酒文化旅游商品的品类丰富多样，分布广泛，功能、价值以及制作工艺各不相同，为了更方便葡萄酒文化旅游商品的发展,并促进葡萄酒文化旅游商品的开发设计、生产制作、销售推广,有必要对葡萄酒文化旅游商品进行简单分类。

学术界对旅游商品的定义不同,对于葡萄酒文化旅游商品的分类也有不同的说法,如按使用者不同可以分为自用商品和他用商品;按购买习惯可以分为旅游日常用品、旅游选购品和旅游专门品;按商品的功能和动机可以分为旅游纪念品、地方特色食品、工艺美术品和手工艺品、旅游文化用品、旅游户外用品和旅游高科技产品等。经过对目前国内外学术界的总结可将葡萄酒文化旅游商品分为以下五类:手工艺品类、化妆品和洗护用品类、食品类、纪念品类、书籍视频音乐制品类。这五大类又各自包含不同的系列,具体见下表4-3。

表4-3 葡萄酒文化旅游商品分类

类别	品类	类别	品类
手工艺品类	传统美术系列	食品类	特色风味系列
	特色雕塑系列		特色小吃系列
	特色泥塑系列		土特产系列
	编结技艺系列		绿色养身系列
	织锦技艺系列	纪念品类	博物馆文创系列
	黄河石系列		地域文化文创系列
	沙系列		景区文创系列
	古建筑技艺系列		文化主题馆文创系列
	陶瓷系列		酒庄建筑文创系列
	刺绣印染系列		葡萄酒纪念品系列
化妆品和洗护用品类	床上用品系列	书籍视频音乐制品类	文化旅游书籍系列
	化妆品系列		视频制品系列
	清洁用品系列		动漫系列
	护肤用品系列		音乐制品系列

3. 葡萄酒文化旅游商品开发原则与主要方式

葡萄酒文化旅游商品的开发实际上是对葡萄酒文化旅游商品的文化设计。

在任何商品生产中,社会需求决定了要设计和生产审美产品,社会的需要具有多样性和发展性,把握这些需求,就要把社会的、经济的和文化的有机结合起来,凝聚在物质形态之中。葡萄酒文化旅游商品开发中我们要充分挖掘文化内涵,突出特色;树立市场观念,增强市场意识;强化质量管理,增强品牌意识,为葡萄酒文化旅游商品开发创造良好的环境。

(1) 葡萄酒文化旅游商品开发原则

葡萄酒文化旅游商品开发要遵循以下四个原则:

➢ 市场导向原则:坚持以市场需求(客户、竞争者、市场环境变化等)为导向,遵循市场供需规律确定商品内容及价格;针对竞争者采取经营对策,根据客户需求为客户定制旅游商品等;以竞争对手为学习对象,不断创新优化葡萄酒文化旅游商品。

> 特色突出原则:特色总是旅游商品的灵魂。突出特色(或主题)可以使旅游商品充满魅力,获得强大的竞争力和生命力。要求对旅游商品的资源、形式要精心选择,力求充分展示葡萄酒文化旅游的主题,做到特色鲜明,以新、奇、美、异吸引葡萄酒旅游者的注意。

> 注重审美原则:人的审美感受是通过观看自然物、人造物或艺术品及美术作品所得,通过创造美的可视形象吸引游客视觉的美感体验,使其得到美的享受和陶冶,情感得以抒发。

> 就地取材原则:挖掘当地切题的素材,为自己的葡萄酒文化旅游商品服务。

(2) 葡萄酒文化旅游商品开发主要方式

> 自行研制:一种独创性的研制。

> 技术引进:企业发展某种主要产品时,在国际市场上已有成熟的制造技术可供借鉴,为了争取时间,迅速掌握这种产品的制造技术,尽快把产品制造出来以填补国内空白,而向国外生产这种产品的企业引进制造技术、复制图纸和技术文件的一种方式。

> 自行研制与技术引进相结合:有条件的企业不应把新产品开发长期建立在技术引进的基础上,应逐步建立自己的产品研究开发机构,或与科研、产品设计部门进行某种形式的联合,开发自己的新产品。

(二) 葡萄酒文化旅游商品开发案例

1. 志辉源石酒庄—源石小饮宁夏风景系列葡萄酒

源石小饮:大醉难求,小饮常有。

品型:干红葡萄酒

主要消费人群:葡萄酒爱好者、大众游客、年轻人群

关键词:便携、小清新、小饮

设计思路:将小饮定位于迷你瓶身设计,既满足葡萄酒爱好群体想喝几口的时候,刚好几口,又满足大众游客初识葡萄酒、年轻人群求新求异等需求。

源石小饮图标为宁夏风景系列,加入了中式元素的清新设计,与志辉源石酒庄的中式酒庄相呼应的同时,宣传了宁夏优美的风景,可激发消费者前来旅游。

2. 西紫团队—皇蔻白葡萄酒酒标

皇蔻:寓意为皇帝的女儿

品型:白葡萄酒类

主要消费人群:年轻人群

关键词：女儿、青春、活力、梦想、自由、豪放

设计思路一：皇帝的女儿定义为梦幻的公主，可以贴近客户人群，符合青春的梦幻气息，葡萄酒的气息需要体现出来，再加上贴合消费人群的文案标语。

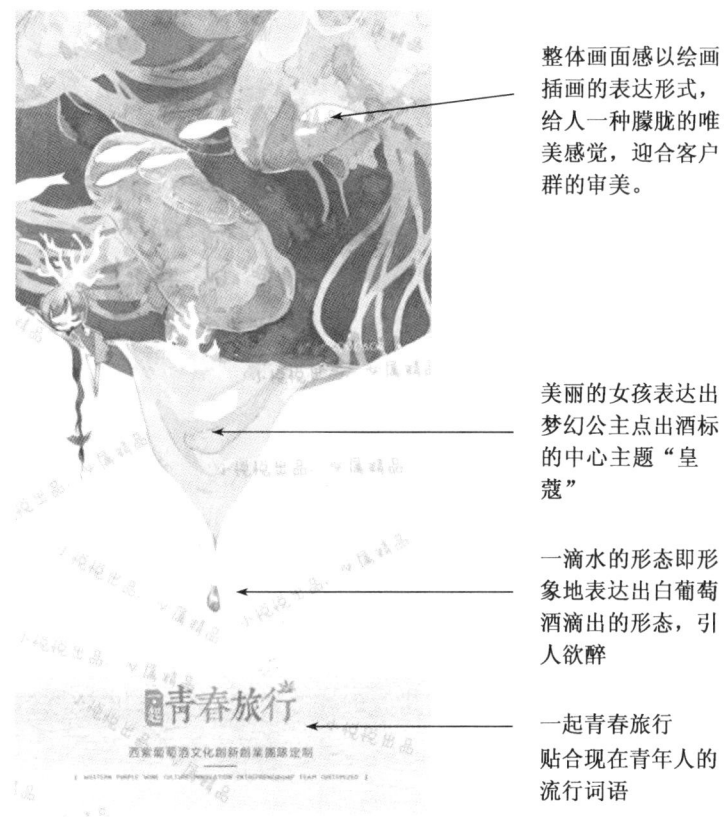

整体画面感以绘画插画的表达形式，给人一种朦胧的唯美感觉，迎合客户群的审美。

美丽的女孩表达出梦幻公主点出酒标的中心主题"皇蔻"

一滴水的形态即形象地表达出白葡萄酒滴出的形态，引人欲醉

一起青春旅行
贴合现在青年人的流行词语

插画：在拉丁文的字义里，原是"照亮"的意思。现代插画的基本诉求功能就是将信息最简洁、明确、清晰地传递给观众，引起他们的兴趣，努力使他们信服传递的内容，并在审美的过程中欣然接受宣传的内容，诱导他们采取最终的行动。

➢ 展示生动具体的产品和服务形象，直观地传递信息。
➢ 激发消费者的兴趣。
➢ 增强广告的说服力。
➢ 强化商品的感染力，刺激消费者的欲求。

通过所设计酒标中各要素的结合，意在突出其中心主题，即"皇蔻"，展现青春气息，满足大部分年轻人对于葡萄酒市场的需求。

设计思路二：皇帝的女儿定义为跳舞的女孩，给人一种动感，让葡萄酒以动态的形式抓住消费者的眼球、感官。舞蹈的鲜明特征、舞姿的瞬间之美和舞者的韵律动感正迎合了青春的朝气蓬勃之象。

酒滴与舞者的结合给人一种夺人眼球的动感、跳舞女孩的张力让人感觉酒文化的动感十足，让葡萄美酒以一种动态的形式跃然纸上。

踏浪青春，绽放人生，舞出最美的自己

舞蹈是择偶、求婚和进行情爱训练的主要方式和手段。随着 Urbandance. Cn 编舞网的传播，认为舞蹈不仅表现人的情爱，人们的各种激越的情感，人们生活中有重大意义的情感和活动，都会用舞蹈来表观。再没有别的艺术行为，能像舞蹈那样的转移和激动一切人类，我国古代乐舞理论中就有："情动于中而行于言，言之不足故嗟叹之；嗟叹之不足故咏歌之；咏歌之不足，不知手之舞之足之蹈之也。"这也生动地说明了舞蹈是表现人们最激动的情感的产物。故而酒标选用一种舞者的形态表达出"皇蔻"的主题思想。

设计思路三：梦想＝理想＋努力　① 描述未来；② 依赖个人经验；③ 有的梦想还具有虚幻性，与现实有差距；④ 也许会有一种驱动力。

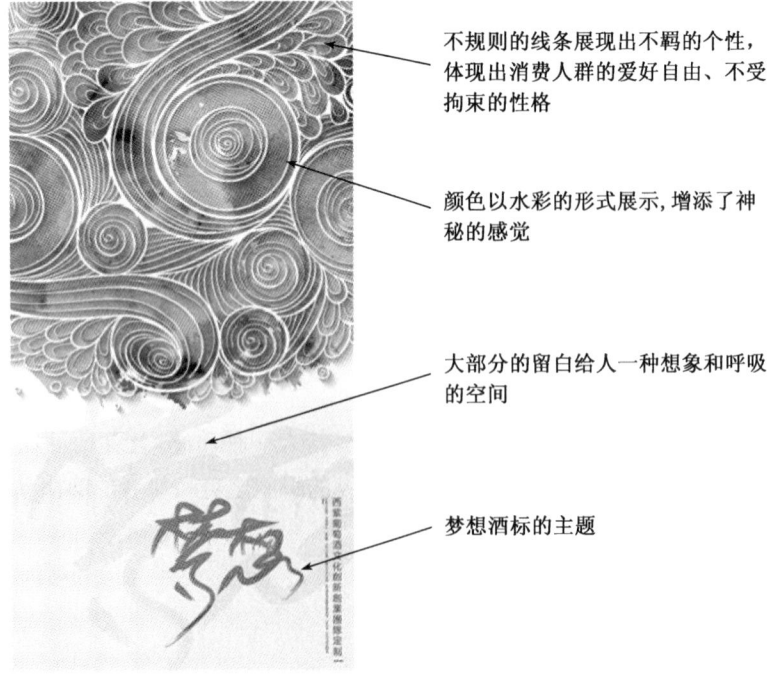

不规则的线条展现出不羁的个性，体现出消费人群的爱好自由、不受拘束的性格

颜色以水彩的形式展示，增添了神秘的感觉

大部分的留白给人一种想象和呼吸的空间

梦想酒标的主题

线条表达的是无止境,不规则的线条则表达了自由。酒标中的线条表达出了对遥远的未来的一种自由以及向往。"皇蔻"主要面对人群为:青年人群(包含大学生)。青葱岁月中每一个人都会有自己的梦想,贴合消费者的心理,更深层次地打动消费者。或者让消费者会有一种眼前一亮的感觉,从而抓住消费者的心理,同步消费者。

3. 酒标设计——叶语,花读,蔓联,果成

品种:叶语——北玫北红;花读——贵人香;蔓联——赤霞珠、美乐;果成:赤霞珠、美乐、蛇龙珠。

设计思路:看一颗颗小葡萄完美蜕变的轨迹。

 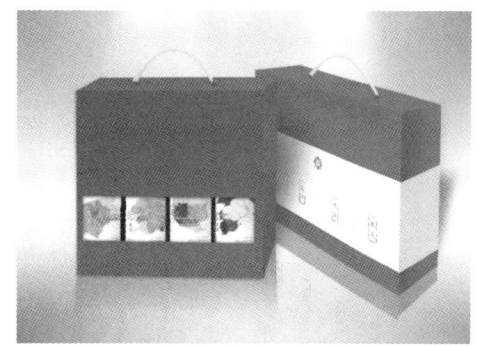

四款酒款款情洒兰山,四幅画幅幅花开塞上。色彩各异的四幅油画出自宁夏油画家王骞之手,"叶语、花读、蔓联、果成"与其说是在叙述一棵生命之树的故事,还不如说是在诠释合作共赢的理念。一杯美酒,一群友人,一念情绽,喜庆自成。人间有爱,爱爱联动。苍穹之下,万千思念,手持杯箸,等你归来。愿人间所有的相逢,都是事在人为中的彼此眷顾。

叶语: 娇艳欲滴的色泽和浓郁迷人的香气完美结合,绽放热情,抵御冬寒,诉说着叶与阳光的交融,叶对繁花的细语。

花读: 开瓶的一刻,清香漫逸,如同清晨的第一缕阳光,将温馨传递,将感官唤醒。麦秆黄与梨花香,淡雅清爽,暗香盈动,解读花与春风的互舞,花对碧叶的聆听。

蔓联: 映入眼帘的是国际标准桃红色,清丽而淡雅,如初春田野上行走的少女,生机盎然,恬静纯美,阐述蔓与泥土的情深,蔓对浆果的奉献。

果成: 浓郁的香气、沉静的色泽、醇厚的酒体,展示果与时光的沉积,果对蔓枝的感恩。

4. 创意酒架

5. 葡萄酒餐盘、创意开瓶器

第三节　葡萄酒文化旅游讲解词设计与研发

案例导读

　　一瓶真正好的葡萄酒所带给人们的一切感受应该来自葡萄本身。在保证了优质葡萄的情况下,采用最自然的方法发酵得来的自然酒才是葡萄酒应该有的样子。经过前期深入的对葡萄酒酿造技术的研究,结合大量消费者的切身体验,最终在葡萄发酵过程中始终保证零干扰、零添加的发酵方式,只通过发酵温度的控制,酿造出的葡萄酒做到了100%来自葡萄本身。

　　在现代酿酒工艺当中,大家普遍采用橡木桶进行陈酿,木质本身的特性决定了橡木桶陈酿过程中会有微养透气的作用,使得葡萄酒在陈酿过程中成熟得更好且变得更加柔和。据考证,木质本身至少会有1400余种物质会溶入葡萄酒当中,从而掩盖葡萄酒的不足和增强葡萄酒的结构。在中国,我们发现自古以来所有入口的食物或饮品都有用陶器盛放的历史,自公元前138年张骞出使西域,将葡萄及葡萄酒带回中原,中国也一直有饮用葡萄酒的历史,结合唐代出土的壁画等考古文献和历史资料,我们经过大量的考证和科学研究,为了保证葡萄酒的绝对纯净,摒弃了西方普遍采用的橡木制品陈酿技术。借鉴了中国传统的古法制陶工艺,经过对陶土的选择、罐型的设计、烧制工艺的改进等周密的研究,历时三年研制出了采用手工拍制而成、经过1000摄氏度以上高温持续烧制24小时以上、容积为1000 L的陶罐,并取得国家实用新型专利。陶罐陈酿葡萄酒的过程中,罐壁本身的微观物理结构具有与橡木桶相当的微养透气作用,并且会对葡萄酒内的杂质产生吸附作用,使得陶罐陈酿葡萄酒口感柔和、结构丰满、骨架坚实;罐体析出的钙镁离子和酒液当中的游离硫形成弱硫酸盐沉淀,使得陈酿葡萄酒本身存在的尖锐的酸变得圆润饱满;酒液内本身的小分子在直接饮用后会被人体吸收进血液,肝脏及其他器官代谢过程中则会产生宿醉后的痛苦,在长达两年的陈酿过程中葡萄酒内的小分子相互结合产生络合反应结合形成大分子结构,由于大分子结构在人体内本身不会被吸收,饮用后身体可以直接通过消化系统代谢出去,从而不会导致身体的额外负担,饮用时顺畅、愉悦,满足了中国人自古以来的饮酒文化形成的豪饮的习惯。

一、葡萄酒文化旅游讲解词开发概述

(一)葡萄酒文化旅游讲解词概念及特征

葡萄酒文化旅游讲解词概念是:导游员或讲解员在引导游客进行酒庄等葡萄酒相关景区观光、游览、品鉴、体验时所用的介绍性说明文字,是导游员向游客传递旅游文化,葡萄酒相关知识的工具,目的在于通过讲解词与旅游者交流思想。由于讲解词在传递过程中通过口头表达,因此需要注意在撰写和讲解的过程中的生动性和感染力。

1. 葡萄酒文化旅游讲解词的特征

(1)说明性

由于其涉及酒庄文化,葡萄酒文化和旅游文化,因此讲解词应注意如何通俗易懂把相关文化知识表达清楚,说明其作用,帮助游客在景区,景点,酒庄园区道路游览过程中加深印象,应兼具听觉作用和视觉作用。

(2)通俗性

由于游客通过听觉来获取相关信息,葡萄酒文化旅游讲解词应注意兼具知识说明性和口语通俗性,注意讲解内容难度,切记晦涩,文白夹杂,保证游客获得相关知识前提下保证趣味性和通俗性。

(3)文化性

葡萄酒文化旅游是集一、二、三产业为一体的特色旅游,蕴含深厚的历史内涵和高雅的现代文化,追求社会效益、经济效益和生态效益的统一。广义上说,葡萄酒文化主要是指以葡萄酒为主体的文化,涵盖了物态文化、制度文化、行为文化和心态文化四大层面,涉及政治、经济、社会、科技、文化、神态等领域。具体地说,主要包括葡萄园的种植和葡萄酒的生产酿造及技术、葡萄酒庄的制度及规范、葡萄酒与葡萄酒经济贸易、葡萄与葡萄酒相关的精神文明层面的文化(如民俗、形象、观念、艺术、工艺品)等。

(4)融合性

葡萄酒文化旅游是建立在葡萄产业及其自然生态环境、人文环境的基础上,以葡萄园生态种植文化、酒庄建筑文化、酿酒文化、酒庄制度文化、侍酒文化、康养文化、节庆文化、葡萄酒会展、葡萄酒艺术文化等文化资源为依托,通过观察、品尝、鉴赏、交流、体验等手段满足游客多重需求和多元化体验的具有葡萄酒产业特色的旅游业态。在全域旅游、文旅融合的时代,葡萄酒文化旅游也作为一种目的地营销策略,倡导着美好生活方式。

(二)葡萄酒文化旅游讲解词开发技巧

1. 葡萄酒文化旅游讲解词设计

葡萄酒文化旅游讲解词基本结构包含：

➤ 标题＋导游线路＋正文(前言＋总述＋分述＋结语)

➤ 开头语：(1)欢迎游客，拉近距离。(2)人员介绍，加深印象。(3)竭诚服务，表达态度。(4)预祝顺利，良好祝愿。

➤ 结束语：(1)总结行程。(2)表示惜别。(3)感谢合作。(4)表达歉意征求意见。(5)期待重逢。

2. 葡萄酒文化旅游讲解词正文撰写

葡萄酒文化旅游讲解词在撰写过程中应把握总—分结构。总述是指在进入具体景点景区前对其进行整体介绍。在撰写葡萄酒文化旅游讲解词时应注意内容的丰富性及准确性，但不能是单一的一般性介绍，应该努力挖掘景区景点背后的故事，例如可以穿插同类事物的鉴赏，同类事物比较，神话故事，名家评论，诗词点缀等。

(三)葡萄酒文化旅游讲解词撰写设计

1. 注意情境式讲解

因人而异、以人为本是情景式导游讲解的基本原则和出发点，即根据游客对象的不同采取不同的讲解内容和方式。如国内游客和国外游客，由于文化背景的不同，对景观对象的理解会有很大差异，在面对不同游客时，应该合理取舍讲解内容，重点讲解游客的兴趣点，满足好奇心。面对外国游客，对于某些历史背景比较复杂的人文景观应尽量避免冗长的介绍，而要适当地采取对比讲解使其产生与本国文化类似历史的联想，从而更好地理解景观的文化内涵，加深印象。不同年龄、不同区域、不同家庭结构等都应该成为导游关注点，应该根据这些因素的不同进行针对性的讲解，激发游客兴趣点，引起游客感情上的共鸣。情景式导游讲解充分体现了以人为本的导游服务理念，它强调的是：讲解内容的针对性、讲解方式的灵活性、情景再现的创造性、游览经历的体验性，目的是让不同类型的游客都能在游览过程中最大限度地获得心理满足，最大限度地提高旅游体验品质。

2. 挖掘文化内涵

旅游是一种文化活动，其本质是游客变换原有的文化环境，探奇求知，以吸引其他地域的文化。游客在游览的过程中，对景物外在的美和奇是可以直接感知的，而对于事物的本质特征只凭借感官是无法了解的，必须依靠讲解词来传达。准确把握聚落文化，是揭示景区整体文化特征的基础，是确定导游词文化基调的基本方法。葡萄酒文化主要是指以葡萄酒为主体的文化，涵盖了物态文化、制度文化、行为文化和心态文化四大层面，因此，葡萄酒文化旅游讲解词的创作设计不仅需要向游客介绍景观外在的美，更重要的是将景观中蕴含的文化内涵全面、准确地传达给游客，使审美价值得到最完美的体现，从而全面提高旅游活动的社会效益和经济效益。

3. 编织故事情节，语言生动形象

为保证葡萄酒文化旅游讲解词的趣味性，在讲解景点时，可以穿插一些坊间传说或民间故事,以激起游客的兴趣和好奇心理。需注意选用传说故事必须是积极健康的,并与景观特点及主题密切相连。葡萄酒文化旅游讲解词撰写过程中应充分运用生动形象的语言和丰富多变的词语,通过这些生动形象的语言帮助游客导入情景,以此使得游客留下深刻的印象。在葡萄酒文化旅游讲解词撰写中,可以适当地加入相关修辞手法,恰当运用修辞方法可以使得静止景观深化为生动鲜活的画面,从而使得讲解词更加具有吸引力。葡萄酒文化旅游讲解词是导游、讲解员和旅游者沟通的桥梁,讲解词可以帮助旅游者获得他们感兴趣的相关知识,为了保证整个讲解环节氛围良好,讲解词在撰写过程中同时要注意加入幽默风趣的韵味,以保证整个讲解环节在轻松的氛围下顺利进行。

4. 情感亲切,突出重点

葡萄酒文化旅游讲解词在撰写过程中应注意语言的文明、友好、亲切、富有人情味,让游客在讲解词欣赏的过程中感受到语言中的情感,通过语言向旅游者传递温暖及积极的情感。葡萄酒文化旅游讲解词创作中应注意,每个景点都有代表性景观,每个景观又都从不同角度反映出它的特色内容。讲解词必须在照顾全面的情况下突出重点。

(四) 导游讲解服务的原则

1. 计划性原则

在接团前应根据接待计划、旅游团线路安排、游客组成等因素,做好接待讲解计划。计划包括内容景物特色、重点、观赏途径、要点、时间安排及顺序等。

2. 针对性原则

进行导游讲解时,讲解词内容广度、深度及结构应该有较大差异,通俗地说,就是要看人说话。导游员讲的应该是游客想知道、有能力接受并感兴趣的内容。不同的游客对导游服务及导游讲解的要求是有区别的。讲解词的安排,要符合游客需要,要注意文化差异。

3. 灵活性原则

导游讲解的内容切忌千篇一律、墨守成规。导游讲解贵在灵活、妙在变化,即使游览同一景点,也应根据季节、时间、对象的不同,采用切合实际的讲解方式。

4. 以客观事实为依托原则

导游进行讲解时,无论采用何种方法和技巧,都必须以客观存在为依据,即导游的讲解必须建立在自然界或人类社会某种客观现实的基础上,不能捏造事实。

(五) 导游讲解服务技巧

导游讲解的语言艺术形式,对于取得良好的导游效应具有十分重要的作用,在导游讲解过程中,每个合格的导游人员几乎都有自己一套娴熟的导游方法和技巧,而且各有特色。导游讲解实地发挥尤其重要。应注意从不同的角度介绍景点之胜;从艺术的规律介绍景点之妙;用文学素材介绍景点之神;历史史实介绍景点之真。

二、葡萄酒文化旅游讲解词案例展示

（一）案例一　巴格斯酒庄讲解词

"葡萄甘甜爱相守，美酒香醇意更浓"，各位美酒恋人们，欢迎大家在七夕情人节体验之旅的第一站来到巴格斯酒庄，我是酒庄讲解员小王，希望此次旅程能带给您爱情之路上幸福而难忘的见证。

"巴格斯"为古罗马酒神的名字，源于他发现了葡萄酒后，便无论走到哪里都将酿酒技艺带到哪里，使当地的人走上致富道路，是原始自然、绿色健康的象征。现在我们看到十字大道中央伫立的便是酒庄标志性建筑——巴格斯酒神像。其悠久的历史传说为该酒庄赋予了浓厚的葡萄酒文化色彩，并在贺兰山东麓这片中国土地上释放出别样魅力。

今天咱们的体验可以说浓缩了"从田间到餐桌"的精华，每一对美酒恋人也会实现从"快乐农夫"到"绅士淑女"的角色转变：首先是葡萄采摘，其次是酿造体验，最后就是音乐主题红酒晚餐及镇庄之宝"永不分梨"的参观与分享。

好，大家跟随我的步伐，来到酒庄最美的一片酿酒葡萄种植园，酒庄摄影师会为大家抓拍留念，记录甜蜜收获的每一刻。俗话说"三分酿造，七分种植"，好的葡萄酒缘于良好的种植环节，简单地说，就是要每一颗葡萄都能接受充足的日照和适度的水分，还要保证成熟期的采摘。今天呢，我们摘的葡萄是酿酒葡萄美乐，因为其果实丰满，果汁多，果香浓（如李子、樱桃、草莓的香气，说到这里，大家就应该知道酿好的葡萄酒里能散发各种香气的由来了）。还有，果皮上的酚类物质（如花青素、白藜芦醇等）丰富，酿出的葡萄酒香气独特，酒体饱满，所以，美乐号称红酒世界中"王后"。好，从大家完备的着装上已经看到了大家的热情。请大家依次领取篮子，精致的剪刀已经准备好放在篮中，请大家注意了，采摘葡萄时要按照咱们之前约定好的：佩戴手套，挑选成熟果穗，还要爱护葡萄藤，注意田间脚下安全。瞧，这位农夫先生很棒啊，姿势很准确，用一只手轻轻托住葡萄的底部，另一只手用剪刀把葡萄的柄剪下来，这样可以避免损伤果树。一般啊，采摘葡萄将篮子装满，大概会有两斤，基本上就可以酿造一瓶750ML葡萄酒。咦，看来已经有细心的朋友发现葡萄酒庄园外围种了玫瑰花，那么有人知道这是为什么吗？没错，李女士说得对，玫瑰花和葡萄都很容易受到霉菌的侵蚀，相较于葡萄，玫瑰更加脆弱，只要玫瑰一有变化，庄园的工作人员会立刻对葡萄采取保护措施，玫瑰不仅代表浪漫，在葡萄庄园里，还有守护的寓意。看到大家基本采摘了一篮子的葡萄，这边走，咱们将带着亲手采摘的葡萄去到生产车间。我们所看到的这个建筑就是酿造车间，此栋建筑共有四个柱子、八级台阶取"四平八稳"之意。也是祝福大家幸福生活安稳顺和。请大家将自己的果篮贴好标签跟随咱们的酿造师傅，每个人采摘的葡萄都将除梗、破碎、压榨、发酵酿造，大家都了解这需要一定的过程，好的葡萄酒需要时间的沉淀，明年此时大家可以重返故地，来取出自己亲手酿造的葡萄酒，或者将由我们配送给您。

今天啊，大家都是酒庄的贵人，就在刚刚室内活动的时候，天公作美，下了一阵调皮的小阵雨，仿佛要提醒大家闻一闻这酒庄空气中的清香：泥土、果树和玫瑰花……巴格斯酒庄独具特色的主题音乐酒会即将开始。伴着空气中弥漫的阵阵清香,"巴格斯之恋"原创音乐阵阵入耳,让我们一起走进这诗意浪漫的梦幻仙境。

(二) 案例二　志辉源石酒庄导游讲解词

志辉源石酒庄

各位同学早上好!我是带领大家参加今天酒庄研学一日游的研学导师刘老师。每年,在葡萄树绿、葡萄花儿开、葡萄酒香飘的时候总有喜欢酒庄研学的同学问我,宁夏这么多家酒庄中哪家最有特色?可以说啊,随着贺兰山东麓葡萄酒产业近年来的的蓬勃发展,产区近百家酒庄都各具风格,尤其是旅游列级酒庄更可谓是"一庄一品"。今天,我带领大家前往的就是位于贺兰山脚下的特色酒庄之一——志辉源石酒庄。这是一座令很多人膜拜的酒庄,也是国家4A级旅游景区,我来过多少次都记不清了,可以说,每一次来都像着了魔一样,每一次都有不同感受,每一次都乐在其中,悟在其中。不知今天的研学游体验能够给大家带来什么样的感受。下面,请大家跟随我一起揭开这座"石头城堡"的秘密,一起探寻"初如早梅酸,晚作醴酪味。谁能酿为酒,为尔架前醉"的美妙场景。

看到酒庄门口刻着"源石酒庄"的石头,同学们都问我这个酒庄的取名缘由,这可以追溯到酒庄创始人袁辉庄主一家三代人的创业故事:1985年的时候袁辉在父亲袁福敏的带领下,与兄弟一起,在贺兰山下创业,开始经营砂石。"石"字便寓意庄主袁辉最初经营的砂石产业,也因酒庄的每一栋建筑、每一堵墙、每一条路,全都就地取材,使用贺兰山下的卵石建造而成。"源"字与家族的姓氏"袁"谐音,同时也蕴含了酒庄的起源特点;另外,酒庄坐落于贺兰山脚下,依山而生,继承了贺兰山的骨骼,寓意"山之源";地处于黄河上游,傍水而长,承袭了黄河水的灵动,寓意"水之源";位于贺兰山东麓葡萄酒主要产区,传承中国葡萄酒文化,寓意"酒之源"。为了让源石酒庄做到真正的中国特色家族传承式酒庄,少庄主袁园在国内知名大学——中山大学旅游学院完成了本科学习后,逐渐接管了酒庄。

我们第一站是源石酒庄发酵车间,面积为850平方米,最高13米,墙体厚2.5米(墙体厚能够起到夏天隔热,冬天保温作用,类似窑洞)。此处共设有发酵罐24个,10吨发酵罐有23个,15吨发酵罐有1个,这些不锈钢发酵罐全部采用医用级别的316不锈钢制成。

酿造车间

走出发酵车间(游客看脚下的耐火砖)。这些砖都是高温烧过后有残缺的耐火砖,庄主把这些耐火砖全部收集回来后,铺在酒庄的地面,脚下的图形像梵·高的一幅作品《星空》中的画面,故这条小路叫作"梵高路"。

现在请跟随我的脚步,一起进入酒窖。(酒窖入口)请大家抬头,我们头顶上方的装饰,全部为葡萄藤放在盐水里浸泡,沥干,由酒庄员工手工编织而成。因为在盐水里浸泡后有杀菌的作用,所以这个葡萄藤的设计有防虫的效果。二是因为其密度大,所以可以降低噪音。三是头顶的葡萄藤也是一个非常漂亮的工艺品设计,将酒庄每年不用的葡萄藤充分利用,无处不体现出酒庄环保的理念设计。在我右手边的这三件石雕叫作椒图——宋朝时期的石雕。据说龙生九子,椒图是龙王的第五子,其形状螺蚌,性格内向,固守自封,人们把其设在大门之上,震慑盗贼,以求安全之意。

酒窖桶储区

现在我们面前的就是酒窖了,地下酒窖整体面积3700平方米,建筑主材料采用贺兰山脚下的原石,橡木桶在进行微氧的过程中也吸收了贺兰山石头的精华。酒窖的屋顶全部都是利用了红砖,将每个红砖切成薄片贴在屋顶。因为红砖具有吸潮的作用,所以贴在屋顶的红砖反而越贴越紧。而且其创意在中国首当其冲,不失为酒庄设计的代表作品。志辉源石酒庄采用意大利GAI灌装线,此灌装线具有洗瓶灌装贴标加塞打码一系列功能,每小时最高时效是1500瓶,是贺兰山东麓葡萄酒庄中设备最先进的灌装线。

走过山之魂发酵区,转身就是山之子和山之语瓶储区,开阔敞亮的视野让人心潮澎湃。走进酒庄品酒大厅,墙壁上的竹简错落有致地写满了从汉到清,历代文人骚客有关葡萄酒的诗词;品鉴厅摆放的瓷器、古董和艺术品;别具匠心的用木轮改制而成的品酒桌,处处格古韵新。伴着浓郁的酒香,我们开始擦亮寻美的眼睛,这时才留意品酒桌中间的长方形凹陷处堆满了沙子,上面摆放着造型独特的酒架,让人浮想联翩。而品酒室正前方一面镶嵌着圆形玻璃窗的墙则为志辉源石增添了许多艺术气息。玻璃窗外的风景随着四季交替而不断变幻,静中有动,动中有静。酒庄的主要产品是志辉源石山之魂、山之子、山之语以及石黛系列。拿起酒瓶看酒标,将中国汉字文化、地域文化及贺兰山文化协调融入。"山之子"酒标上展示的是一幅人骑马的汉代画像,代表着张骞出使西域之意,象征红酒在中国的起源和丝路传播,加之排列有序的西夏文字就像舞者或呼或舞,任马儿驰骋,向世人诉说着贺兰山下的子民对这片大山的情和爱。对于红酒爱好者来说,也许不只是酒香,更多的是独具特色的中国葡萄酒文化会让美酒本身变得更醇厚吧!源石就是这样一个充满中国元素,处处散发着中国传统文化的酒庄。置身其中会有太强烈的归属感,恨不能让时光停留。

从酒庄的外围中式古典园林,到发酵酿造生产车间,再到酒窖和品鉴大厅,我们学习到了很多葡萄酒产业链的知识,相信大家也产生了许多有意义的感悟,比如酒庄的建筑风格和生态紧密结合,传统与科技相结合,追求"天人合一"的自然状态震撼人心;酒庄的创业故事让我们领悟到"饮水思源、艰苦奋斗、移民奉献"的创业精神;红白葡萄的酿酒工艺对比及酒庄酒的知识让我们进一步理解了酿酒文化;源石酒庄的品鉴环节更让我们感受到中国特色的葡萄酒文化。下面是大家自由品鉴交流的时间,让我们在品味美酒的同时领略酒庄文化内涵,留下难忘记忆,用中国人的方式传播中国特色葡萄酒文化。

本章小结

本章介绍了关于葡萄酒文化旅游开发与设计的相关内容,结合葡萄酒文化旅游产品开发的相关理论知识引导学生进行实务练习,并阐述了不同类型的葡萄酒文化旅游开发模式及葡萄酒文化旅游的开发机制。通过对葡萄酒文化旅游产品设计与讲解词的设计与研发的案例展示,强调了葡萄酒文化旅游产品设计方面实施的实用性及可操作性。

葡萄酒文化旅游

思考与讨论

1. 在进行葡萄酒旅游功能分区时,要注意什么问题? 与常规旅游景区功能分区有什么不同?

2. 如何避免葡萄酒旅游规划中的同质化?(例如缺乏特色、不落地的问题应如何解决?)

3. 要求学生设计一条葡萄酒文化旅游线路,要求注重原创性和可操作性。

4. 写一篇符合规范、文辞通顺、内容翔实、特色鲜明的葡萄酒酒庄讲解词。(字数要求:1500 字。)

第十二章　葡萄酒文化旅游的运营管理

学习目标

◆ 知识目标：阐释旅游酒庄服务质量的分类与特征；理解葡萄酒文化旅游人力资源管理的六大模块内容。

◆ 能力目标：能结合葡萄酒旅游从业人员胜任力特征，运用葡萄酒企业服务质量相关理论开展葡萄酒文化旅游营销。

案例导读

位于法国博若莱的 Le Hameau Duboeuf 公园，是欧洲范围内第一座以葡萄酒为主题的公园，它引领游客们走进一个关于葡萄和葡萄酒的神奇世界，在一个接一个的互动游戏当中一网打尽葡萄酒的起源以及种植酿造技术。

公园占地面积 3 万公顷，小火车是首推的出行工具，骑自行车轻松休闲，在这里暴走享受自然阳光，游客们在花园中漫步歇脚的同时，也可以带着孩子去互动剧场、观看 3D 电影。在视频里，小蜜蜂带游客俯瞰整个博若莱产区。当小蜜蜂飞翔时，游客脚下的站台会跟着小蜜蜂的飞翔前后左右地摆动，游客也会觉得是跟着它们飞！当游客跟着小蜜蜂飞过清风吹荡的葡萄园时，徐徐的清风也迎面扑来，让游客误以为真是飞翔在葡萄园上！

不仅如此，游客还可以参观专业博物馆，在这里，游客不仅可以看到古老年代遗留下来的酿酒用的工具，如旧时的开瓶器、木制压榨机，还可以看到橡木桶制作过程，以及观看博若莱产区视频等。或者去品鉴室尝尝葡萄酒，各种种类的酒款品鉴，可以极大地满足游客一次性地全面品鉴需求。公园中的葡萄酒专卖店不仅可以找到法国酒农的精品葡萄酒，还可以发现世界上其他国家的酒款。除了葡萄酒，还有很多烈酒可供选择，专业的侍酒师团队在早八点至下午七点随时为游客效劳。

除了常规的参观路线，公园内还安排了丰富的化装晚会、舞会、卡拉 OK 以及美妙的餐会等可供游客和孩子们选择。

Le Hameau Duboeuf 公园在法国的成功，不仅来自丰富多样的酒款和活动设置，还来自其贴心、周到的服务质量以及团队内严谨、认真的服务管理理念。

正如同其全球宣传片《Toudou 的探索之旅》中所描述的一样,这里不仅有葡萄酒和葡萄酒文化,更是让您打开心扉,享受快乐时光的地方。

第一节　旅游酒庄服务质量管理

旅游酒庄服务质量管理是酒庄管理的重要组成部分。旅游酒庄的每一个服务项目和服务区域,都应当有明确的质量标准,旅游酒庄每位管理人员、每一位员工,都应当具有强烈的服务质量意识。与此同时,旅游酒庄还应当积极引进国际上先进的质量管理理念和方法,以促使旅游酒庄质量达到更高水平。

一、旅游酒庄服务质量的概念及内涵

（一）旅游酒庄服务质量的概念

旅游酒庄服务质量是指旅游酒庄提供的各项服务适合和满足游客需要的自然属性,通常表现为满足客人的物质需求和精神需求两个方面。在质量管理中,通常把这种"自然属性"统称为质量特性。从消费者角度看,旅游酒庄服务质量是消费者对酒庄旅游服务价值的满意或惊喜程度。

（二）旅游酒庄服务质量的内涵

旅游酒庄服务质量可分为功能质量和技术质量两大类,前者是指提供顾客"什么",后者是指"如何"提供服务。因此,旅游酒庄服务质量具有以下内涵。

1. 从旅游酒庄供给角度,酒庄的每个运作环节及其服务项目、服务内容都必须保证质量及其安全性;从消费者需求角度,旅游酒庄服务质量的评判具有很强的主观性,消费者会根据自身的需要和期望,说服务质量是"什么",服务质量就是"什么"。

2. 旅游酒庄服务质量是游客的预期服务质量同其感知服务质量的比较。预期服务质量即顾客对服务企业所提供服务预期的满意度,感知服务质量则是顾客对服务企业提供的服务实际感知的水平。如果顾客对服务的感知水平符合或高于其预期水平,则顾客获得较高的满意度,从而认为企业具有较高的服务质量,反之,则会认为企业的服务质量较低。旅游酒庄可通过合理降低服务成本(如核心产品供给成本、时间、精力成本等),提高服务价值,提升现有及潜在的内部和外部顾客的满意度、忠诚度。

3. 旅游酒庄应确保其科学性、合理性及服务的有效性(及时、准时、省时)。因旅游酒庄通常兼具生产、酿造、文化、旅游等功能,与一般单纯的生产企业、旅游酒庄或景区有所不同,所以其空间布局、功能分区、旅游线路及服务项目需符合葡萄酒文化旅游需求特征。同时应遵循按质论价、等价交换的原则,提高旅游酒庄的经济性,使游客感受到物有所值。

二、旅游酒庄服务质量的分类与特征

(一) 设施设备质量

旅游酒庄设备设施质量,是指旅游酒庄的建筑物和内部设施的规格和技术水平,它应与旅游酒庄的等级、规模相适应,其中包括旅游酒庄服务项目的多少、设备的功能设计、舒适程度、完好程度、美观程度等方面。其内容具体表现为以下几点。

1. 设备设施的功能设计:设备设施的功能设计主要体现在空间的变化和设施的布局,其主要包括客房、餐厅、商务会议、休闲、购物、观赏等基础设施方面,同时运用对立统一的处理手段,注意围透结合、明暗结合、虚实结合、突出主题、错落有致、连接合理。

2. 设备设施的舒适程度:直接影响着游客对旅游酒庄服务质量的满意度;设备设施的舒适度具体体现为设备设施的设置要科学,结构要合理,性能要良好以及对设备设施的维修保养。

3. 设备设施的完好程度:旅游酒庄的设备设施要进行定期检查,做好维修保养,从而充分发挥设备设施的效能,保证设备设施配置的优质、科学、有效、经济和完善,提高旅游酒庄的服务质量。

4. 设备设施的美观程度:建筑和装饰、设备、物品优美的外观设计能使游客感到放松和舒心。在对旅游酒庄酒观设计及搭配,设计和摆放上,要注意风格特色,相互协调一致。

(二) 实物产品质量

旅游酒庄的实物产品主要指以食品、酒品、商品等为代表的、直接满足顾客的物质消费需要的一般意义上的实物产品。旅游酒庄实物产品质量是指实物产品适合顾客需求的程度。实物产品质量具有相对性、时间性和空间性。旅游酒庄实物产品质量通常包括以下几个方面。

1. 菜肴质量:顾客对菜肴质量的评价,一般是根据以往的经历和经验,结合菜肴质量的内在要素,通过嗅觉、视觉、听觉、味觉和触觉等感官鉴定得出的。因此,旅游酒庄应在菜肴产品的新鲜度、营养成分、外观、形状、工艺、色泽、气味、数量、包装等方面满足顾客的需求。

2. 客用品质量:客用品是指旅游酒庄直接供游客消费的各种生活用品,包括一次性消耗品(如梳子、牙膏、牙刷等)和多次性消耗品(如毛巾、床单、餐具等)。客用品种类、档次的选择应与旅游酒庄的等级、档次相适应,要求品种齐全、数量充裕、性能优良、使用方便、供应及时、安全卫生等,并尽量节约成本。此外,旅游酒庄客用品还应符合绿色、环保的要求。

3. 商品质量:旅游酒庄为满足游客购物需要,通常设有选购区域,以方便游客生活、饮用及满足游客的纪念性购物需求。旅游酒庄商品质量的优劣也会影响旅游酒庄服务质量,旅游酒庄商品应做到酒款、纪念品品种齐全、结构适当、陈列美观、价格合理、符合游客需要等,更为重要的是要注重信誉,杜绝假冒伪劣商品。

(三) 环境质量

环境质量是指旅游酒庄的服务环境和服务气氛给游客带来的感觉上的美感和心理上的满足感,是旅游酒庄服务质量的组成部分。旅游酒庄环境质量是一个由多种因素组成的综合性的质量因素,它给顾客带来的感观冲击和享受成为游客重复购买一家旅游酒庄产品和服务的重要影响因素。它包括自然环境氛围和人文环境氛围两个方面。

1. 自然环境氛围包括外部自然环境和内部自然环境。旅游酒庄的外部自然环境要求交通便利,有配套水电和网络等,旅游酒庄主体建筑的周边区域治安及社会秩序良好,还要求卫生、整洁、绿化优良、空气清新度高。旅游酒庄的内部自然环境包括旅游酒庄内部场所的温度、湿度、风速、空气质量等,以及由空间、色彩、音乐、灯光、植物、装饰、陈列物等构成的活动环境,要求宁静、典雅舒适、温馨,并富有美感和艺术性。

2. 人文环境氛围体现了旅游酒庄的企业文化建设和员工文化层次的高低。旅游酒庄的人文环境包括由旅游酒庄的管理者所设定的管理活动、节庆活动和服务规范以及由旅游酒庄员工的着装、精神面貌、行为、语言等营造出来的服务气氛。旅游酒庄应力求人文环境氛围友好、和谐、有文化气息和突出旅游酒庄特色,使客人有宾至如归的感觉。

(四) 服务水平

服务水平是旅游酒庄员工对客人提供服务的行为方式、服务状态和水准的具体表现,是旅游酒庄服务质量最重要的内容,服务的使用价值适合和满足客人需求的程度越高,服务质量就越好。服务水平主要体现在以下五个方面。

1. 服务项目:服务项目是为满足顾客的需要而规定的服务范围和数目。旅游酒庄服务项目大体分为两类:一类是基本服务项目,即在服务指南中明确列出的、旅游酒庄正常提供的服务项目。如酒庄参观讲解、酒款品鉴等。另一类是附加服务项目,也称个性化服务项目,如代买或代寄物品服务等。附加服务项目的设置使基本服务项目得到延伸和细化,使旅游酒庄服务更趋完整。

2. 服务态度:服务态度是指旅游酒庄服务人员对客人和服务工作的认知、情感和行为倾向。即旅游酒庄员工在对客服务中表现出来的主观意向和心理状态。良好的服务态度应该做到主动、热情、耐心、周到,这样会使客人产生良好的心理反应;反之,低劣的服务态度会给客人造成心理反感,最终损害旅游酒庄形象。

3. 服务方式:旅游酒庄服务方式是旅游酒庄依照一定的服务理念和标准规范,通过旅游酒庄的服务设施、服务人员和管理措施,将旅游酒庄的服务产品传递给游客的特定服务方法和服务过程的总称。在一定条件下,服务方式本身也可能会成为服务产品。旅游酒庄服务方式具体体现在服务的礼节、礼貌和规程等方面。

4. 服务时效:旅游酒庄服务讲究时效性,即服务的时机选择和效率追求。旅游酒庄的服务效率可分为固定服务效率(如定时的游客登记接待等)、限定性服务效率(如游客现场问题解决不超过十分钟)和非限定性服务效率(如酒款尽快邮寄等)三种,其基本要求是准确、迅速、及时。它是衡量旅游酒庄服务质量水平的重要指标,同时也反映了旅游酒庄的管理水平和服务人员的实际操作能力。

5. 服务技能:服务技能是旅游酒庄员工在对客服务过程中,根据具体情况灵活恰当地运用操作方法和技术知识,以取得最佳服务效果的技巧和能力。服务技能必须达到规范、准确、娴熟、得体、高效和优美的要求。生疏、笨拙的服务技能必然引起客人的不满,灵活、熟练的服务技能才能提供高质量的旅游酒庄服务,如恰当的酒庄讲解、侍酒技巧及品鉴技能等。

(五) 旅游酒庄服务质量的特征

1. 服务质量评价标准多元化

旅游酒庄服务质量评价标准包括了有形设施标准和无形产品标准。旅游酒庄的服务是无形的,不能用数量化标准来衡量。因此,旅游酒庄服务质量的衡量标准一般包含服务规程标准和游客"回头率"等衡量指标。

2. 旅游酒庄服务质量构成复杂,具有较强的综合性和系统性

旅游酒庄服务质量包含有形的酒庄建筑的设计质量、建造质量、设施质量和实物产品质量,又包含无形的服务质量和环境质量。既要注重每一次服务环节,又要注意整体服务效果,避免"100－1＝0"的不良效应。服务质量的各种内容和因素相互关联又相互制约,任何一方面的不足都会破坏酒庄在游客心目中的形象,严重影响游客对酒庄旅游产品的质量评价。

3. 旅游酒庄服务质量是服务水平与技术水平相统一的结果

提高旅游酒庄服务质量,不仅要不断提高服务人员的技术水平,还要注意提高服务人员的素质和其对服务质量的认识,树立"游客第一"的思想。酒庄员工的仪容仪表、服务态度、服务技能、工作效率、文化素养、身心状态等都直接影响服务质量的高低。旅游酒庄应充分调动管理人员和服务人员的积极性、主动性和创造性,为保证服务质量奠定良好基础。

表 4-4 设施设备及服务质量备选表

项目大类	项目	必备	选备	备注
建筑设备、设施设备		生产设施设备(发酵罐、灌装设备、橡木桶)、停车场、公用卫生间、温控新风系统、消防系统、总服务台、接待大厅、购物展示区域、酒庄建筑硬件装修、公共游憩设施、游客休息区、废物垃圾、污水处理装备	特色储酒设备(陶罐、新型材料)信息系统、监控设备、行李寄存、残疾人通道、残疾人卫生间、会议室(多功能厅)、保险箱、公共音响转播系统、康养设施、客用电梯	

（续表）

项目大类	项目	必备	选备	备注
实物产品	餐饮	厨房、就餐区、葡萄酒配餐、餐桌、座椅、餐具、品鉴区、试饮酒款、酒具、小食、菜单、酒水单		
	住宿	客房、卫生间、衣橱、写字台、座椅、沙发、茶几、床上用棉织品（床单、枕芯、枕套、被芯、被套等）、卫生间针织用品（浴巾、浴衣、毛巾等）、梳妆台、客用洗漱消耗品		
	旅游商品	葡萄酒旅游定制、酒容酒器	葡萄衍生品（化妆品、保健品）、葡萄文创衍生（书籍、影像、非遗手作、特色食品、饮品）	
环境		环境软装、内外装饰、灯光、温度、湿度、色调、光线、视觉效果、防噪隔音措施	背景音乐、香氛	
服务水平		酒庄服务指南（基本情况、价目信息）、品鉴讲解、咨询、结算服务、突发事件处置应急预案、员工工装、线路设计、导游导览	旅游交通（机场、车站）、接驳服务、国际信用卡结算、开夜床服务、红酒spa、互联网接入、商务影印服务、洗衣服务、委托代办服务、摄影、管家服务	
其他				

三、旅游酒庄服务质量管理的分类与特征

（一）服务质量管理的基本内容

旅游酒庄服务质量管理是指旅游酒庄为提高服务质量而制定的质量目标和实现该目标所采取的各种手段。旅游酒庄服务质量管理的基本内容主要有以下五点。

1. 确定质量管理目标

旅游酒庄质量管理是围绕着质量管理的目标展开的。旅游酒庄质量管理的基本目标是：贯彻旅游酒庄服务质量标准，提供适合顾客需要的服务使用价值，维护和保障顾客的合理权益，不断提高旅游酒庄的服务质量。也就是说，旅游酒庄的质量管理必须以满足顾客的需要为中心，以旅游酒庄服务质量的等级标准为基本依据，并结合本旅游酒庄的实际情况确立有效的质量管理方式。

2. 建立质量管理体系

建立质量管理体系，就是围绕旅游酒庄服务质量的等级标准，建立一整套贯彻质量标准的管理体系。这主要包括建立服务质量管理的组织机构、责任体系；建立服务质量的检查体系；在旅游酒庄内部建立服务质量管理标准化、程序化、规范化的操作体系；明确服务质量信息的收集、传递、反馈及改进措施；规范服务质量投诉处理的方法、措施等。

3. 开展质量管理教育

旅游酒庄的质量管理,必须坚持始于教育、不断教育的原则。旅游酒庄质量的教育工作主要包括四个方面的内容,一是质量意识的教育,二是全面质量管理基本知识的普及教育,三是职业道德教育,四是业务技术教育。应使员工树立质量第一、预防为主的意识,明确优质服务是各部门协作、全体员工共同努力的结果。

4. 组织质量管理活动

旅游酒庄质量管理活动,包括接待服务活动本身的组织和质量管理活动的组织两个方面。前者主要是对服务质量标准的执行和控制,做到服务质量标准化、服务行为规范化、服务过程程序化。后者主要是开展服务质量管理主题活动。其目的在于发动群众,营造服务质量气氛,促进服务质量的提高。

5. 评价质量管理效果

旅游酒庄服务质量管理的效果,其最终主要表现为两条:首先表现在是否符合旅游酒庄服务质量的等级标准;其次表现在是否满足顾客的物质和精神需要。旅游酒庄的服务质量管理应以此为准则,采取多种方法加强检查考核,及时发现各种问题,并采取有效措施,不断完善管理,提高服务质量。

(二)旅游酒庄服务质量的预控

1. 整体服务质量观念

整体服务质量观念是指旅游酒庄的每个人都应承担质量责任。在宾客看来,员工的服务表现并不代表个人,而是代表旅游酒庄。要实现关键时刻的质量,必须得到其他部门、管理人员的积极支持,即内部服务质量要赢得内部宾客及员工的满意。

2. 管理者的质量职能

旅游酒庄管理者的职责是制定质量方针,并通过有效的实施确保宾客的满意。

3. 旅游酒庄服务标准化设计的方法

旅游酒庄服务标准化设计方法可以使旅游酒庄预先采取措施来提供优质的服务,而不是在服务问题发生之后再采取措施。

(三)服务提供过程的质量控制

服务是通过服务提供过程加以实现的。服务组织在与顾客的接触中,通过执行服务规范、提供服务规范和质量控制规范,将服务提供给顾客进行消费。对服务提供过程的明确要求是以下几点:

1. 提供给顾客的服务应遵守已规定的规范。包括:① 保证环境设施质量的规程。② 保证产品质量的规程,即各种操作规程和岗位责任制。③ 保证服务水平的规程,如服务态度标准化、规范化。

2. 对提供的服务是否符合服务规范进行监督。

3. 当服务和服务提供出现问题和偏差时,对服务提供过程进行分析和必要的调整。重视旅游酒庄"回头客"比率。这是一个从实际出发的直接衡量旅游酒庄服务质量的重要标志。

(四) 旅游酒庄服务补救

服务补救是服务企业对服务失败或是宾客不满意所采取的应对行动,目的是希望宾客能重新评价服务质量,避免坏的口碑宣传,并留住宾客。

1. 第一次做对。旅游酒庄在服务质量输出时,最重要的原则就是第一次把事情做对,这也是宾客衡量服务质量最重要的标准一可靠性。

2. 欢迎并鼓励抱怨。旅游酒庄要有效实施补救策略,就必须建立聆听机制,欢迎并鼓励宾客的积极抱怨。

3. 快速行动。抱怨的宾客期望得到快速的反应来有效解决他们的问题。因此,旅游酒庄需要建立快速的反应系统,来采取必要的补救措施,这需要有适合快速行动的系统和程序,并对员工进行授权。

4. 公平地对待宾客。宾客在投诉时,希望得到公平地对待。服务补救专家们总结出宾客在投诉后寻求公平的三种类型:结果公平、过程公平和相互对待公平。① 结果公平:宾客期望结果或赔偿能与其不满意相匹配,这种赔偿可以采取实际货币赔偿、正式道歉、未来免费服务、服务折扣等。② 过程公平:除了公平补偿外,宾客也期望抱怨过程的公平,即合适的抱怨政策、规定和时限公平。③ 相互对待公平:在服务补救中,宾客还希望能被礼貌、细心和诚实地对待。

5. 从服务补救中学习。旅游酒庄服务补救的目的不仅仅在于补救有缺陷的服务,加强与宾客的联系,还有助于改进宾客服务的特征和规范,即发现服务传递系统的缺陷,并加以改进,以赢得宾客持续的满意。

6. 从流失宾客中学习。旅游酒庄要进行有效的服务补救,还必须从流失的宾客身上学习。旅游酒庄可以开展市场调查以发现宾客流失的真正原因,有助于避免未来的服务失误。

四、游客满意度调查与分析

(一) 旅游酒庄游客满意度调查与分析

服务质量是影响游客满意度的主要因素,与游客满意度有着密不可分的联系。而游客满意度是游客对旅游酒庄满意程度的重要指标,要了解游客对旅游酒庄服务的评价,就必须进行游客调查,通过运用游客满意度分析技术,对调查结果进行分类、比较、分析和整理,从而发现对建立服务策略和改进措施更有价值的信息。

旅游酒庄进行游客满意度和服务质量调查常采用问卷调查、访谈、现场观察、会议座谈等形式。

1. 游客意见书

"游客意见书"的设计与使用要强调科学性,设计不合理或使用不当会导致错误的信息和数据,不能反映游客满意度真实情况。此外,还应注意游客意见书的保密性、表示征询游客意见的诚意、调查内容和提问方式。征询意见的内容要明确,避免过于笼统。但又不应十分庞杂,包罗万象,让游客在填写时花费太多时间。

2. 老游客、新游客与流失游客调查

调查新游客选购本酒庄服务的原因,老游客消费额减少的原因,流失的游客不再购买酒庄服务的原因。旅游酒庄应识别每位游客,特别是老游客,因为这些客人是旅游酒庄经营利润的重要保证。

3. 专题座谈会

调查对象可以是本酒庄的游客,也可以是同行业其他酒庄的游客,或是本酒庄的员工。并且,调查对象在这类座谈会中为旅游酒庄提供了许多市场信息、行业信息,也能提出各种改进服务工作的建议。

4. 游客投诉记录

游客投诉时,形成的投诉记录是重要的原始档案,它不仅是旅游酒庄及时有效处理解决问题的依据,而且在经过整理分类和数据处理后,它还可以帮助旅游酒庄分析游客投诉率、投诉原因,发现常见问题,寻求质量改进。

5. 服务实绩评价

定期走访游客对本企业服务的期望和评价。营销体系复杂、需与游客保持持久关系的酒庄企业最适宜采用这类调查方法。

6. 暗访

旅游酒庄聘请或邀请业内专家进行"暗访"。由于他们熟悉旅游酒庄产品与服务,也比较了解游客的需求,他们以游客身份入住旅游酒庄,通过观察及消费体验对旅游酒庄的服务质量进行评估。

各类方法既有其优点,也有其局限。管理人员应根据本企业的性质、服务策略、信息使用者的需要,确定调研方法。

(二) SERVQUAL 量表

SERVQUAL 理论是由美国市场营销学家帕拉休拉曼(A. Parasuraman)、来特汉毛尔(Zeithaml)和白瑞(Berry)依据全面质量管理(Total Quality Management,TQM)理论在服务行业中提出的一种新的服务质量评价体系,其理论核心是"服务质量差距模型",即服务质量取决于用户所感知的服务水平与用户所期望的服务水平之间的差别程度,提供优质服务的关键就是要超过用户的期望值。

SERVQUAL 模型分数为:实际感受分数—期望分数。SERVQUAL 将服务质量分为五个层面:有形设施、可靠性、响应性、保障性、情感投入,每一层面又被细分为若干个问题。通过调查问卷的方式,让用户对每个问题的期望值、实际感受值及最低可接受值进行评分,并由其确立相关的 22 个具体因素来说明它。然后通过问卷调查、顾客打分和综合计算得出服务质量的分数。

研究表明,SERVQUAL 适合于测量信息系统服务质量,SERVQUAL 也是一个评价服务质量和用来决定提高服务质量行动的有效工具。

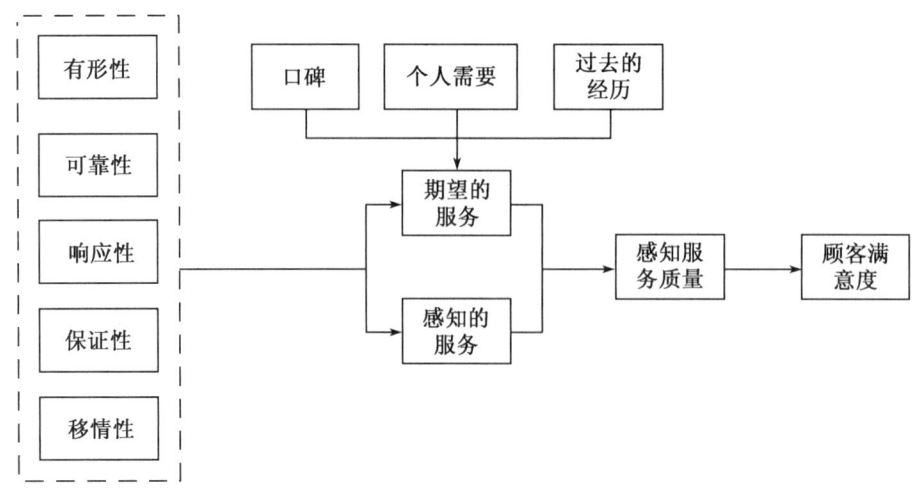

图 4-6 SERVQUAL 服务质量影响因素

(三) SERVQUAL 模型综述

具体内容有两部分构成:第一部分包含 22 个小项目,记录了顾客对特定服务行业中优秀公司的期望。第二部分也包括 22 个项目,它度量消费者对这一行业中特定公司(即被评价的公司)的感受。然后把这两部分中得到的结果进行比较就得到五个维度的每一个"差距分值"。差距越小,服务质量的评价就越高。消费者的感受离期望的距离越大,服务质量的评价越低。相反,差距越大,服务质量的评价就越低。因此 SERVQUAL 是一个包含 44 个项目的量表,它从五个服务质量维度来测量,顾客期望和感受问卷采用 7 分制,7 表示完全同意,1 表示完全不同意,* 表示分值相反。以下是三位学者提出的五个维度。

表 4-5 SERVQUAL 量表

维度	定义	项目	相关指标
有形性	有形性包括实际设施、设备以及服务人员的仪表等。	1. 有现代化的服务设施	停车场、公用卫生间、智能引导牌等
		2. 服务设施具有吸引力	酒品、装修、餐食、住宿质量等
		3. 员工有整洁的服装和外套	工装、证件标牌等
		4. 公司的设施与他们所提供的服务相匹配	观光讲解、酒品品鉴、邮寄服务等
可靠性	可靠性是指可靠地、准确地履行服务承诺的能力。	5. 公司向顾客承诺的事情都能及时完成	资料问询、食宿安排等
		6. 顾客遇到困难时,能表现出关心并帮助	充分关心、及时帮助、有效解决
		7. 公司是可靠的	服务硬件及服务质量

(续表)

维度	定义	项目	相关指标
		8. 能准时地提供所承诺的服务	服务提供的准时性、时效性
		9. 正确记录相关的服务	如实、详尽、正确的记录
响应性	响应性指帮助顾客并迅速提高服务水平的意愿。	10. 告诉顾客提供服务的准时时间	服务提供的高效性、时效性
		11. 提供及时的服务	当下问题当下解决
		12. 员工总是愿意帮助顾客	热情、乐于助人
		13. 员工不会因为其他事情而忽略顾客	以游客需求为优先
保证性	保证性是指员工所具有的知识、礼节以及表达出自信与可信的能力。	14. 员工是值得信赖的	专业程度、礼节、自信度
		15. 在从事交易时,顾客会感到放心	销售活动的正规性、可靠性
		16. 员工是礼貌的	服务过程有礼貌、有礼节
		17. 员工可以从公司得到适当的支持,以提供更好的服务	工作人员与酒庄的有效沟通可以正向促进服务质量
移情性	移情性是指关心并为顾客提供个性服务。	18. 公司针对顾客提供个性化的服务	针对有需求的客人和群体进行个性定制
		19. 员工会给予顾客个别的关心	给予个别有合理需求的游客更恰当的关心
		20. 员工了解顾客的需求	足够的细心、耐心地发现、解决游客的合理服务需求
		21. 公司优先考虑顾客的利益	以游客礼仪为优先
		22. 公司提供的服务时间符合顾客的需求	服务时间节点及合理、有效性,可以切实地贴合游客的需求

五、旅游酒庄客人投诉的处理

无论任何企业,在经营过程中难免会遇到客人投诉,而客人投诉不仅影响服务质量,更会降低游客对旅游酒庄的满意度。因此,对于客人投诉,旅游酒庄要高度重视,根据一定原则进行妥善处理。

(一)客人投诉处理的原则

旅游酒庄在处理投诉的过程中,应遵循"客人永远是对的"原则。客人向旅游酒庄投诉,旅游酒庄在处理过程中应站在客人的角度来处理投诉问题,尽最大努力满足客人要求,以提高旅游酒庄自身的服务质量,增强其在同行业中的竞争力。

为此,在进行投诉处理时,要注意以下几个方面:

1. 遵循"游客至上"原则,在客人面前不说"不"字。
2. 出现投诉领导须到场。当事服务员不能据理力争,应忍耐、谦让,由领导出面解释并妥善解决。
3. 不得与客人争输赢。

4. 保证客人的权益,在处理投诉时,首先要站在客人的立场上,设身处地为客人着想。

5. 尽量维护旅游酒庄利益,把旅游酒庄损失减到最低。

(二) 客人投诉处理的一般程序

图 4-7 客人投诉处理流程图

附:旅游酒庄服务质量调查问卷——基于 SERVQUAL 模型

第二节 人力资源管理

案例导读

葡萄酒旅游产业与人力资本减贫

2020年6月,习近平总书记再次视察宁夏时,强调:"宁夏葡萄酒产业是中国葡萄酒产业发展的一个缩影,假以时日,可能10年、20年后,中国葡萄酒当惊世界殊。"宁夏葡萄酒旅游正在通过挖掘产业生态价值、文化价值和品牌价值,不断创新乡村振兴战略中的带动模式,打造闻名遐迩的"葡萄酒之都"。宁夏的脱贫攻坚,是我国脱贫历史中的一个缩影,闽宁合作下"腾笼换鸟"的生态移民、产业扶贫是架起国家政策与贫困人口发展的桥梁,通过扶植葡萄酒产业发展,将宁夏移民区的"干沙滩"变成"金沙滩"。在闽宁镇、红寺堡等葡萄酒旅游区域,通过编制旅游减贫规划及其实施方案,建立贫困村户利益联结机制,提高从业人员培训率和减贫效益等措施,带动葡萄酒旅游标准化建设和高质量发展。

后脱贫时代的相对贫困问题的核心是人,关键是要激发贫困群众的内生动力和自我发展能力,通过教育让生态移民从劳动力变成人力资本。生态移民的教育要和产业发展相结合。一方面,宁夏葡萄酒旅游产业关联度大,集科教、种植、酿造、品鉴、观光、体验、休闲于一体,为贫困人口提供了稳定的就业岗位和经济来源;另一方面,葡萄酒旅游企业的管理离不开长期稳定的务工人员。"移民变技工""移民变身旅游创业者"的案例比比皆是。随着宁夏葡萄酒文化旅游的发展,必将吸纳更多的葡萄酒文化旅游人才汇聚到此,带动移民劳动力的成长和进步,从而实现后脱贫时代生态移民区人力资本的不断优化。

一、葡萄酒旅游产业人力资源概述

(一)人力资源(Human Resource,简称 HR)指在一个国家或地区中,能够推动社会经济发展的劳动者的能力。人力资源也指一定时期内组织中的人所拥有的能够被企业所用,且对价值创造起贡献作用的教育、能力、技能、经验、体力等的总称。

(二)人力资源管理,是在经济学与人本思想指导下,通过招聘、甄选、培训、薪酬等管理形式对组织内外相关人力资源进行有效运用,满足组织当前及未来发展的需要,保证组织目标实现与成员发展的最大化。

学术界一般把人力资源管理分为六大模块:① 人力资源规划;② 招聘与配置;③ 培训与开发;④ 绩效管理;⑤ 薪酬福利管理;⑥ 劳动关系管理。

1. 人力资源规划:企业从战略规划和发展目标出发,根据其内外部环境的变化,进行人力资源供需预测,并使之平衡的过程(狭义)。人力资源战略规划与战术计划即具体的实施计划的统一(广义)。

人力资源规划的目的:规划人力发展(人力预测,人力增补,人员培训);促进或改善人力资源的合理运用;配合组织特性,为

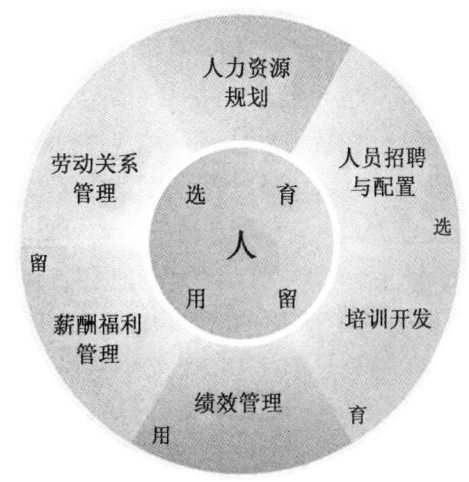

图 4-8 人力资源管理六大模块

组织获得所需各类人力资源,从而符合组织发展的需要;分析现有人力结构,发挥人力资源效能,降低用人成本。

2. 招聘与配置:组织为了发展的需要,根据人力资源规划和工作分析的要求,寻找、吸引那些有能力又有兴趣到本组织任职,并从中选出适宜人员予以录用的过程。

招聘工作的目标,就是成功地选拔和录用组织所需的人才,实现所招人员与待聘岗位

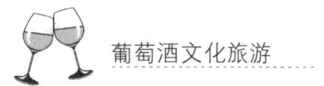

的有效匹配(组织整体效益最优化)。人员配置指的是人与事的配置关系,目的是通过人与事的配合以及人与人的协调,充分开发利用员工,实现组织目标。人员合理配置成为组织人力资源管理状态是否良好的标志之一。其目的是为了在人力资源的配置上,坚持大才大用,小才小用,各尽所能,人尽其才。

3. 培训与开发:培训是指组织通过学习性活动,有计划地给员工传授其工作所需要的知识、技能,以及应具备的工作态度,从而使员工能够胜任工作,并实现组织目标的过程。员工开发是指为员工未来发展而展开的正规教育、在职实践、人际互动以及个性和能力的测评等活动。

培训与开发的地位与作用:培训与开发是调整人与事之间的矛盾、实现人事和谐的重要手段;培训与开发是快出人才、多出人才、出好人才的关键;培训与开发是调动员工积极性的有效方法;培训与开发是建立优秀组织文化的有力杠杆;培训与开发是企业竞争优势的重要来源。

4. 绩效管理:绩效管理是指企业与所属单位(部门)、员工之间就绩效目标及如何实现绩效目标达成共识,并帮助和激励员工取得优异绩效,从而实现企业目标的管理过程。

绩效管理的目的:个人及组织层面,绩效管理促进组织和个人绩效的提升,通过长周期、中周期及短周期的绩效管理,确保个人绩效管理目标的实现,促进个人成长;管理体系方面,绩效管理促进管理流程和业务流程优化,绩效管理属于动态的管理过程,需要根据绩效管理的过程中存在的问题,不断完善和改进绩效管理体系,更加适用于组织和个人;绩效管理保证组织战略目标的实现。绩效管理中的关键业务指标都是来自组织的目标分解,只有个人的绩效目标实现了才能够保障组织战略目标的实现。

5. 薪酬福利管理:薪酬管理是在企业发展战略指导下,对员工薪酬支付原则、薪酬策略、薪酬水平、薪酬结构、薪酬构成进行确定、分配和调整的动态管理过程。薪酬管理包括薪酬体系设计、薪酬日常管理两个方面。

企业管理中薪酬本身的重要性和职能决定了薪酬管理的意义。从企业管理的角度看,薪酬管理的重要性和基本职能主要体现为分配、调节和激励三个方面。从员工的角度看,薪酬管理的基本职能体现在经济保障功能、激励功能、社会信号功能三个方面。

福利管理是指对选择福利项目、确定福利标准、制定各种福利发放明细表等福利方面的管理工作。福利管理有利于企业获得社会声望、增强员工信任感知依恋感,合理避税又不降低员工实际薪酬水平,适当缩小薪酬差距。

6. 劳动关系管理:员工关系管理是在企业人力资源体系中,各级管理人员和人力资源职能管理人员,通过拟订和实施各项人力资源政策和管理行为,以及其他的管理沟通手段调节企业和员工、员工与员工之间的相互联系和影响,从而实现组织的目标并确保为员工、社会增值。

劳动关系的特征:(1) 劳动关系主体之间既有法律上的平等性,又具有客观上的隶属性。劳动关系主体双方在法律面前享有平等的权利。同时,劳动者在实现劳动过程中应当遵守用人单位的规章制度,服从用人单位的管理,双方形成领导与被领导的隶属关系。

(2)劳动关系产生于劳动过程之中。劳动者只有与用人单位提供的生产资料相结合在实现劳动过程中才能与用人单位产生劳动关系,没有劳动过程便不可能形成劳动关系。(3)劳动者与用人单位间的劳动关系具有排他性。劳动关系只能产生于劳动者与用人单位之间,劳动者与其他社会主体之间发生的社会关系不能称之为劳动关系。同时,作为自然人的劳动者,一般只能与一个用人单位签订劳动合同、建立劳动关系。(4)劳动关系的存在以劳动为目的。用人单位与劳动者建立劳动关系,是为了实现劳动过程,为社会生产或社会产品提供服务。(5)劳动关系具有国家意志和当事人意志相结合的双重属性。

(三)中国葡萄酒旅游人力资源概况

随着中国葡萄酒产业规模的逐步扩大,具有特色的葡萄酒产区初具规模与影响,行业运营环境日趋完善,需要更多优秀品牌与产品的支持。但东部产区土地成本较高,中国酿酒葡萄种植区明显西移,生产企业向西部转移是大势所趋。从政策层面来说,产业整合是在国家调控下实行跨地区、跨省份的产业联合,葡萄酒业已进入了健康、平稳、巩固、提高的发展时期,且需要借助资本的力量来尽快完成行业升级。坚持酒庄基地一体化经营、酒庄酒发展模式,集中优势资源支持葡萄酒企业做强做优,支持大中小企业竞相发展,引导中高端、大众化产品合理配置。鼓励国内外知名企业和个人投资建设酒庄,利用市场、品牌优势,实现产业资源整合,推进规模化经营;通过联合、重组、收购、转让等形式,拓展共享酒庄、酒庄联合体等模式,优化法人治理结构,注入国有资本、产业基金和社会资本,发展以国有控股、国有参股为实现形式的经营主体。

我国以打造国家农业(葡萄酒)高新技术产业示范区为引领,支持对接国内外一流科研院校与有条件、有实力的酒庄企业加强交流合作,建设技术创新中心、重点实验室等科技创新平台,参与国家重大研究专项和重点研发计划,加强葡萄酒产业关键共性技术研发,推进科技成果转化。鼓励中小酒庄企业利用好葡萄酒产业技术研究院等科技创新平台,提升自主创新能力。鼓励企业以市场为导向,优化升级常规系列酒种,推出小众酒种,丰富产品品类,满足多样化、多口味市场需求。支持企业与国内外设计机构合作,优化产品包装、外观、功能、定制服务,发展时尚化、功能化、个性化新产品,提升产品附加值。

葡萄酒文化和其他文化一样,是一种渗透到人内心的思想和行动,葡萄酒文化的推广和普及无法在一朝一夕内完成,这就需要大量的人才来完成发展初期的葡萄酒文化普及推广工作,如在葡萄酒的礼仪、配餐等方面,以短期培训的方式对相关从业人员进行专业的培训和学习,用准确、全面的专业知识引领消费者的认识。研究制定葡萄酒产业中长期人才发展规划,完善系统化产业人才培养体系,建立人才激励、服务流动和使用机制。建立葡萄酒产业常态化咨询制度,聘请国内外专家组建产区顾问团,开展总体战略策划、市场营销咨询、新技术推广等。制定柔性引进高层次人才奖励措施,引进培养一批急需紧缺的高层次领军人才,力争培养中国葡萄酒领域院士。鼓励酒庄企业申报企业类人才小高地、专家服务基地,积极推进种植师与酿酒师现代学徒制,加快培养面向企业生产一线的实用型技能人才。定期开展酿酒葡萄栽培、酿造、品鉴、营销和葡萄酒文化培训或组织到国际国内知名产区培训。大力选拔优秀酒庄庄主、职业经理人、专业技术人员先进典型,示范带动葡萄酒产业人才队伍,提升专业水平。

2015年12月,我国葡萄酒制造企业数达219个,从业人数达到28 330人次,从业人数年平均增长率为7.32%(国家统计局,2016)。至2021年,中国葡萄酒产区的葡萄种植面积达到二百多万亩,建成及在建的葡萄酒加工企业数达到560个,为近30万人带来工作机会。以宁夏产区为例,宁夏葡萄酒产业共涉及12个市、县(区),其中近一半多地区位于扶贫移民村,葡萄主产区有5个市、县(区)(红寺堡、青铜峡、西夏区、永宁县、贺兰县)分布在18个乡镇及12个农林场;宁夏葡萄酒生产一共具有18个关键环节,其中12个环节涉及农民用工,共吸纳12万个劳动力,工资性收入超过9亿元,当地农民收入中的1/3来自葡萄酒产业,有力地带动了农民增收致富,成为移民脱贫攻坚的主导产业。据统计,近20年以来,贺兰山东麓葡萄酒产业带动了30万移民实现脱贫。

(四)中国葡萄酒旅游从业人员的胜任力特征

1. 复合型人才是葡萄酒产业发展的需求,葡萄酒企业需要的人才从葡萄酒旅游产业专家,智库专家到葡萄酒专业技术人员(品酒师、种植专业技术人员、酿酒师等),从葡萄酒企业管理人员到葡萄酒旅游管理人才(侍酒师、讲解员、品酒师等服务团队)。

2. 创新型人才是葡萄酒产业发展的生命力,经济的发展将人们带入到了一个新的发展阶段。在当今社会人们更注重健康与养生,追求更高品质的生活质量。葡萄酒在一定程度上具有缓解心脑血管等功效,葡萄酒正好迎合了这一消费特点。同时,受明星效应的影响,更多人会关注明星的消费及生活习惯,这也为葡萄酒的发展提供了一个大的发展机遇。葡萄酒旅游具有葡萄酒制造企业、旅游企业、康养企业、酒店等企业的特点,因此,葡萄酒旅游人力资源应综合这些企业人力资源的特点,具有创新性。

3. 管理与沟通是葡萄酒产业人才的必备素质。在管理中应体现管理职能,同时体现团队对于葡萄酒企业的重要性,因为其具有传统葡萄酒酿造与生产的核心工艺,同时又结合了旅游企业的功能,因此如何能够使得葡萄酒生产销售与旅游有机结合是人力资源管理需要重点关注的问题。

4. 营销管理能力是葡萄酒产业的重要素养。应增强葡萄酒从业人员的营销(营销与策划,运营与销售)意识。

二、国内外葡萄酒人力资源培养对比

法国葡萄酒培养模式较为成熟。在法国,政府主办的近200多所院校中,均有与葡萄酒相关的专业,开设葡萄酒酿造专业的院校分为公立大学和私立精英院校,专业学习内容涉及葡萄种植、葡萄酒旅游等方面。教学方式方面,法国采用校企联合共同培养的方式,同时重视对学生科学素养的培养。

美国的葡萄酒产业,特别是酿酒产业发展成熟,其对葡萄酒专业教育也非常重视。葡萄酒工艺(例如种植、酿造等)在美国葡萄酒人才培养体系中占据重要地位。加州大学,康奈尔大学、华盛顿大学、密苏里大学哥伦比亚分校和布莱顿等大学均为葡萄酒行业的发展培养出了大量的葡萄酒行业相关人才。

澳大利亚一直是葡萄酒生产和消费的大国，在课程开设方面，澳大利亚不仅有酿酒王牌专业，同时澳大利亚高校还向学生提供了适合文科和理科学习的葡萄酒相关专业，例如：理科学生可以申请葡萄栽培和酿酒学；文科生则可以申请葡萄酒营销专业，葡萄酒旅游等专业。澳大利亚在人才培养方面以其教学、科研、实践相结合闻名于世。

中国葡萄酒产业人才培养的主要途径来自高校，随着中国葡萄酒产业的不断发展，越来越多的高校开办了葡萄酒相关专业。例如：中国农业大学、西北农林科技大学、甘肃农业大学等均开设了葡萄种植或酿造的相关专业，这些同学们毕业后进入葡萄酒行业，并为葡萄酒行业的发展奠定了良好的发展基础。中国葡萄酒产业的发展带动了贺兰山东麓葡萄酒产业发展，在人才培养方面，宁夏大学、北方民族大学均设置了相关的专业及课程，为贺兰山东麓葡萄酒人才培养提供了坚实的基础。

❖ **葡萄酒产业人才培养补充途径**

葡萄酒侍酒品评培训机构是葡萄酒人力资源培养的重要补充形式。

美国的国际侍酒师协会 ISG（International Sommelier Guild）是全球最顶尖、最权威的侍酒师课程及认证机构。其侍酒师课程是美国和加拿大 50 多所著名公立或私立大学的必修课，在全球 60 多个国家和地区设有分校进行授课，获得全球各国的高度认可与推崇。

英国的葡萄酒及烈酒教育基金会 WSET（Wine & Sprite Education）自成立以来，WSET 逐渐成为葡萄酒及烈酒教育领域首屈一指的国际组织，且拥有授予一系列葡萄酒教育资格认证的权利。

法国的 VCF（法国名庄葡萄酒协会）是一个专门为富有文化底蕴的法国葡萄酒酒庄进行全球推广和合作的理事机构，在葡萄酒文化推广和教育方面起着举足轻重的作用。

法国 CAFA 葡萄酒 & 烈酒学院（CAFA-FORMATIONS）成立于 1986 年，坐落于有着世界葡萄酒之都美誉的波尔多市的沙河桐地区。它是一所专业研究葡萄酒及酒精饮料且受到法国教育部门监管的国际学校。同时法国 CAFA 葡萄酒 & 烈酒学院也是波尔多地区唯一设有法国国家侍酒师顾问专业的学校。

澳大利亚的 A$^+$ 澳洲葡萄酒课程，是由澳大利亚葡萄酒管理局发起并主办的澳大利亚葡萄酒推广和文化宣传课程。

中国的 ESW（Ease Scent Wine&Spirits Course）品酒师培训课程是目前国内的一套结合国际最流行的葡萄酒品酒师培训课程，并且和中国葡萄酒本土文化相结合的系统性的专业葡萄酒培训课程。该课程提供了从入门到资深专家的不同阶段的教学培训内容包括：ESW 初级、中级、高级品酒师认证等。

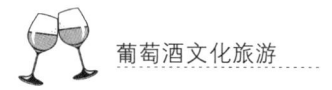

第三节 葡萄酒文化旅游营销

案例导读

北京圣露海利根花园

圣露庄园是北京知名的红酒庄园,英国海利根花园是欧洲著名花园,也是2016、2017、2018连续三年的"英国最佳休闲景点"。2019年5月份开始,双方正式展开合作,携手准备在北京打造一个顶尖的生态休闲项目。圣露海利根花园位于北京朝阳区崔各庄乡,经过十多年的土地修复和生态种植,融入英式经典的艺术、园艺和农艺,使之成为一个集生态、教育、艺术、会议、美食、婚礼为一体的亚洲顶尖的生态花园。

根据2020年发布的《中国葡萄酒旅游市场网络评论研究报告》,北京产区是葡萄酒旅游网络热度最高的地方,而圣露海利根花园则在其中起到重要的作用。圣露海利根花园之所以吸引了大量游客前往游览参观,除了美丽的自然景观与英伦风情的结合外,更重要的是庄园里推出的各种各样的活动。有丰收节、踩葡萄比赛、红酒品鉴、收割水稻、乡村运动会等,各种充满趣味性的活动,不仅给家人和朋友带来了欢乐,也同时增长了知识与见闻。在各种各样的活动类型里,亲子游是一个非常重要的部分。在一些节日里,圣露海利根花园会设计各种各样的亲子主题活动,例如在六一儿童节,有识花种豆、蝴蝶精灵梦、"木"有意思、观鸟探索营、旅行的青蛙、昆虫旅馆等帮助小朋友亲近大自然、认识大自然的活动;还有在端午节,有全家上阵包粽子、旱地划龙舟、芒种下田插秧等一系列帮助孩子了解历史文化的活动。在各种各样的活动里,不仅让孩子和家长在活动中增进了感情,还帮助孩子们认识和了解各种历史文化及自然知识。

一、葡萄酒文化旅游营销战略

(一)葡萄酒文化旅游市场营销战略的概念

战略是指企业为生存和发展而确定的企业目标与达到此目标所采取的各项政策的有机结合体。企业经营战略是一个多层次的逻辑体系,它可以分为决策层战略和操作层战略,前者是站在企业总体发展的高度来选择企业处于不同环境条件下的不同战略,如发展战略、维持战略或防御战略。后者则是在企业总体经营战略所规定的框架内,各个职能方面应采取的相应的子战略。如人力资源战略、组织战略、市场营销战略、财务战略。因此,市场营销战略是企业经营战略的一部分,并受企业总体经营战略的制约。

此外,根据美国市场营销专家科特勒的定义,营销战略是一个企业单位用以达到目标的基本方法,它包括目标市场、营销定位和组合、营销费用水平等主要决策。因此,企业的市场营销战略,既包括确定企业市场发展战略的基本形态,也表现在企业市场经营组合的各项决策之中,而且要使市场经营组合的各种决策相互协调起来,作为一个整体来发挥作用。有效的市场营销战略是目标与手段的有机结合。

由于旅游行业的特殊性,旅游市场营销战略(tourism marketing strategy)通常有着更为广泛的内涵,有宏观、微观两个层次。从宏观上讲,旅游市场营销战略是指一个国家(或地区)在现代市场营销观念的指导下,为了实现该国家(或地区)发展旅游业的目标,为旅游业内各行业制定的在一个相当长的时期内市场营销发展的总体设想和规划。其目的是使该国家(或地区)旅游业的产业结构、资源规划和发展目标,与市场环境所提供的各种机会取得动态平衡。从微观上讲,旅游市场营销战略是指一个旅游企业的领导人在现代市场营销观念的指导下,为了谋求企业长期的生存与发展,根据外部环境和内部条件的变化,对旅游市场营销所做的具有长期性、全局性的计划与谋略,它是企业在一个相当长的时期内市场营销发展的总体设想和规划。旅游市场营销战略,既要规定企业营销的任务和目标,又要围绕这些任务和目标的实现,确定营销计划和营销手段。

(二)葡萄酒文化旅游市场营销分析模型

为了制定葡萄酒文化旅游市场的营销战略、营销策略及营销计划,根据葡萄酒文化旅游市场的特征及分类,可以应用以下几种市场营销分析模型帮助分析葡萄酒文化旅游市场的营销环境。

1. PEST 模型——宏观市场环境分析

PEST 分析是指宏观环境的分析,是一切影响行业和企业的宏观因素。对宏观环境因素做分析,不同行业和企业根据自身特点和经营需要,分析的具体内容会有差异,但一般都应对政治(Political)、经济(Economic)、社会(Social)和技术(Technological)这四大类影响企业的主要外部环境因素进行分析。

2. SWOT 模型——营销战略的分析

所谓 SWOT 分析,即基于内外部竞争环境和竞争条件下的态势分析,就是将与研究对象密切相关的各种主要内部优势、劣势和外部的机会和威胁等,通过调查列举出来,并依照矩阵形式排列,然后用系统分析的思想,把各种因素相互匹配起来加以分析,从中得出一系列相应的结论,而结论通常带有一定的决策性。

运用这种方法,可以对研究对象所处的情景进行全面、系统、准确的研究,从而根据研究结果制定相应的发展战略、计划以及对策等。

S(strengths)是优势、W(weaknesses)是劣势,O(opportunities)是机会、T(threats)是威胁。按照企业竞争战略的完整概念,战略应是一个企业"能够做的"(即组织的强项和弱项)和"可能做的"(即环境的机会和威胁)之间的有机组合,通常形成如下四种战略决策:

➢ SO 战略(发展型战略):依靠内部优势,利用外部机会。

- WO 战略(扭转型战略):利用外部机会,弥补内部劣势。
- ST 战略(抵御型战略):利用内部优势,规避外部威胁。
- WT 战略(多元化战略):减少内部劣势,规避外部威胁。

3. STP 模型——细分市场的选择与定位

STP 理论是指市场细分(Segmentation)、选择适当的市场目标(Targeting)和定位(Positioning)。它是战略营销的核心内容,指企业在一定的市场细分的基础上,确定自己的目标市场,最后把产品或服务定位在目标市场中的确定位置上。

4. 4P 模型——营销计划的制订

4P 营销理论适用于分析企业的经营状况,可视为企业内部环境,PEST 分析的是企业在外部面对的环境,而 4P 是针对内部,它包括四个方面:产品(Product)、价格(Price)、渠道(Place)、促销(Promotion)。产品是指企业提供给目标市场有形与无形的产品,包括实体产品、技术、服务、包装、样式等;价格是基本价格、折扣价格、付款期限及各种定价方法及技巧;渠道是从产品生产企业到消费用户所经历的路径,包括代理商、批发商、商场和零售店;促销则是企业利用各种方法来刺激用户消费,包括广告、人员销售、折扣等。

案例分析

2020 年,尹倩、刘欣等以烟台葡萄酒文化旅游为研究对象,运用 PEST—SWOT 模型,全面直观地对葡萄酒文化旅游发展所面临的内外部环境进行综合分析,如下表:

PEST-SWOT	政治	经济	社会	技术
优势	烟台政府重视葡萄酒及相关旅游产业发展,出台了一系列支持政策	烟台葡萄酒产业发达,提供了经济支撑	烟台葡萄酒种植酿造文化历史悠久	烟台市政府联合各高校进行相关研究
劣势	烟台政府缺乏葡萄酒文化旅游产业的相关开发、管理经验	政府资金投入不足,园区距市区较远	葡萄酒文化旅游消费缺乏导向,消费者对葡萄酒文化的认知不足	基础设施不完善,旅游系统不成熟
机遇	乡村振兴战略为葡萄酒文化旅游的发展提供契机	近年来,我国居民人均可支配收入持续增加,具有较大的旅游市场和旅游消费潜力	葡萄酒文化旅游历史悠久,烟台葡萄酒旅游具有一定名气	作为共享经济,使得更多的科技元素融入葡萄酒文化旅游中
威胁	缺乏专门的葡萄酒文化旅游相关规划政策	进口葡萄酒对国内葡萄酒产业冲击较大	国人缺少对葡萄酒文化的认知和葡萄酒自身品质的分析和评价	国内各地葡萄酒文化旅游产业发展势头较猛,景区同质化现象严重

运用 PEST—SWOT 方法,对烟台市葡萄酒文化旅游的优势和劣势、机遇和挑战进行分析。目前,烟台市葡萄酒文化旅游发展具有政策支持、基础产业发达、科研力量雄厚的较大优势,但也存在很大不足,如政府缺乏开发经验、基础设施不完善、人们对葡萄酒文化旅游的认知不足等。除此之外,烟台市葡萄酒文化旅游发展还遭受着国内服务同质化、基础产业受外国冲击的威胁。烟台市葡萄酒文化旅游应量身编制发展规划,加强国民培训,构建烟台特色,打造地标产业,探索出一条符合烟台市情的葡萄酒文化旅游发展道路和发展模式。

思考与讨论:

根据对烟台市葡萄酒文化旅游的分析,运用 PEST—SWOT 模型,对宁夏贺兰山东麓葡萄酒文化旅游进行分析并讨论。

二、葡萄酒文化旅游市场营销策略

营销策略是旅游城市的管理者(政府和旅游主管部门)采用品牌化方式深挖本土文化,发挥城市旅游功能等手段来塑造独特的旅游品牌形象,并将这种独特的品牌形象信息有效地传递到市场上,从而满足政府、旅游企业、市民和游客需求。一般来说,葡萄酒文化旅游市场营销策略主要包括产品、价格、营销渠道、促销、创新等方面的策略。

(一) 产品策略

葡萄酒文化旅游产品指酒庄、企业经营者在旅游市场上销售的物质产品和劳动提供的各种服务的总称。一般分为:硬件、流程型材料、软件、服务;有形产品与无形产品;有意识产品和无意识产品。例如葡萄酒酒容酒器、葡萄酒文创衍生品等。

产品策略是根据产品特点以及产品的生命周期制定的来满足消费者需求的策略。产品生命周期是指一种产品从进入市场开始,直到最终退出市场为止所经历的全部时间。产品生命周期是指产品的市场寿命,而不是产品本身的寿命或产品的使用寿命。根据产品在生命周期销售额和利润额的变化,一般将产品生命周期分为四个阶段,如下图 4-9 所示。

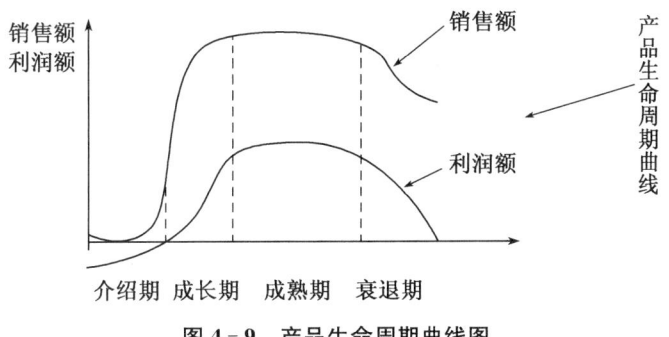

图 4-9 产品生命周期曲线图

产品生命周期各阶段市场营销策略,如下表4-5所示。

表4-5 产品生命周期各阶段市场营销策略

策略/阶段	导入期	成长期	成熟期	衰退期
产品策略	确保产品的基本消费利益	提高质量、增加服务、扩大产品、延伸利益	改进工艺、降低成本、扩大产品用途	有计划地淘汰滞销品种
价格策略	撇脂定价法和渗透定价法	适当地降价	价格竞争激烈	削价或大幅度削价
营销渠道策略	开始建立与中间商的联系	选择有利的销售渠道	充分利用并扩大销售网络	处理好淘汰产品的存货
促销策略	介绍产品	宣传品牌	突出企业形象	维护声誉

(二) 价格策略

价格策略是酒庄、企业通过对顾客需求的估量和成本分析,选择一种能吸引顾客、实现市场营销组合的策略。具体来说,价格策略主要包括新产品价格策略、心理定价策略、折扣定价策略、招徕定价策略和需求定价策略。

1. 新产品价格策略

新产品价格策略是酒庄或企业根据新产品的生产能力、技术特点等来制定的有效的价格策略。其中撇脂定价策略(高价策略)是一种有效的短期策略,适用于具有独特技术、不宜仿制、生产能力不大可能迅速扩大等特点的新的旅游产品,同时市场上存在高消费、时尚性的要求。渗透价格策略(低价策略)是企业的一种长期价格策略,适用于特点不突出、宜仿制、技术简单的新产品。满意价格策略是新产品投入市场一开始就以适中的、买卖双方均感合理的价格销售产品的策略。它是介于撇脂策略与渗透策略之间的中价策略,一般适用于需求弹性适中,销售量稳定增长的产品,这种策略的优点在于:既便于吸引顾客,促进销售,又稳扎稳打,避免承担亏损风险。

2. 心理定价策略

心理定价策略是指酒庄、企业定价时,利用顾客心理有意识地将产品价格定高些或低些,以扩大销售。心理定价策略主要包括声望定价、尾数定价和招徕定价等。

3. 折扣定价策略

折扣定价策略是指销售者为回报或鼓励购买者的某些行为,如批量购买、提前付款、淡季购买等,将其产品基本价格调低,给购买者一定比例的价格优惠。具体办法有:数量折扣、现金折扣、功能折扣和季节性折扣等。一般来说,折扣价格策略要使增加销售所带来的收入高于所需的成本投入(旅游产品和服务成本)。

4. 招徕定价策略

招徕定价策略就是利用消费者对低价商品的兴趣,将少数几种商品的价格降到市价以下甚至低于成本,以招徕顾客,增加对其他商品的连带性购买,以达到扩大销售的目的。具体方法有亏损定价、产品捆绑定价、特殊事件定价、最后一分钟定价等。

5. 需求定价策略

需求定价策略就是以市场需求状况为依据,来决定本酒庄、企业产品价格的一种定价策略。具体来说,可通过地理差价、时间差价、对象差价、产品差价以及混合搭售来制定价格。

(三) 营销渠道策略

营销渠道策略又称为分销渠道,是指旅游产品从旅游生产企业向旅游消费者转移过程中所经历的一切取得使用权或协助使用权转移的中介组织和个人。营销渠道策略是整个营销系统的重要组成部分,包含直接渠道、间接渠道、营销策略等,它对降低企业成本和提高企业竞争力具有重要意义,是规划中的重中之重。营销渠道是保证旅游产品再生产过程顺利进行的前提条件;合理选择营销渠道是提高旅游经济效益的重要手段;旅游营销渠道策略直接影响其他市场营销策略的实施效果。

(四) 促销策略

促销策略是酒庄、企业通过人员推销、广告、公共关系和营销推广等各种促销手段,向消费者传递产品信息,引起他们的注意和兴趣,激发他们的购买欲望和购买行为,以达到扩大销售的目的的活动。具体方法有降价、广告、展览、专业推销、社会营销、政府和社区关系营销、企业营销等。

案例讨论

C—P—M(Culture-Product-Marketing)

C—P—M模式是指当营销主体能够把握市场文化发展趋势,同时能够较强地控制旅游产品时,就可以旅游市场文化发展为导向,对旅游产品进行深度开发,不仅赋予它个性的文化属性,更重要的是以一个既有的文化题材为出发点,衍生新的产品形式,满足市场需要。如下图所示:

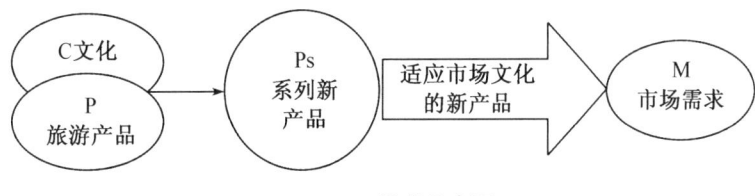

C—P—M模式示意图

现以葡萄酒文化+温泉文化为例,说明C—P—M模式的运作过程:

1. 寻找文化的个性化卖点

日本号称温泉王国,在草津温泉,人们将古时用长木板搅拌使池水降温的工作变成了一项温泉文化表演——"汤揉"。表演时工作人员身着传统服装,唱传统的汤揉歌,游客兴之所至也可以加入,是当地最受欢迎的一种温泉文化体验。

葡萄酒文化是伴随着历史与文明成长和发展起来的,它已渗透进政治、文化、艺术及生活的方方面面。将温泉文化与葡萄酒康养文化结合,打造出葡萄酒文化旅游的个性化卖点,直击消费者的兴奋点,超出预期,创造惊喜。

2. 赋予旅游产品创新理念

文化创新首先需要旅游理念的创新,中国葡萄酒文化旅游的发展过程,也是葡萄酒文化旅游概念不断发展、丰富的过程。而今,面对葡萄酒文化旅游发展遇到的产品同质化、主题单一、缺少创新等新问题,将文化体验概念引入葡萄酒文化旅游中,开发出葡萄酒温泉养生、养心、养疗系列产品,打造新的亮点。

3. 文化＋旅游产品＝旅游产品的文化创新

葡萄酒旅游企业要解放思维,视葡萄酒为载体,把各种时尚休闲概念融入葡萄酒文化旅游中。通过葡萄酒文化创新,赋予葡萄酒旅游产品、服务更多的内涵和价值,从而提升葡萄酒旅游的吸引力。将葡萄酒文化和温泉文化融入一起,组成新的文化＋旅游产品组合,就是旅游产品的文化创新。例如温泉中加入红酒SPA养疗、红酒养生美食、红酒经络按摩等。营造出一种休闲健康的气氛,使旅行者身心融入,感受葡萄酒＋温泉文化的独特魅力,为旅游者带来一种全方位的享受。

本章小结

服务质量是影响游客对旅游酒庄的主要因素,本章对旅游酒庄的服务质量的相关内容进行了介绍并延伸,表明了服务质量对旅游酒庄的重要性,旅游酒庄需重视客人投诉并妥善处理,以提高服务质量,进而提升游客满意度;此外,通过对葡萄酒旅游产业人力资源情况的概述及国内外葡萄酒产业人力资源现状的阐述,表明人才培养对于葡萄酒产业的必要性;最后,了解并掌握葡萄酒文化旅游的营销战略及具体营销策略,结合旅游酒庄服务质量的相关内容与葡萄酒旅游从业人员胜任力特征,更好地开展葡萄酒文化旅游营销活动。

思考与讨论

1. 旅游酒庄服务质量与其他行业服务质量相比有何不同?
2. 结合国内旅游酒庄人力资源现状,阐述葡萄酒文化旅游人才培养的重要性。

第五模块
葡萄酒文化旅游发展前瞻

> 葡萄酒随岁月而发展,时间越长久,味道越香醇。
> ——爱默生(Ralph Waldo Emerson,美国作家)

第十三章 葡萄酒文化旅游的融合创新发展

学习目标

知识目标:理解葡萄酒旅游目的地品牌营销的融合创新策略。
能力目标:结合目标客群,整合运用多种体验形式,并进行融合创新。

案例导读

北京的人文酒庄

青普瑞云行馆始建于1998年,坐落在盛产葡萄的延怀河谷——怀来葡萄酒之乡,距北京市区车程约1.5小时,是远离闹市,深入自然最舒服的距离。600多亩葡萄园一望无际,一直延伸至长城脚下。

这里空气质量优良,延怀河谷得天独厚的地理水文,造就了葡萄的不凡品质。由于燕山山脉的阻挡和季风气候的影响,造成了盆地内独特的气候特点,为葡萄的生长提供了绝佳的生态条件,青普瑞云行馆就位于怀涿盆地的核心产区。丰收的葡萄经过酿造,它们的生命最终以红酒的形式延续。

行馆通体的建筑采用托斯卡纳风格,通过石头、木头、灰泥等天然材料来表现建筑的肌理,将建筑与自然有机结合起来。其中行馆内的密荫、喷泉、庭院、壁炉、藤蔓、兽头水口,甚至岩石与灰泥表现光与影的关系,都蕴含着托斯卡纳风格的精髓。

15间假日客房采用中国北方传统民居的设计,坐北朝南,冬暖夏凉。落地窗的设计保证了阳光的充分进入,一切追求自然、舒服、安心的居住体验。夜晚枕着葡萄园入梦,早晨推开房门,便是方方正正的庭院,可望山,可喝茶,可赏花。一年四季,各有韵致。

此外,700多亩葡萄庄园,同时集合了美食、美酒、咖啡、酒吧、书吧、工坊、会议空间和展览空间等。从诗酒美学、创意设计、人文场景、手作工坊到艺文体验活动,不同的时间碎片和时间维度,诠释的都是酒与人文、与时间的故事。不同于京郊一众去处,这里足够开阔、足够丰富、足够好玩、足够养心。

瑞云艺文体验清单:

篆刻魅力——古篆今风、错银入画——银丝镶嵌"无事牌"、湿版记忆——玻

璃做底片的摄影、葡萄酒货币游戏、非遗手作——北京兔儿爷、红酒雅鉴——与红酒的相识、传统文化——京剧脸谱、草木有染——手作体验扎染、创意手工——京城皮事、宋代点茶——生活中的仪式感、陶趣。

（案例来源 https://www.tsingpu.com/m/hotel/140）

第一节　旅游目的地品牌营销的融合创新

一、旅游目的地营销

旅游目的地营销（tourism destination marketing）是一种在地区层次上进行的崭新的旅游营销方式，是一种整合营销的创新策略。在这种方式下，地区将代表地区内所有的旅游企业，以一个旅游目的地的形象作为营销主体加入旅游市场的激烈竞争中。营销的参与者不是某个旅游企业，而是地区内所有相关的机构和人员；营销对象不是某个旅游产品，而是地区内所有的旅游产品和服务；获益者也不是某个旅游企业，而是整个地区。

旅游目的地营销以满足旅游者和目的地社团（包括政府、企业、居民、各种正式及非正式的社会机构）的需求为目标。狭义的旅游目的地营销是指旅游目的地形象营销策略和旅游目的地产品服务促销策略。广义的旅游目的地地区营销涵盖的内容有：提升旅游目的地的价值和形象，以使潜在旅游者充分意识到该地区与众不同的优势；规划开发地区协调、配套、有吸引力的旅游产品；宣传促销整个地区的产品和服务，使目标市场将本地区作为旅游目的地，刺激来访者的消费行为，提高其在本地区的消费额。可见，广义的旅游目的地地区营销活动不仅包括对现实目的地的营销，还包括了对未来更理想的旅游目的地的营造和促销。

二、旅游目的地品牌营销

旅游目的地品牌营销是旅游目的地在品牌化进程中对品牌要素及系统构成的整合营销。

（一）旅游目的地品牌

所谓品牌，就是产品的牌子，是制造商或经销商给自己的产品规定的商业名称。旅游目的地品牌，是指将旅游目的地作为一个整体所树立的一个品牌名称与标志。旅游目的地品牌是区域旅游开发成果和旅游业发展水平的集中体现，它同某个具体旅游产品或旅游产品群相关联。旅游目的地品牌在提升旅游目的地整体形象，巩固和拓展旅游市场方面起着重要作用。在某种意义上说，旅游地之间的竞争主要表现在品牌的竞争。旅游目的地品牌包括公共品牌和企业品牌。公共品牌为旅游地所共享，而并非属于某一旅游企业。旅游市场的竞争很多时候是与旅游地整体相联系的,即与旅游目的地品牌相关。

旅游目的地品牌要素包括:品牌名称、广告语、特征、符号、标识。是否能够成为品牌元素的标准就要建立双向联想关系,即提及品牌想到该元素,提及该元素想到该品牌。

旅游目的地品牌要素的设计,如图5-1所示:

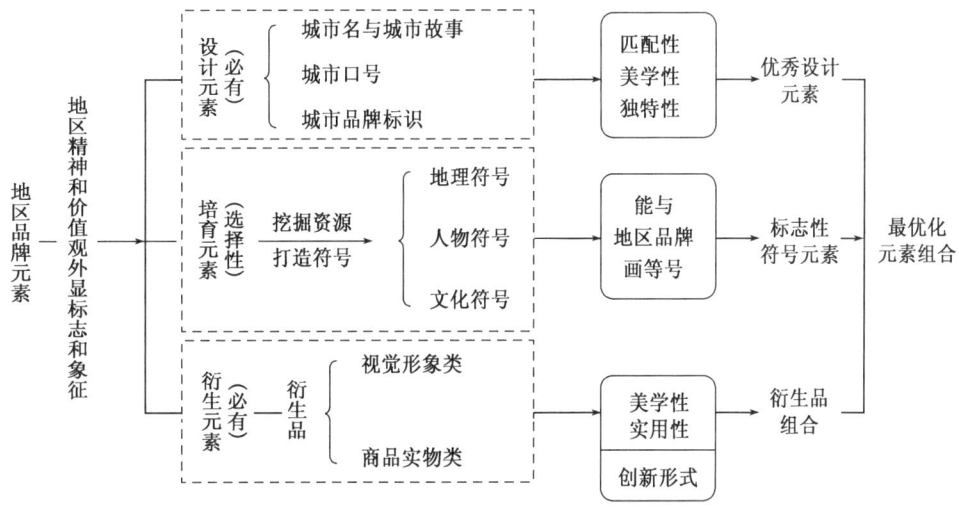

图5-1 地区品牌元素

旅游目的地品牌和旅游目的地形象既紧密联系又相互区别。旅游目的地形象是旅游目的地品牌的心理载体,建设品牌的过程同时也是树立形象的过程,但旅游目的地形象并不等同于旅游目的地品牌。旅游目的地形象是旅游目的地的识别标志,是旅游者对旅游目的地特点形成的印象和评价。旅游目的地品牌树立的形象是统一的,而旅游目的地形象则会因人而异。旅游目的地形象的形成过程是被动的、自然的,旅游目的地品牌却可以主动创造。旅游目的地形象有好有坏,只有正面的形象才会产生品牌效应,而旅游目的地品牌是规划定位的旅游目的地形象。旅游目的地品牌是由许多与旅游要素相关的品牌综合支持、有机联系成的整体,是这些要素抽象出来的综合特色。品牌定位是品牌建设的前提,准确的定位品牌有利于展示特色,促进旅游目的地竞争优势的发挥。

(二)旅游目的地品牌营销系统构成

旅游目的地品牌营销(Tourism Destination Brand Marketing)是通过市场营销使旅游者形成对目的地品牌和产品的认知过程,旅游企业要想不断获得和保持竞争优势,必须构建高品位的品牌营销理念。旅游目的地形象是旅游目的地品牌的心理载体,旅游目的品牌是规划定位的旅游目的地形象。最高级的营销不是建立庞大的营销网络,而是利用品牌符号,把无形的营销网络铺建到社会公众心里,把产品输送到消费者心里。旅游目的地品牌营销本质上是建立在集旅游吸引物、旅游产品、旅游企业、旅游设施等为一体的目的地区域系统基础上的整合营销。旅游目的地品牌营销系统包括旅游地内部的旅游吸引物、旅游产品、旅游企业、旅游设施、旅游服务人员、旅游目的地政府、生态环境、旅游目的

地居民、相关法律和政策九大要素,如下图所示:

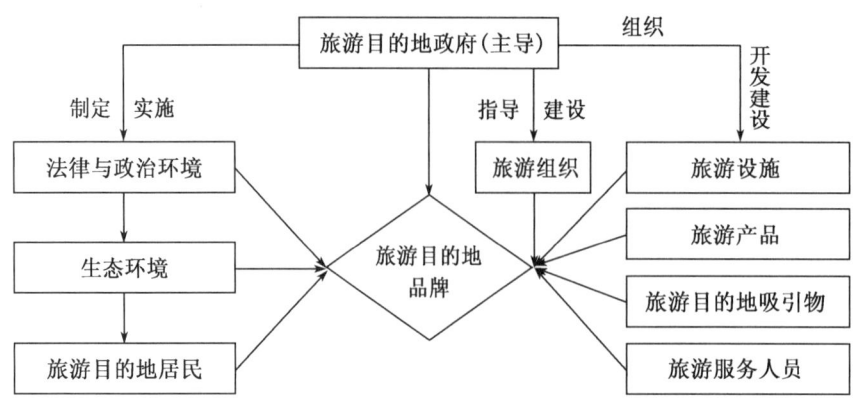

图 5-2　旅游目的地品牌营销系统构成

(三) 旅游目的地品牌的树立

1. 政府在旅游目的地品牌建设中的作用

首先,政府为旅游目的地品牌建设创造良好的外部环境。旅游目的地的品牌是靠当地的各个旅游企业综合起来建立的,在这个过程中就要求政府积极地组织指导旅游企业形成统一的形象,进而建立旅游目的地所特有的品牌形象。

其次,政府担负着旅游目的地基础设施与公共物品的建设。具体来说,政府主要完成那些对当地旅游业非常重要但投资比较大,或者单个旅游企业无法承担的或因其没有利润而不愿承担的一些重大项目与公共物品的建设。

最后,在当地的精神文明建设中,政府同样肩负着主导作用。真正的旅游目的地品牌是当地文化的综合,它包括当地的社会文化、科技文化、民族文化等内容,而这些文化建设都离不开政府的支持与保障。

2. 旅游吸引物

旅游吸引物是现代旅游的基础,是吸引旅游者外出旅游的充分条件,其表现为对旅游者构成吸引力的自然和社会事物与现象的总和。从某种意义上说,旅游目的地品牌就是旅游目的地最具特色或优势的旅游吸引物。只有具有"唯我独有""唯我独尊"等特征,才能对游客产生足够的吸引力和感召力。因此,具备特色和优势的旅游吸引物是旅游目的地品牌构建的基本依据。

3. 旅游产品

旅游产品是旅游者在旅游过程中所购买的服务或服务与实物的组合,属于一种消费感受个性化的服务型产品。旅游的实现形式表现为旅游者在旅游地的全面感知过程。而品牌说到底是消费者全面感知形成的综合概念,是消费者对产品整体认知的总和。因此,可以说旅游目的地品牌是旅游目的地提供给旅游者的特色旅游产品的集中表征。

4. 旅游企业

旅游企业是以旅游者为对象,为旅游活动创造便利条件并提供旅游者所需的商品和服务的综合性组织实体。旅游企业是旅游者和旅游吸引物之间的一种中介和纽带,其主要任务是为旅游者提供服务。可以说,旅游者到一个旅游目的地最先接触和感受的对象就是旅游企业。旅游企业形象是旅游目的地形象的缩影,旅游企业是旅游目的地的窗口。因此,旅游企业的建设关乎旅游目的地品牌构建的成败。

5. 旅游设施

旅游设施是指为旅游活动提供的各种服务设施的总和,它包括为旅游者提供直接服务的旅游交通工具、旅游咨询系统、旅游地住宿、餐饮、娱乐、购物等设施,还包括提供间接服务的交通设施、能源供给、通信、废物处理等设施。旅游设施是开展旅游活动的基础,为旅游者顺利进行旅游活动提供物质保证。同时,旅游设施也是旅游地经济发展、市政建设和科学技术水平的反映。因此,旅游设施是旅游目的地品牌构建不可或缺的要素。

6. 旅游服务人员

旅游业是劳动密集型的服务性行业,旅游者在旅游过程中的每一个环节都离不开旅游服务人员提供的服务。旅游者在与旅游服务人员的互动交流过程中形成对旅游目的地的看法。因此,一支拥有专业水准、敬业精神的高素质旅游服务队伍会给旅游者留下深刻的印象,良好的旅游服务有利于拉近游客与旅游目的地之间的情感距离,增强旅游目的地的亲和力,加深旅游目的地在游客心目中的印象。

7. 生态环境

旅游作为人类的一种跨区域系统的空间位移活动,总是离不开生态系统。旅游者的任何旅游活动都是在一定时间、一定区域的生态环境中进行的,不存在离开生态环境的旅游活动。生态环境展现给旅游者的舒适感、安全感等在很大程度上将影响其对旅游目的地的评价。

8. 旅游目的地居民

旅游是一项社会化的活动,旅游者来到旅游目的地之后不可避免地要和当地居民进行交往。现代旅游越来越重视人的因素,因此旅游目的地居民对待旅游的态度、行为将直接影响旅游者在当地的旅游体验质量。

9. 相关法律和政策

旅游业是一项综合性事业。旅游活动流动性大,涉及面广。在旅游活动中,旅游组织机构、旅游者、旅游企业以及其他如交通、通信、卫生、安全等行业之间会形成各种各样的社会关系,为了错综复杂的社会关系,促进旅游目的地旅游业的发展,充分保障旅游者的利益,有必要制定相关法律和政策,营造一个良好的旅游社会大环境,进而提高旅游目的地的知名度和诚信度。

三、旅游目的地品牌营销的创新策略

(一)整合营销

20世纪90年代以来,整合营销作为一种关系型营销理论,得到越来越多学者和企业的认可。整合营销的核心理念就是以消费者为中心的4C理论:Consumer(消费者)、Cost

（成本）、Convenience（便利）、Communication（沟通）。传统的 4P 理论是站在企业的角度考虑问题：企业生产什么样的产品，愿意定多高的价格，怎么找到客户以及给客户什么样的促销政策；而 4C 理论则是站在消费者的角度思考问题：客户是谁，愿意为客户支付多高的成本，如何给客户提供便利，如何与客户全方位沟通。

整合营销的本质是以旅游者的利益和需求为出发点，以价值为纽带，对目的地旅游资源的整合。在战术上可具体体现为产品、价格、渠道、促销等策略之间的整合（战术 4P），结合战略性规划，暨探查、分割、优先、定位（战略 4P），运用权力（Power）和公共关系（Public Relations），调动员工积极性（People），提高客户参与度，排除通往目标市场的各种障碍，这体现为 11Ps 的系统整合，如图 5-3。整合营销也可体现为不同利益相关者之间的整合。利益相关者理论作为整合营销的拓展，给企业维系与保持包括消费者在内的外部生态环境提供了新的思路。企业的外部环境变量是不可控的，但企业通过整合营销等手段可以实现对企业外部利益相关者的调控，企业应以利益相关者为落脚点和出发点，整合内部各部门与外部生态环境之间的协调关系，从而建立与外部利益相关者长期稳定且合法的联系。

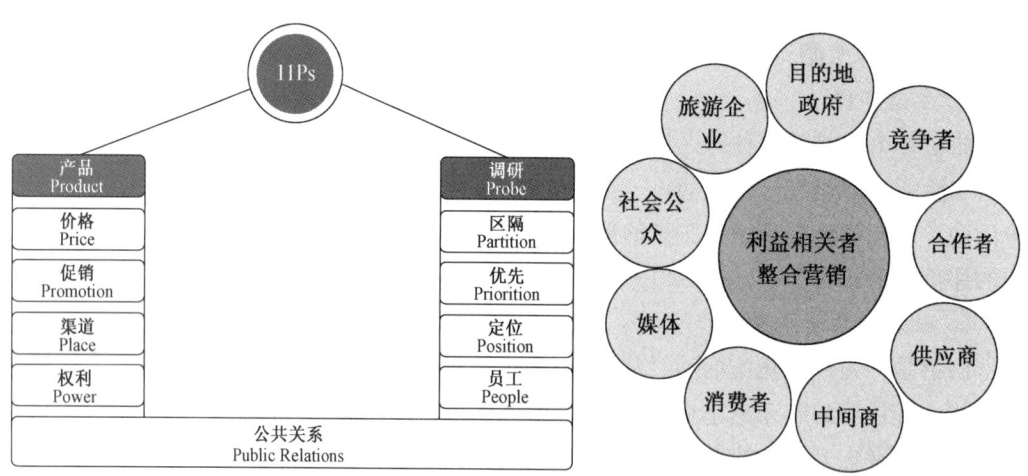

图 5-3　（左）11PS 整合营销图　　图 5-4　（右）利益相关者的整合营销

（二）文化主题营销

文化主题营销是指运用文化主题力量实现营销目标的市场营销活动，即在营销活动中主动进行文化主题渗透，提高文化主题含量，营造文化主题氛围，以文化作媒介与顾客及社会公众构建全新的利益共同体关系。

文化主题营销的特点：以个性创新为基础、以价值观念为核心、以互动共鸣为根本、以地域文化为特色。

（三）情感体验营销

情感体验营销诉求的是消费者内在的感情与情绪，通过看（See）、听（Hear）、用（Use）、参与（Participate）的手段，充分刺激和调动消费者的感官（Sense）、情感（Feel）、思考(Think)、行动(Act)、关联(Relate)等感性因素和理性因素,触动顾客的内心情感,目的是给消费者创造兴奋、快乐的情感体验。

（四）融媒体营销

媒体包括社会化媒体、新媒体、跨媒体、移动媒体、多媒体、平面媒体、数字媒体、网络媒体等。

融媒体是充分利用媒介载体,把广播、电视、报纸等既有共同点,又存在互补性的不同媒体,在人力、内容、宣传等方面进行全面整合,实现"资源通融、内容兼容、宣传互融、利益共融"的新型媒体。

融媒体营销是指企业和社会组织整合运用新媒体的传播来扩大知名度、美誉度、忠诚度,进行品牌形象推广的行为。

案例讨论

基于文化IP的贺兰山东麓葡萄酒旅游目的地品牌形象构建

一、文化IP与目的地品牌形象

IP(Intellectual Property)原意为"知识产权",但是伴随新媒体的发展,其概念内涵早已高于知识产权。目前,我国已进入"混态融合"时代,从"IP"到"文化IP"特指一种文化产品之间的连接融合,是具有高辨识度、自带流量、强变现穿透能力和长变化周期的文化符号。目的地品牌形象是在消费者心目中留下的,关于产品或者服务的一系列感知,这种感知很容易受到外部市场和竞争对手的影响,而文化IP包括的LOGO、形象、语言或故事,往往能被受众一眼识别。同时目的地品牌形象的传达借助品牌营销,而文化IP的应用作为一种新的品牌营销方法正在发挥创新传统营销渠道的作用。

因此,文化IP与目的地品牌形象之间的关系可以归纳为三个方面。第一,文化IP可以从属性、价值观、文化等方面提升目的地品牌形象的整体概念,增强旅游消费者对品牌的吸附力度和传播力度。第二,文化IP倡导多元文化的跨界合作,目的地品牌形象的IP化过程就是抓住消费者的购买需求打造亲切而积极、独特且限量的产品,增加旅游品牌的趣味性。第三,企业可以通过文化IP聚集游客,定制满足其行为特征和需求偏好的多元化文创产品,增加葡萄酒旅游的经济效益,提高旅游者对葡萄酒旅游目的地品牌的忠诚度、满意度和传播度。

二、目的地品牌形象内涵解读

（一）"西紫"品牌内涵

在江南秀美的西子湖畔,我国唐代著名诗人苏轼留下了千古名句"欲把西湖比西子,淡妆浓抹总相宜"。在西北号称"塞上江南,神奇宁夏"的贺兰山东麓,有集雄浑与秀美为一体的百万亩葡萄长廊。"贺兰山下果园成,塞北江南旧有名。"如今,贺兰山东麓这片土地大力发展葡萄产业,构建国际特色旅游目的地,承载着浪漫而坚守的紫色梦想。

"西紫"即"西部的紫色","西"有西部、丝路的寓意,"紫"借葡萄果实的颜色寓意着浪漫、神秘、华贵而幸运。

以地域为依托,"西紫"系列的子品牌可以延伸出岩羊精灵、西紫小老师、"水花版"西紫、"德宝版"西紫等,旅途中的游客可以根据自己的性格特质、兴趣爱好或心境选择相应的子品牌。

三、"西紫家族"品牌视觉识别系统

(一)目的地品牌核心形象——"小西紫"

"小西紫"作为年轻化的目的地品牌形象,可以对应更有活力的青年市场。通过形象的树立,去号召更多的当代年轻人成为葡萄酒新兴产业的实践者、生力军和传播者,以己之学,向世界传播中国的葡萄酒文化。以"小西紫"为核心的品牌形象作为新兴产区的代表,可以通过传播"西紫"品牌的文化内涵,引导受众对品牌角色进行想象,进而去探索目的地品牌形象的外延。

图 5-5 "小西紫"品牌形象

表 5-1 笔者将从品牌形象的"皮、肉、骨"三层内容对"小西紫"品牌形象进行解析。

表 5-1 "小西紫"品牌形象解读

IP 形象解读	内涵
皮	目的地品牌形象采用贺兰山岩羊以及"太阳神"岩画作为原型创作,融合了不同的岩画符号、葡萄符号等元素,打造出了具有高辨识度的产区品牌形象,并以此传递出葡萄酒拓荒者和追梦人勤劳果敢的形象以及葡萄酒旅游目的地的文化。 形象特点:花木兰 坚毅 勇敢 自信 头饰:太阳神图腾和岩羊角相结合,兼具西方圣母冠之形 发色:棕黑色,为葡萄藤蔓之色,凸显自然之美 面部:圆润可爱,像极了丰收时节新鲜、饱满的葡萄 眼部:花木兰的眼睛,与葡萄的叶子有异曲同工之妙 衣服样式:倒挂的酒杯,结合葡萄、岩画符号等元素 配饰可加藤鞭:宛如藤蔓的教鞭
肉	"小西紫"是生长在贺兰山脚下的一个活泼开朗、朴实率真的小姑娘。她天性自由奔放,崇尚自然,爱探奇,爱追梦,极富想象力和创造力。 "小西紫"更是贺兰山下年轻人好学上进、敢拼敢闯、激情向上的象征,在葡萄一年四季周而复始的生长轮回中,她谦虚好学,时而是外出学习取经的小学者,时而是田间地头的辛勤劳作者,时而作为年轻儒雅的酿酒师,她酿出来的葡萄酒,"香气浓郁"像她活力奔放而不失内涵;"甘润平衡"像她海纳百川又大气包容;"酒体强劲"像她敢爱敢恨又立体个性,"余味悠长"像她浪漫优雅而不失趣味。

(续表)

IP形象解读	内涵
骨	"小西紫"品牌形象融合了贺兰山坚强不屈的风骨以及黄河海纳百川的气度,凸显出宁夏人民为建设美丽家园而如岩羊一般的不惧风险、坚韧不拔的精神。 另外目的地品牌形象中的葡萄藤、岩画、精灵、日月星空等演绎了贺兰山东麓独特的风土和精神文化,"春展藤、冬埋土"的四季轮作展示着葡萄酒用时间酿造的故事,呈现出"时间的力量与魅力"。

(二) 目的地品牌形象矩阵——"西紫家族"

纵观整个文旅 IP 的发展趋势,应该在单角色形象"小西紫"形象基础上延展出"西紫家族",增强葡萄酒旅游消费者对目的地品牌的印象。尽管"西紫家族"以不同的形态存在世间,但是常规形态摆脱不了"小西紫"的印记。目的地品牌形象矩阵如图所示:

1. 岩羊精灵:贺兰山上的守护天使,性格活泼好动,古灵精怪,喜欢在悬崖峭壁上爬来爬去。

2. 小西紫:长相可爱甜美,但又不失花木兰的坚韧、热情、阳光、乐观向上,喜欢在葡萄园里玩耍。

3. 西紫小老师:手拿葡萄藤的教鞭,充满威严,既是教书育人的老师,又是葡萄酒产教融合的宣传大使。

4. 古风版西紫小姐姐:热情、浪漫却又非常执着,拥有自己的气场,身轻如燕、婀娜多姿,是酒庄里有名的酿酒师。

图 5-6 "西紫家族"品牌形象矩阵

5. "水花版"西紫:以《山海情》中的"水花"为原型,是一位在恶劣自然条件下生活的妇女,她以自身的经历见证了改革开放以来,人民日益美好的生活,在这个过程中也养成了坚韧不拔的性格,遇事沉着、冷静。

6. "德宝版"西紫:以《山海情》中的"马得宝"为原型,活泼、灵活,能吃苦耐劳,虽然时常莽撞、不顾后果,但非常有商业头脑,是推动葡萄酒产业发展的领军人物。

四、目的地品牌形象的场景运用

按应用场景分类	内涵
学校	学校主要的服务人群是学生和教师,所以场景的运用可以与课程结合,也可以是校园内某个特定的时节。像西紫小老师的形象可用于产教融合实践教学的宣传推广,作为学校与葡萄酒庄、景区、旅行社等联合的桥梁。在时节方面,西紫小老师的形象可针对教师节、大一新生的开学季以及大四学生的毕业季,设计出一系列平面场景。同时,为了体现大学生群体热爱祖国、积极向上的人生价值追求,场景的应用同样可以融合红色元素。
景区 (旅游综合体、主题乐园、文化商圈、博物馆等)	景区等旅游商业实体的目的地品牌形象场景应用相较于学校更加多样,可以借助国家一流的依托,以产教融合、葡萄酒文化旅游创新实践基地为载体,让场景的应用更具文化内涵。
酒庄 (葡萄酒小镇、红酒街区、红酒主题体验馆等)	目的地品牌形象在酒庄等场景的运用主要用于对外的营销宣传,小西紫可以作为某个酒庄的旅游品牌形象,也可以是产区的整体品牌形象,尤其是以《山海情》为原型的"水花版"西紫和"得宝版"西紫,可作为闽宁镇葡萄酒旅游产业的宣传形象。

五、文创周边产品设计

贺兰山东麓葡萄酒旅游目的地品牌IP化的进程不断推进,针对"西紫家族"品牌形象矩阵的应用场景,文创周边产品设计大体上分为六大类,即护肤彩妆类、生活用品类、饰品类、葡萄酒相关类、服装类和文具类,如下图所示:

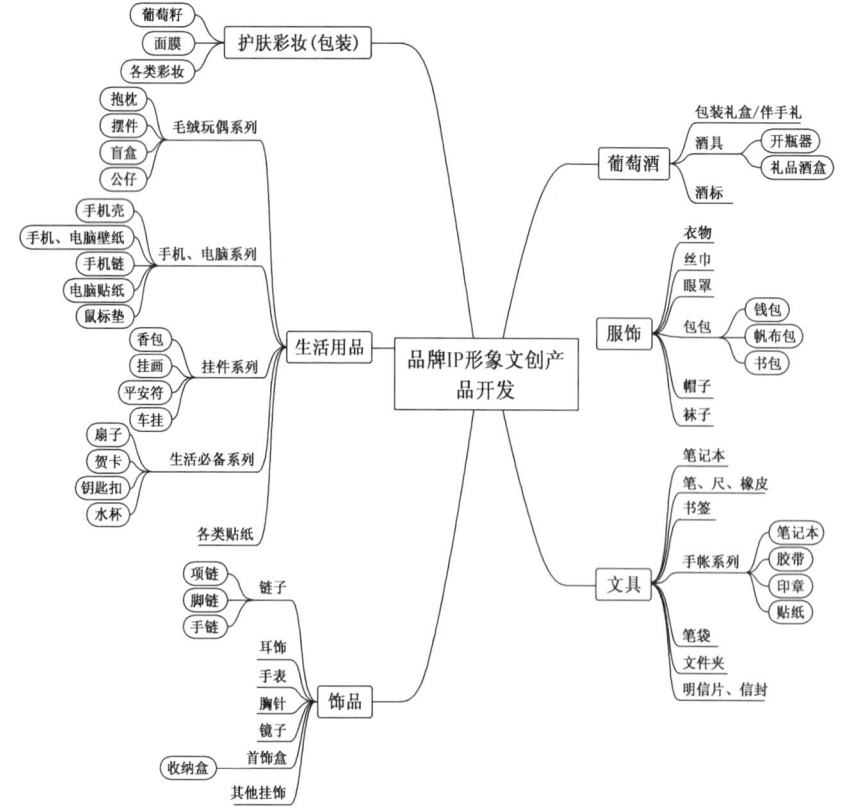

图 5-7 西紫品牌矩阵衍生的文创产品矩阵

综合考虑场景和物料实际情况，图 5－8 展示“西紫家族”延展到文创周边产品的实物图例，之后不同的场景和物料也同理可以延展。

一、目的地品牌形象应用场景

学校

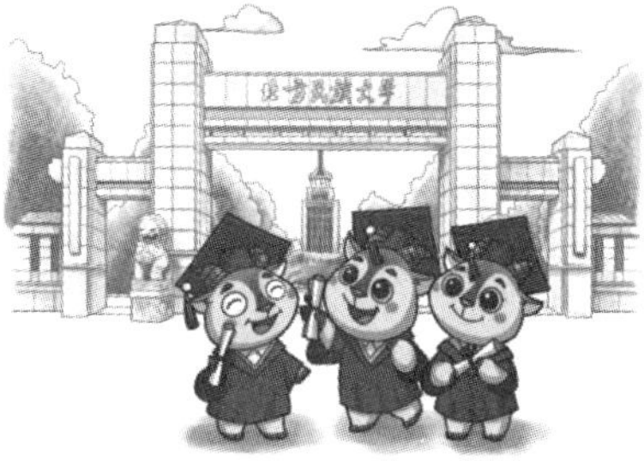

景区

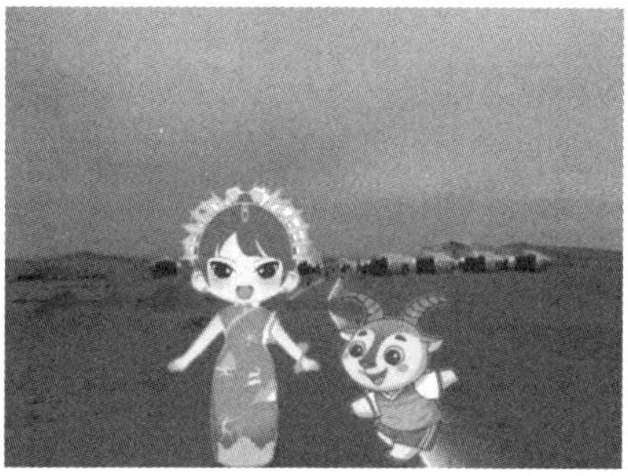

图书馆

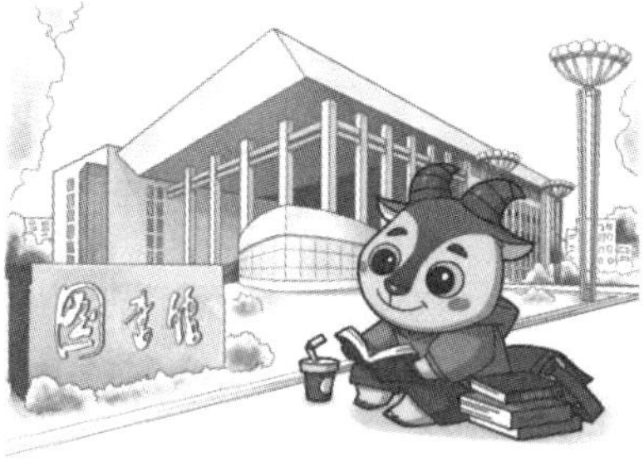

酒庄

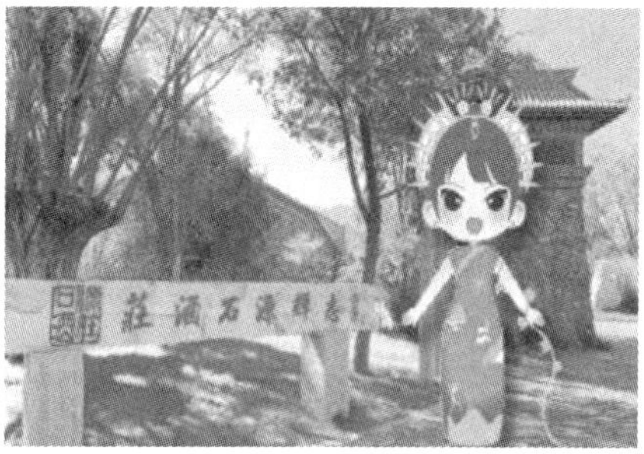

二、文创周边产品设计

产品一：抱枕

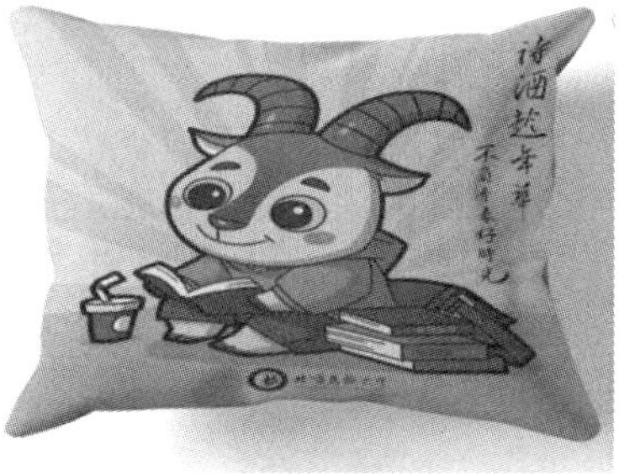

产品二：冰箱贴

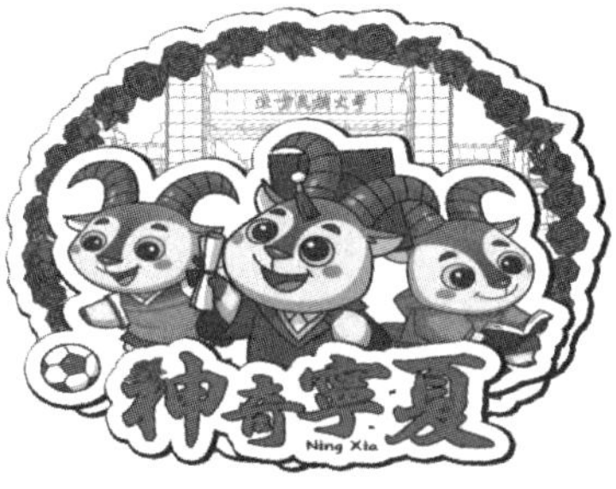

产品三：手提袋

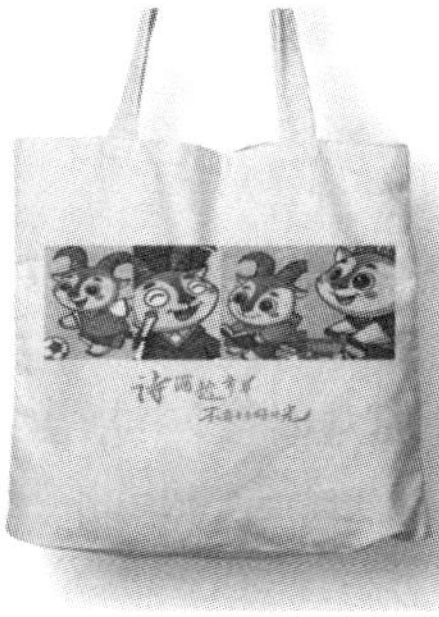

产品四：水杯

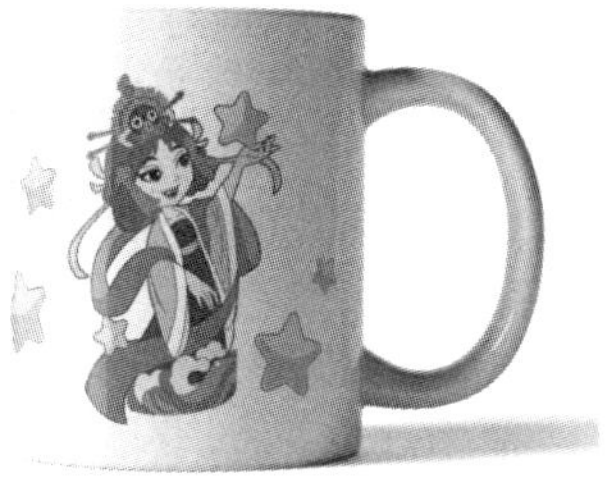

图 5－8　西紫品牌矩阵衍生的文创周边产品设计

案例讨论：

根据案例内容讨论，此 IP 形象对应贺兰山东麓葡萄酒旅游的哪些细分市场？葡萄酒旅游目的地的 IP 形象和品牌形象之间存在何种关系？如何根据文化 IP 体系构建目的地的品牌形象？

第二节 目标客群的融合创新

一、亲子市场

根据《2019 年中国在线旅游市场年度综合分析》，通过对 2018 年中国在线旅游用户年龄结构分布以及中国 0～14 岁儿童人口数量情况进行分析，截至 2017 年，我国 0～14 岁人口数量超过 2.3 亿，同比增长 1.1%。考虑到中国每年新生儿 1700 万以及二胎政策综合作用下，儿童人口数量将持续增长。而在线旅游用户主力人群中，31～40 岁用户占比高达 43%，这部分用户的亲子需求较为强烈。由此可以看出，我国旅游市场中的亲子游具有巨大的需求与发展潜力。

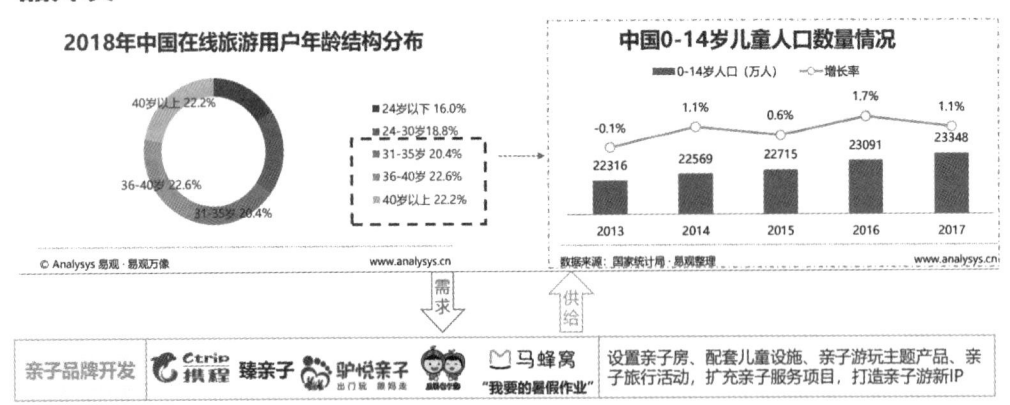

图 5-9 亲子家庭型用户需求挖掘促进亲子品牌的建设与产品开发

根据 2020 年发布的《中国葡萄酒旅游市场网络评论研究报告》中指出，在传统的葡萄酒文旅行业，由于未成年人不能饮酒的限制，亲子市场一直是较难兼顾的一块。目前仅有 3.64% 的酒庄依托酒庄特色环境和场地，开展儿童亲子游乐活动。法国的博诺莱爱摩帝博葡萄酒主题公园就是葡萄酒＋亲子的跨界典范，这里被称为"法国的葡萄酒迪士尼乐

第十三章 葡萄酒文化旅游的融合创新发展

园",不同葡萄酒知识水平的游客都可以在这里享受美好时光,除去日常的休闲活动还有许多有趣味性的活动,以及大人和孩子均可参与的节事活动。这家酒庄就找到了葡萄酒市场中亲子之间情感纽带下强大的需求。

图5-10 博诺莱爱魔帝博葡萄酒主题公园

二、商旅+家庭

商务会议在整体的葡萄酒旅游市场中的占比是比较小的,抛开目前酒庄的公共基础设施、接待设施等还不够完善等因素,"商务会议+亲子"的客群融合也是一种新的方式。大部分现代社会精英缺少对家庭的陪伴,有越来越多的商务人士在外参与商务会务的同时带上家人一同前往,这样既不耽误会务也不失与家人陪伴的时光,与此同时还能让家里的小朋友开阔眼界,这又何乐而不为呢?但目前接待商务会议的酒店会较低程度地考虑到以上情况。酒庄是否可以考虑在打开亲子市场的同时打开商务会议的市场呢?商务人士进行会议,自己的家人带着孩子在酒庄中科普葡萄酒文化知识,体验葡萄酒文化场景,参与更多的趣味小游戏,会议结束后一家人可以在一起享用晚餐,这样的客群融合更是印证了"旅游即生活"这一观念。

第三节 体验形式的融合创新

一、葡萄酒文化旅游体验的内涵

葡萄酒文化旅游的体验不仅限于品尝葡萄酒,而且还具有深层次的旅游文化和情感体验需求。Bruwer 和 Huang 将葡萄酒产品的参与定义为从事葡萄酒或与葡萄酒有关活动的人的动机及心态,取决于消费者的价值观、目标和自我概念。研究表明,葡萄酒旅游的参与程度不仅影响消费者的行为,而且还会影响消费者对葡萄酒旅游的追求。经历过葡萄酒文化旅游的人们则会更渴望去他们偏爱的葡萄酒产区。只要旅游体验走向具身体验,其所达到的程度或位格就必然不同于传统体验理论所讨论的单一感官体验;当旅游体验能够为仪式所武装,被表演所充实,并获得了充分的符号化及其解读过程,那么必然很容易达到马斯洛描述的高峰体验或畅爽的状态。旅游体验的深度、强度和广度,还与旅游者的身份赋权、地方性经验以及旅游过程中人与人之间的结构性关系有关。

二、葡萄酒文旅产品要素和基础设施的优化

葡萄酒文化旅游产品要素融合了葡萄酒与文化旅游业发展中涉及的食、住、行、游、购、娱六大要素。目前,在全球主要的葡萄酒旅游胜地,针对游客提供的葡萄酒旅游项目一般包括由旅行团组织的酒庄游、葡萄酒农场组织的品酒活动、酒窖参观、葡萄酒文化节活动及餐饮服务等,有些旅游地也逐渐为游客提供葡萄园观赏、品酒工作坊及游客参与酿酒等活动。通常,葡萄酒文化旅游开发成功的地区也是葡萄园及酒庄高度集中的区域,为了优化产品要素,提升葡萄酒文化旅游产品质量和游客满意度,需要对该区域的基础设施建设加以完善,如"最后一公里"的打造。基础设施等设备完善度是体验的基础,大多数酒庄的接待设施还有待提升,酒庄接待人员不专业,酒庄内卫生间、休憩场所等设施不完善会导致许多远道而来的客人体验感不佳。大部分酒庄距离交通枢纽、繁华商圈较远,可能会影响旅游体验,经过较为曲折的路程游客来到酒庄,食宿接待等达不到内心的期望也会大程度影响客人等体验感。

三、葡萄酒文旅的感官体验创新

1982年,格罗鲁斯认为感知服务包括3个要素,分别是技术质量、功能质量和企业形象。1984年,他在个人著作中将顾客感知服务质量分解成技术质量和功能质量,并推出顾客感知服务质量模型,如图5-11所示。

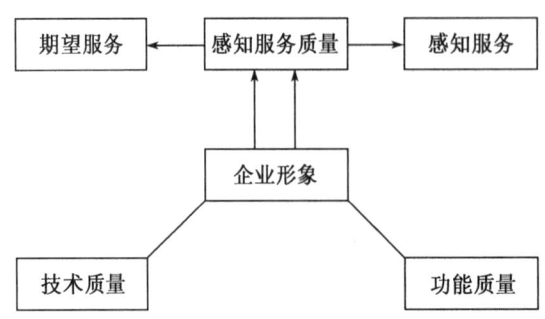

图 5-11 格罗鲁斯服务感知模型

技术质量和功能质量服务的对象都是消费者,前者是提供什么样的服务,后者是怎样提供服务,期望服务是顾客感知服务质量也就是顾客体验满意度的重要组成部分。根据格罗鲁斯模型,游客对葡萄酒文旅有一定的期望,通过与现实体验感知的对比产生差距,可以提升葡萄酒文旅相应的技术质量和功能质量。

表 5-2 葡萄酒文旅感知服务的五个维度

五个维度	技术质量	功能质量
视觉	酒庄外观吸引人	酒庄基础设施完善、服务好
	葡萄酒伴手礼外观吸引人	葡萄酒伴手礼具有深厚的文化内涵
	…	…
味觉	地方餐饮口感好	地方餐饮的好口感不受时间影响
	地方餐饮具有当地特色	地方餐饮的地方特色容易让游客喜爱
	…	…
触觉	能够接触到成品葡萄酒	能够参与采摘等环节
	葡萄酒伴手礼产品肌理触感好	葡萄酒伴手礼外包装肌理触感好
	…	…
嗅觉	酒庄环境酒香诱人	酒庄环境酒香浓度适中
	品酒酒香诱人	品酒时周边环境无异味
	…	…
听觉	葡萄酒文化景点导览讲解	葡萄酒文化内涵故事讲解
	葡萄酒文旅目的地当地居民正面评价口口相传	葡萄酒文旅目的地消费者正面评价口口相传
	…	…

在基础设施逐步完善的前提下,追求体验感上的融合创新无疑是为葡萄酒文旅的发展锦上添花,北京的青普文化行馆选址以更好体验本土文化为重要衡量指标,除了食宿体验外,客人还能充分了解当地文化,参与体验活动。青普的亮点之一在于青普特色人文度假产品"艺文体验"实现了模块化。莱恩堡国际酒庄的节事驱动模式给游客增加了许多趣味性,不定期举办丰富多彩的活动,包括各种节日庆典赛事等,莱恩堡酒庄的惊喜不断、全民参与成为它的特色,让民众参与其中,形成了莱恩堡酒庄"家是城堡"的精神文化传承。除此之外,利用科技的手段也可以一定程度上增加游客的体验性,但体验感来源于"人",也产生于"人"。

四、葡萄酒文旅的沉浸式体验

Csikszentmihalyi 将"沉浸"定义为一种由挑战(challenge)和技能(skill)二者平衡所决定的状态,其中,不包含任何焦虑、烦恼或担忧的成分。以《体验经济》中体验的四个维度,暨教育体验、娱乐体验、审美体验和避世体验为基础,基于沉浸式体验,实现葡萄酒文化旅游体验的价值共创,主要涵盖以下五个方面：一是葡萄酒文化旅游的教育体验。葡萄酒文化旅游供应链包括住宿、烹饪、文化和娱乐活动,所有这些都可能提供教育方面的内容。除此之外,利用科技的手段也可以一定程度上增加游客的教育体验性。二是葡萄酒文化旅游的娱乐体验。葡萄酒目的地内的文化景点和活动对游客来说是一个很大的吸引力,并会增强游客的娱乐体验。例如莱恩堡国际酒庄的节事驱动模式给游客增加了许多全民参与的趣味性。三是葡萄酒文化旅游的审美体验。享受葡萄酒以及与葡萄酒相关的典型场所是葡萄酒目的地中的一种审美体验。有关葡萄酒景点的标识和信息也有助于游客的审美体验。四是葡萄酒文化旅游的避世体验。换句话说,游客在葡萄酒旅游度假期间试图逃避日常现实,追求"逃离"和"待着"的旅游情境。五是葡萄酒文化旅游体验的价值共创。基于沉浸式体验的葡萄酒文化旅游注重感官、情感和对田园环境及当地文化的享受。游客所寻求的体验是"自然环境、葡萄酒、食物、文化和历史投入,尤其是为他们提供服务的人们的复杂互动、情感投入与价值共创"。

本章小结

本章阐述了旅游目的地营销、旅游目的地品牌营销的概念,以及旅游目的地品牌营销的构成和品牌树立。提出了葡萄酒文化旅游目的地品牌营销的创新策略并例证了目标客群的融合创新及体验形式的融合创新等几种创新形式。

思考与讨论

未来的葡萄酒文旅发展中如何真正地站在消费者角度提升体验感？

第十四章　葡萄酒文化旅游的数字化发展

◆ 学习目标

知识目标:阐述葡萄酒文化旅游基础数据、基础设施、体验场景数字化发展的内涵。

 案例导读

爱慕酒庄以内容创新为驱动,通过"线上线下销售＋场景化内容矩阵"的方式,将消费场景与内容服务相结合,用内容赋能销售。让国外酒庄和葡萄酒不再是高高在上的高贵形象,而成为伴随消费者每个生活场景的日常陪伴。

品牌升级必须以消费者真实的反馈为核心,在系列举措之后,爱慕酒庄针对市场反馈进一步完成了爱慕酒庄品牌形象全面升级、官网迭代升级、公众号板块优化。进一步优化了用户的浏览体验,完成品牌个性化识别,提升了品牌美誉度,致力于通过不断迭代服务,不断为客户提供新的价值。

渠道数字化实现线上线下互融,适应消费者需求变化。

数字化转型的重要一环便是渠道数字化,自新零售的广泛普及以来,线上和线下的边界正在不断被打破、相互渗透,二者深度融合的趋势越来越明显。爱慕酒庄在此基础上,打通线下、线上渠道——开设京东旗舰店、淘宝精选平台以及主流电商小程序(微信端、百度端)。将电商平台作为与消费者连接沟通的主要渠道,去了解消费者的心声和行为需求变化。并通过数字化手段挖掘更精细、更具针对性的用户数据,从而发现企业运营中可以优化的地方。

数字化转型对于企业、对于品牌而言,是一个循序渐进的过程,它重新定义了客户价值和企业战略,在动态消费市场不断变化的大趋势下,数字化转型这场"持久战"是企业在新消费时代不断提升企业的内生动力核心,我们也期待更多的企业能建立起与消费者的品牌情感沟通。

(案例来源:百家号)

第一节 基础数据数字化发展

葡萄酒文旅的数字化发展能为政府提供更好的决策支持,为酒庄等葡萄酒文旅企业的发展提供更精确的数据支撑。葡萄酒文化旅游的基础数据数字化发展包含数据库建立、数据入库、产业检测、信息服务、发布平台等几个方面,其参数数据化可参考基础数据参数,例如当年入境游客、跨省游客等数据,游客平均停留天数,游客出行方式,游客年龄构成,游客职业构成,旅游目的构成,旅游组织方式构成以及游客感兴趣的葡萄酒文旅资源、葡萄酒文旅伴手礼等。

数字化转型:数字化转型就是利用数字化技术(如大数据、云计算、人工智能等)来推动企业组织转变业务模式、组织架构、企业文化等的变革措施,如衍生出的智能制造、智慧城市等概念。

种植的数字化:种植数字化是将葡萄种植基地进行数字化重整,进行数据固定管理,通过引进国外先进的灌溉技术,在大量节省了水资源、肥料和人工的同时,也实现了精准灌溉。另外,在葡萄的成熟度上,也可以进行数字化的管理,根据不同基地的葡萄的成熟度来进行采摘。

生产的数字化:生产数字化中包含 SAP 系统(systems applications and products in data processing)的使用,它是 SAP 公司推出的一个企业管理工具,主要是通过信息化的渠道控制,从销售订单下来后,组织物料和生产,整个生产组织就能够在信息化的系统管理下运行,降低了仓储成本。

营销渠道数字化:营销渠道数字化是指通过大数据来精准定位销售对象。如通过与大数据平台建立合作关系,利用对方海量的用户数据库,精准地定位消费者并进行用户画像,从而满足消费者差异化的需求。另外,提升葡萄酒文旅的软文化实力传播同样能够拓宽营销渠道。其中包括内容化传播,针对线下渠道积累的消费者、线上渠道引流的消费者,建立"1+N"的媒体内容传播平台。体验式传播,是内容化传播转换的最主要方式。结合酒庄游、产区游的路线改造和精进,提高体验感和利益点沟通,这一块将从赠酒开始,以体验为载体,酒庄游的数字化推进也将是软件提升的重要方面。

酒庄商业模式的数字化:数字化的商业模式是指在立足于现有的销售体系之上,与社群、线下、互联网的三度空间,与 B 端、C 端实现一体化运营,做到"存量在 B 端、增量在 C 端;销量在 B 端、势能在 C 端;交易在 B 端、认知构建在 C 端"。

案例讨论

2020 年 10 月,中国(宁夏)贺兰山东麓葡萄酒旅游智库、中国旅游研究院融合创新研究基地、Rock Springs Consulting(石泉咨询)等机构联合发布了《中国葡萄酒旅游市场网

第十四章　葡萄酒文化旅游的数字化发展

络评论研究报告》，报告中分析了目前中国葡萄酒旅游的现状、产品体系和急需改进的地方，聚焦在个别有代表性的产区及他们的典型模式，并对宁夏葡萄酒旅游给出了菜单式的发展建议。

报告的数据来源是生活类网站"大众点评"和专业旅游OTA网站"携程"两个平台中用户公开信息和对旅游酒庄的相关评论。

根据葡萄酒旅游运营活动的关键词提取，分析出目前的葡萄酒旅游活动分类。目前

百余种玩法，葡萄酒旅游成旅游行业新晋小"瞪羚"

报告中葡萄酒旅游运营活动的关键词可以分为 8 大类、105 个子类；
其中 8 个大类分别是 特色体验、科普观光、其他观光、拍照摄影、儿童游乐、会议团建、婚礼宴请 和 配套；
从子类细节可以看出，中国的葡萄酒旅游已经实现了多种业态的跨界融合。

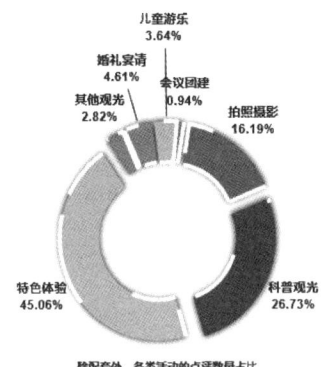

- **特色体验**：依托酒庄内独特的环境氛围和文化主题，开展自主性强的互动体验活动
- **科普观光**：依托酒庄内从种植、酿造到贮藏等生产加工环节，开展观光活动，路线固定，有导游讲解
- **拍照摄影**：依托酒庄自然风光和建筑特色，专程开展的打卡拍照、网红拍照、个人写真、婚纱摄影等活动
- **婚礼宴请**：依托酒庄特色环境和场地，举办婚礼，宴请宾客
- **儿童游乐**：依托酒庄特色环境和场地，开展儿童/亲子游乐活动
- **其他观光**：依托酒庄特色环境，欣赏与葡萄酒没有直接联系的特色建筑、景观欣赏活动
- **会议团建**：依托酒庄特色环境和场地，开展专业酒类研讨、公司团建、商务会议等活动
- **配套**：一系列餐饮、住宿、聚会休闲等相关的设施与活动

图 5-12　贺兰山东麓产区体验需求趋势——百余种玩法

万变不离其宗，热门体验活动皆不离酒

特色体验"不止于酒"，包含了 34 个子类活动；体验活动评论数量排名前三的分别是 品酒活动、葡萄采摘 和 DIY酒；
除四川、内蒙和山西产区，每个产区都有 品酒活动 和 葡萄采摘，北京产区酒庄的体验活动最多，包含 19 个子类，其次是河北、吉林、宁夏和山东产区。

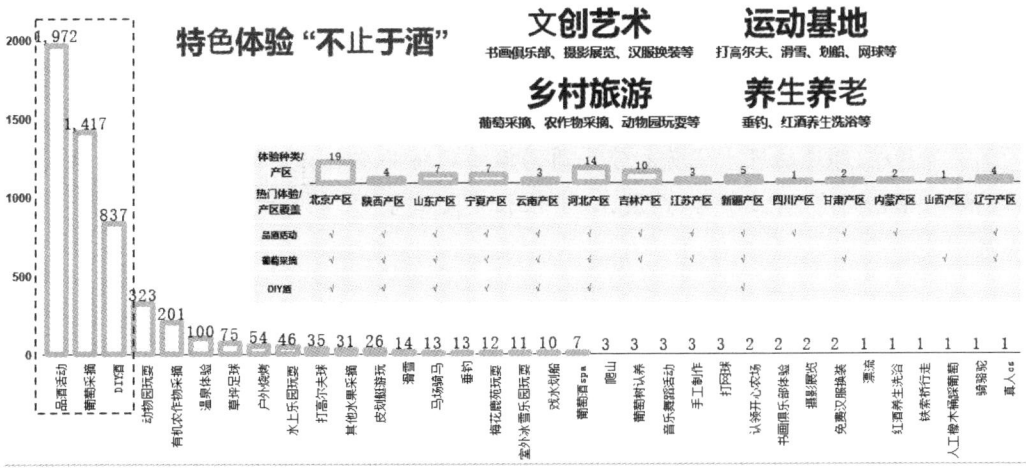

图 5-13　贺兰山东麓产区热门体验活动皆不离酒

葡萄酒旅游主要分为8大类、105个子类。其中8大类分别是：特色体验、科普观光、其他观光、拍照摄影、儿童游乐、会议团建、婚礼宴请和配套。从子类细节可以看出，中国的葡萄酒旅游已经实现了多种业态的跨界融合。同时，万变不离其宗，产区热门体验活动皆不离酒，创新技术、方式、场景等都有助于提升产区影响力和品牌知名度。

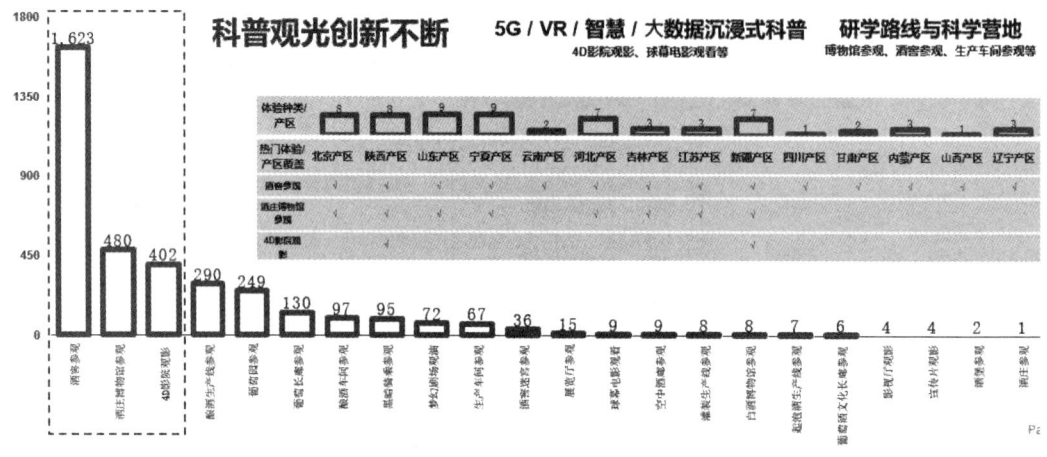

图 5-14　贺兰山东麓创新技术、创新方式、创新场景

此外，随着云计算、大数据的兴起，数字化发展已成为趋势。2020年5月，受新冠疫情影响，中国自主品牌博览会采用了云上展览的形式举办。此次VR博览会主要采用裸眼3D模型技术、720度全景呈现了中国品牌发展的历程以及各地品牌的特色。整个展厅以上海展览中心为背景，由1个序厅和37个地方展厅组成，遴选1300余家知名自主品牌企业和具有发展潜力的创新型企业，突出展示近年来各地产业发展成果。

云上宁夏展馆以"贺兰山东麓葡萄酒"为主题，设置了"产区地理、产区文化、知名大奖、酿造流程、知名酒庄酒品、融合发展"六个展区，运用三维虚拟等技术，充分展示了贺兰山东麓产区葡萄酒品牌发展成就，让参展者足不出户，也能身临其境领略宁夏贺兰山东麓的葡萄酒种植、酿造的风土优势和宁夏葡萄酒的独特品质魅力。（其中立兰、西鸽、贺兰红、张裕、银色高地、贺兰晴雪、西夏王、中粮长城天赋等12家贺兰山东麓知名葡萄酒庄参展。）

第十四章 葡萄酒文化旅游的数字化发展

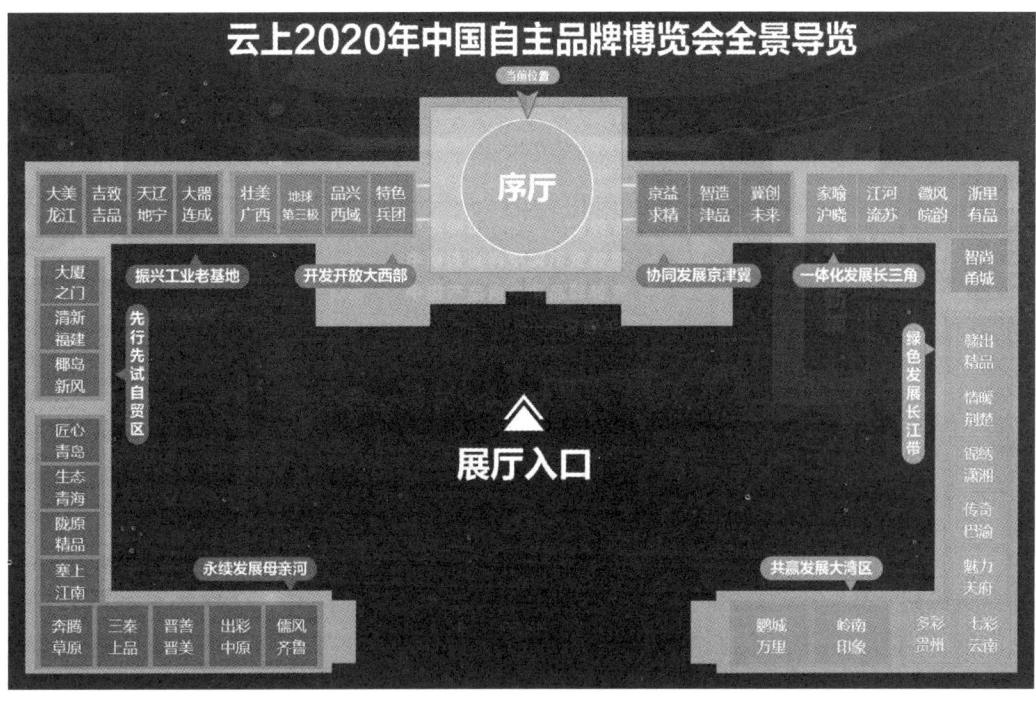

图 5-15 云上 2020 年中国自主品牌博览会全景导览图

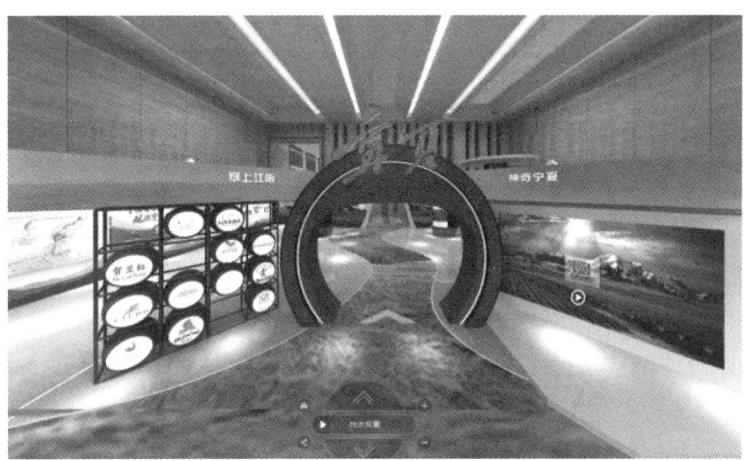

图 5-16 云上宁夏自主品牌展示馆

思考讨论：

1. 根据《中国葡萄酒旅游市场网络评论研究报告》，假设你是一家酒庄的庄主，请设计一到两种酒庄活动，在其中运用某些数字化技术，来吸引游客。

2. 随着疫情的影响，越来越多的会议、展览开始采用线上、3D 的模式，这种数字化的应用相比于传统的线下模式，对于葡萄酒文化旅游行业有什么影响，试探讨两者的优劣。

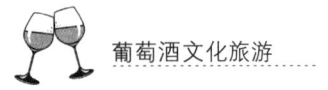
葡萄酒文化旅游

第二节 基础设施数字化发展

一、葡萄酒文旅交通路线数字化发展

目前葡萄酒文旅主要集中在酒庄游,但大部分酒庄周边地广人稀,内部交通设施难以健全,所以游客多选择自驾游的方式游览酒庄。葡萄酒文旅地图的完善会进一步促进葡萄酒文旅的发展。参考杭州的"一键智慧游",宁夏是否可以发展"一键酒庄游"等数字化交通,游客可以在地图上找到想要前往的酒庄目的地,看产区、看酿酒、体验葡萄酒文化及葡萄酒文旅演出等。

二、旅游代理机构的数据化发展

传统的景区与旅行社之间的关系随着疫情的到来进一步弱化,在现代旅游市场中大众点评、携程、飞猪等平台渐渐代替了旅行社一部分功能,这类平台的崛起意味着旅游代理机构的数字化发展已渐尖崭露头角。

三、旅游接待设施数字化发展

葡萄酒文旅的接待设施大多在酒庄内,但现阶段酒庄的接待设施应完成基础发展,下一阶段的酒庄旅游接待数字化发展将给游客带来更新的体验。

四、旅游解说系统的数字化发展

葡萄酒文旅目的地面积普遍较大,人工的解说会给相关企业带来较高的人工成本,旅游解说系统的数字化发展迫在眉睫。

第三节 体验场景数字化发展

现有的葡萄酒文旅体验方式主要体现在创新技术、创新方式与创新场景几方面,创新技术主要体现在4D影院、球幕电影等,创新方式如在观光火车上实现动态观看,创新场景主要是让游客在酒窖等新环境下提升游客的感官体验程度。也可以用5G、VR、智慧、大数据等方式让游客进行沉浸式体验。

案例讨论

NFC技术在十多年前诞生,其发展几经坎坷。可能很多人提起NFC更多的是联系到移动支付,但实际上在国内移动支付被二维码占据大部分市场之后,一直默默无闻的它凭借着低能耗、高安全、交互体验好的特点逐渐在支付之外的各个领域开花结果。

NFC 技术从工作模式上可以分为三种,分别是点对点通信模式、读写器模式和卡模拟模式。比如两个 NFC 设备之间的数据传输通常是基于点对点模式,而移动支付通常是基于卡模拟模式,标签类产品的应用则是基于读卡器模式。

基于 NFC 读卡器模式的标签应用,则天然适合"溯源"的应用场景。其中,最典型的便是酒瓶上的"黑科技",目前 NFC 技术已被广泛应用到酒类产品的溯源方面。

近日,保乐力加中国拓展旗下"乐鉴⁺"产品流通追溯系统,马爹利名士成为绝对伏特加经典原味系列后第二款搭载 NFC 技术的产品,为干邑消费者创新开启扫描二维码和感应 NFC 的产品鉴别双通道。

图 5-17　保乐力加"乐鉴⁺"产品流通追溯系统

"乐鉴⁺"是保乐力加中国推出的产品流通追溯系统,消费者可以通过该功能快速获取产品生产、运输、销售的关键时间点。目前包含扫描二维码、感应 NFC 标签两种形式。

"乐鉴⁺"新增加了对NFC功能的支持,通过智能手机感应马爹利名士瓶顶处的NFC标签,即可成功获取产品的相关信息,包括产品名称、型号、生产时间、运输销售时间点等。另外,开瓶后再次感应NFC标签即可参与互动抽奖,抽取马爹利 x Angel Chen联名限量款卫衣、马爹利派对礼盒、双杯礼盒、发光伞、盲盒在内的多种奖品。乐鉴码的操作方式类似,消费者可以扫描瓶颈处二维码快速获取产品追溯信息,开瓶后输入三位验证码对产品进行鉴别,体验新升级的"鉴别双通道"。

"乐鉴⁺"的优势:

1)"乐鉴⁺"在二维码的基础上增加了NFC技术支持,贴近年轻一代干邑消费群体的社交场景和需求,"鉴别双通道"为用户增加了多样化的溯源和互动选择。

2)"乐鉴⁺"所采用的NFC技术,目前已经在手机交通卡、手机银行卡、数字人民币等热门消费场景广泛应用,在交互上具备优势,可以更加方便地让消费者与品牌间实现互动。

3)"乐鉴⁺"采用的NFC标签,操作方便、通信距离短,相对于二维码操作更快捷,体现了保乐力加中国在技术上的革新。

据了解,最早的"乐鉴码"在2015年12月推出,这些年来一直在进行升级和革新,已经覆盖到保乐力加旗下各大烈酒和葡萄酒品牌,其日趋完善的功能也在消费者权益保障方面起到了积极的作用。从"乐鉴码"升级到"乐鉴⁺"也是保乐力加中国在数字化发展上的创新尝试。

思考讨论:

如何在葡萄酒文化旅游领域运用这些数字化设备、方法来帮助酒庄及企业营销推广?

本章小结

本章阐述了葡萄酒文旅数字化发展的概念,以及葡萄酒文旅基础数据数字化、基础设施数字化以及体验场景数字化的内涵,展现出其为消费者提供了更好的体验,并加快了葡萄酒文旅目的地的运转效率。

思考与讨论

结合葡萄酒文旅行业,思考企业如何避免过度数字化带来的弊端?

参考文献

[1] Baggio R, Sainaghi R. Mapping time series into networks as a tool to assess the complex dynamics of tourism systems[J]. *Tourism Management*, 2016(54): 23 - 33.

[2] A. J. Burkart, S. Medlik, Donald E. Lundberg. Tourism: past, present and future [J]. *Journal of Travel Research*. 1975(13): 3, 29 - 29.

[3] Getz. Critical success factors for wine tourism regions: a demand analysis, 2000.

[4] McGovern, Patrick E. Ancient Wine: The Search for the Origins of Viticulture [M]. Princeton: Princeton University Press, 2003.

[5] Carrigan, M. A, et al. Hominids adapted to metabolize ethanol long before human-directed fermentation[J]. *Proceedings of the National Academy of Sciences of the United States of America*, 2014(2): 458 - 463.

[6] Murphy P, Pritchard M P, Smitm B. The destination product and its impact on traveller perceptions[J]. *Tourism Management*, 2000, 21(1): 43 - 52.

[7] Bigne J E, Sanchez M I, Sanchez J. Tourism image, evaluation variables and after purchase behaviour: inter-relationship[J]. *Tourism Management*, 2001, 22(6): 607 - 616.

[8] Michael A. Huston. Biological Diversity: The Coexistance of Species on Changing Landscapes[M]. Cambridge: Cambridge University Press, 1994.

[9] Dominy, N. J. Fruits, fingers and fermentation: The sensory cues available to foraging primates[J]. *Integrative and Comparative Biology*, 2004(44): 295 - 303.

[10] Dudley, R. Ethanol. Fruit ripening, and the historical origins of human alcoholism in Primate Frugivory[J]. *Integrative and Comparative Biology*, 2004 (44): 315 - 323.

[11] McGovern, Patrick E. Uncorking the Past: The Quest for Wine, Beer and Other Alcoholic Beverages[M]. Berkeley: University of California Press, 2009.

[12] Kuntze, Otto. Revisio generum plantarum vascularium omnium atque cellularium multarum secun-dum Leges nomenclaturae internationales cum enumeratione plantarum exoticarum in itineremundi collectarum: Pars I[III]. Vol. 3A. Leipzig: Felix, 1893.

[13] Martin Opeman. Torism detiatonloyalty[J]. *Journal of Travel Research*, 2000(1).

[14] Friedman, W. E. The meaning of Darwin's abominable mystery[J]. *American Journal of Botany*, 2009(96): no.1, 5-21.

[15] Hankinson G, Cowking P. What do you really mean by a brand?[J]. *Journal of Brand Management*, 1995, 3(1): 43-50.

[16] Mcwilllam G, Chernatony L D. Branding terminology—the real debate[J]. *Marketing Intelligence & Planning*, 1989, 7(7/8): 29-32.

[17] Park C W, Young S M. Consumer response to television commercials: the impact of involvement and background music on brand attitude formation[J]. *Journal of Marketing Research*, 1986, 23(1): 11-24.

[18] Usakli A., Baloglu S. Brand personality of tourist destinations: An application of self-congruity theory[J]. *Tourism Management*, 2011, 32(1): 114-127.

[19] Hankinson G. The management of destination brands: Five guiding principles based on recent developments in corporate branding theory[J]. *Journal of Brand Management*, 2007, 14(3): 240-254.

[20] Hankinson G. The brand images of tourism destinations: a study of the saliency of organic images[J]. *Journal of Product & Brand Management*, 2004. 13(1): 6-14.

[21] Hunt, G J, HILL, et al. The new look in motivation theory for organizational research[J]. *Joumal of Occupational & Environmental Medicine*, 1971,13(1): 50.

[22] Landa R. Designing Brand Experience: Creating Powerful Integrated Brand Solutions[M]. Thomson Delmar Leaming, 2005.

[23] Jraisat L. E, et al. Perceived brand salience and destination brand loyalty from intemational tourists' perspectives: the case Dead Sea destination, Jordan[J]. *International Joumal of Culture*, 2015, 9(3): 292-315.

[24] Barnard, H., et al. Chemical evidence for wine production around 4,000 BCE in the late Chalcolithic near eastern highlands. *Journal of Archaeological Science*, 2011(38): 977-984.

[25] Jiang, H. E., et al. Evidence for early viticulture in China: Proof of a grapevine (Vitis vinifera L., Vitaceae) in the Yanghai Tombs, Xinjiang. *Journal of Archaeological Science*, 2009(36): 1458-1465.

[26] Afonso C, et al. The role of motivations and involvement in wine tourists' intention to return: sem and fsqca findings[J]. *Journal of Business Research*, 2017.

[27] Gunn R G, Doney J M, Russel A J F. Embryo mortality in Scottish Blackface as influenced by body condition at mating and by post-mating nutrition[J]. *The*

Journal of Agricultural Science,1972,79(1):19-25.

[28] Yin Y, et al. A comparison of two construct-a-concept-map science assesements: created linking phrases. CSE Report 624[J]. Us *Department of Education*,2004:30.

[29] 王磊. 葡萄酒旅游资源评价与开发研究——以宁夏贺兰山东麓葡萄酒产区为例[M]. 北京:旅游教育出版社,2020.

[30] 王磊. 全域旅游背景下宁夏葡萄酒旅游发展[J]. 北方园艺,2018(19):166-171.

[31] 王磊. 对宁夏发展葡萄酒旅游的建议[N]. 中国旅游报,2016-05-04(C02).

[32] 毛凤玲. 葡萄酒旅游概论[M]. 北京:中国旅游出版社,2018.

[33] 张红梅等. 特色旅游目的地形象对游客行为意愿的影响机制研究——以贺兰山东麓葡萄产业旅游为例[J]. 中国软科学,2016(08):50-61.

[34] 张红梅,宋莉,孙红梅. 贺兰山东麓葡萄酒旅游开发模式初探[J]. 中国林业经济,2012(05):10-13.

[35] 曾春水,王磊,王灵恩. 贺兰山东麓地区葡萄酒旅游产业创新发展路径研究[J]. 北方园艺,2019.426(03):173-181.

[36] 张红梅,梁昌勇,徐健. 智慧旅游云服务概念模型及服务体系研究[J]. 北方民族大学学报(哲学社会科学版),2016,(01):138-141.

[37] David Picard,Catarina Moreira,撒露莎. 风土营销:葡萄酒旅游经济[J]. 中南民族大学学报(人文社会科学版),2017,37(01):77-80.

[38] 李昀霏,李陇堂. 红寺堡地区葡萄酒旅游发展研究[J]. 北方园艺,2016(10):170-174.

[39] 庄昌翔. 旅游融入葡萄酒庄景观规划设计探索[D]. 宁夏大学,2016.

[40] 伊恩·塔特索尔,罗布·德萨勒. 乐艳娜译. 葡萄酒的自然史[M]. 重庆:重庆大学出版社,2018.

[41] 皮埃尔·卡萨梅耶. 谢巧娟. 红酒之书[M]. 北京:中国水利水电出版社,2021.

[42] 法国波尔多葡萄酒学院. 倪复生. 波尔多葡萄酒学院品鉴课[M]. 北京:中国友谊出版社,2019.

[43] 唐文龙,阮仕立,孔令红. 中国葡萄酒文化[M]. 北京:中国轻工业出版社,2012.

[44] 刘雨龙. 葡萄酒品鉴与侍酒服务[M]. 北京:中国轻工业出版社,2020.

[45] 休·约翰逊. 葡萄酒的故事[M]. 北京:中信出版社,2017.

[46] 匡家庆. 调酒与酒吧管理[M]. 北京:中国旅游出版社,2011.

[47] 李志飞. 旅游消费者行为(第二版)[M]. 武汉:华中科技大学出版社,2019.

[48] 刘红专. 酒水知识与酒吧管理[M]. 上海:上海交通大学出版社,2012.

[49] 王兴斌. 旅游产业规划指南[M]. 北京:中国旅游出版社,2000.

[50] 张骏. 田园游憩:乡村旅游开发与经营管理[M]. 北京:高等教育出版社,2019.

[51] 宁夏贺兰山东麓产区葡萄酒初阶教程编委会. 宁夏贺兰山东麓产区葡萄酒初级教程

[M].宁夏:宁新出(金)2018第1002号.

[52] 陈习刚.中国葡萄文化史绪论[J].农业考古,2014(03):312-319.

[53] 马先标,张畅.何谓文化旅游[J].现代经济探讨,2016(12):25-29.

[54] 王岑.创新正安县文化旅游产业发展的调查与思考[J].旅游纵览(下半月),2013(14):166-167.

[55] 文辉,崔耀富.文化提升南川旅游产业[J].重庆与世界,2010(08):27.

[56] 丁文.贺兰山东麓葡萄酒业发展模式研究[D].华北电力大学,2018.

[57] 戴金枝等.体验式葡萄酒旅游产业带形成演化的影响因素研究[J].酿酒科技,2019(12).

[58] 车晓君.基于游客创意体验的葡萄酒旅游产品开发[D].首都师范大学,2013.

[59] 李昀霏,李陇堂.红寺堡地区葡萄酒旅游发展研究[J].北方园艺,2016,No.361(10):178-182.

[60] 保继刚.旅游开发研究:原理·方法·实践[M].北京:科学出版社,1996.

[61] 赵西萍等.旅游市场营销学[M].北京:高等教育出版社,2011.

[62] 冯天瑜等.中华文化史[M].上海:上海人民出版社,2006.

[63] 范周等.中国文化产业年鉴[M].北京:光明日报出版社,2013.

[64] 吴必虎.区域旅游规划原理[M].北京:中国旅游出版社,2001.

[65] 马勇.旅游规划与开发[M].武汉:华中科技大学出版社,2018.

[66] 林富强,李晶晶,于立芝.烟台葡萄酒文化旅游发展探析[J].酿酒科技,2018,(3):124-128.

[67] 殷杰,郑向敏.高聚集游客群安全的影响因素与实现路径——基于扎根理论的探索[J].旅游学刊,2018,33(7):133-144.

[68] 尹微,苏晓光.澳大利亚葡萄酒旅游业的发展及其启示[J].世界农业,2014(01):116-118.

[69] 翟雨芹.国外工业旅游规划研究——以澳大利亚葡萄酒旅游规划为例[J].旅游纵览(下半月),2013(08):66-67.

[70] 邹益民.现代饭店管理原理:原理与实务[M].北京:高等教育出版社,2010.

[71] 刘士军,鲁凯麟.旅游饭店星级划分与评定——条款解析与操作实务[M].北京:中国旅游出版社,2011.

[72] 胡文虎.现代宾馆酒店管理工具箱[M].北京:中国纺织出版社,2018.

[73] 邹益民.酒店整体管理原理与实务[M].北京:清华大学出版社,2004.

[74] 齐善鸿等.饭店管理创新理论与实践[M].北京:人民邮电出版社,2006.

[75] 李红英.宁夏2020年贺兰山东麓 酿酒葡萄气象数据[R].宁夏回族自治区气象科学研究所,2020.

[76] 宁夏回族自治区农牧厅.贺兰山东麓酿酒葡萄标准化栽培技术手册[J].2014.

[77] 京东平台发布.京东酒水线上消费报告2019双十一[DB].2019.

[78] 庞柜荃.中国旅游地理(第四版)[M].北京:旅游教育出版社,2016.
[79] 邵世刚,何山.旅游概论(第二版)[M].北京:高等教育出版社,2010.
[80] 湖北旅游局人事教育处.导游与实务案例[M].武汉:湖北教育出版社,2014.
[81] 李天元.旅游学概论(第五版)[M].天津:南开大学出版社,2003.